WALTER KREBS

Vorbehalt des Gesetzes und Grundrechte

Schriften zum Öffentlichen Recht

Band 276

Vorbehalt des Gesetzes und Grundrechte

Vergleich des traditionellen Eingriffsvorbehalts mit
den Grundrechtsbestimmungen des Grundgesetzes

Von

Dr. Walter Krebs

DUNCKER & HUMBLOT / BERLIN

Alle Rechte vorbehalten
© 1975 Duncker & Humblot, Berlin 41
Gedruckt 1975 bei Buchdruckerei Richard Schröter, Berlin 61
Printed in Germany
ISBN 3 428 03451 1

Vorwort

Im Wintersemester 1974/75 wurde die vorliegende Arbeit von der Rechtswissenschaftlichen Fakultät der Ruhr-Universität Bochum als Dissertation angenommen. Das Manuskript war im Juli 1974 abgeschlossen. Nach diesem Zeitpunkt erschienene Abhandlungen konnten nur noch in den Fußnoten berücksichtigt werden.

Meinem verehrten Lehrer, Herrn Professor Dr. Hans-Uwe Erichsen, danke ich für vielfältige Unterstützung und Förderung. Besonderen Dank sage ich auch den Freunden und Bekannten, die mir durch stete Diskussionsbereitschaft geholfen haben.

Bochum, im April 1975 W. K.

Inhaltsverzeichnis

Einleitung — 11

Erstes Kapitel

Dogmengeschichtlicher Abriß zum Eingriffsvorbehalt — 16

A. Freiheits- und Eigentumsformel 17
B. Gesetzesbegriff des Eingriffsvorbehalts 24

Zweites Kapitel

Die These von den Grundrechten als verfassungsrechtlicher Standort des Vorbehalts des Gesetzes — 32

Drittes Kapitel

„Freiheit und Eigentum" im Sinne der Grundrechte — 35

A. Die These von der „Lückenlosigkeit" des grundrechtlichen Freiheitsschutzes 35
   I. Die Auffangkapazität des Art. 2 Abs. 1 GG 35
   II. Die „Unvollständigkeit" grundrechtlichen Freiheitsschutzes 39
B. Der den Grundrechten zugrundeliegende Freiheitsbegriff 44
   I. Das überkommene Freiheitsverständnis 45
   II. Bedenken gegen das überkommene Freiheitsverständnis 47
   III. Der Freiheitsbegriff der Grundrechte und die staatsgestaltenden Grundnormen des Grundgesetzes 49
      1. Grundrechte und Einheit der Verfassung 49
      2. Grundrechtliche Freiheit und sozialer Rechtsstaat 53
      3. Grundrechtliche Freiheit und Demokratie 59

Viertes Kapitel

Vorbehaltsgesetzgebung und Grundrechtsgesetzgebung — 66

A. Die traditionelle Funktionsbestimmung der Gesetzgebung im Freiheits- und Eigentumsbereich 66

    I. Gesetzgebung im Sinn des Eingriffsvorbehalts 66
    II. Vorbehaltsgesetzgebung im Grundrechtsbereich 68
B. Grundrechtsgesetzgebung 69
    I. Die Unterschiedlichkeit der Grundrechtsformulierungen hinsichtlich ihrer Verweisung auf das Gesetz 70
    II. Die grundsätzliche Bedeutung der Gesetzgebung für die Grundrechte nach dem Grundgesetz — Gesetzgebung als Grundrechtsverwirklichung und Grundrechtsausführung 72
    III. Die Funktionsbreite der Grundrechtsgesetzgebung 81
    IV. Die Bindung der Grundrechtsgesetzgebung an die Verfassung ... 94

Fünftes Kapitel

Die Bedeutung des Gesetzesvorbehalts der Grundrechte als Zuständigkeitsregelungen   102

A. Die Lehren von der Erweiterung und/oder Neubestimmung des traditionellen Vorbehaltsbereichs der Gesetzgebung 102
B. Die Gesetzesvorbehalte der Grundrechte als Zuständigkeitsnormen für grundrechtsausführende und grundrechtsverwirklichende staatliche Maßnahmen 110
    I. Insbesondere: Die Geltung der Gesetzesvorbehalte der Grundrechte für leistungsstaatliche Maßnahmen 119
    II. Die Geltung der Gesetzesvorbehalte der Grundrechte in den sog. besonderen Gewaltverhältnissen 127

Schlußbetrachtung   131

Literaturverzeichnis   134

Sachwortverzeichnis   147

Abkürzungsverzeichnis

Es werden die üblichen, ergänzend folgende Abkürzungen verwendet:

AöR	= Archiv des öffentlichen Rechts
BayVbl.	= Bayerische Verwaltungsblätter
Chap.	= Chapter
DJT	= Verhandlungen des Deutschen Juristentages
Diss.	= Dissertation
E	= Entscheidung
ebd.	= ebendort
HdbchStR II	= Handbuch des Deutschen Staatsrechts, hrsgg. von Gerhard Anschütz und Richard Thoma, Zweiter Band, Tübingen 1932
hrsgg.	= herausgegeben
JA ÖR	= Juristische Arbeitsblätter, Öffentlichrechtliche Abteilung
JÖR	= Jahrbuch des Öffentlichen Rechts
m. w. Nachw.	= mit weiteren Nachweisen
pr. VU	= Verfassungsurkunde für den Preußischen Staat vom 31. Januar 1850
RV 1871	= Verfassung des Deutschen Reiches vom 16. April 1871
Sp.	= Spalte
VerwArch	= Verwaltungsarchiv
VVDStRL	= Veröffentlichungen der Vereinigung der Deutschen Staatsrechtslehrer
WRV	= Die Verfassung des Deutschen Reichs (Weimarer Verfassung)
ZBR	= Zeitschrift für Beamtenrecht
ZgesStW	= Zeitschrift für die gesamte Staatswissenschaft
zit.	= zitiert
ZRP	= Zeitschrift für Rechtspolitik

Einleitung

Der Vorbehalt des Gesetzes[1], also jenes „allgemeine verfassungsrechtliche Prinzip"[2], nach dem jeder (staatliche) „Eingriff in Freiheit und Eigentum"[3] des Bürgers ein Gesetz oder eine formellgesetzliche Ermächtigung erfordern soll, wird vom Grundgesetz weder als Begriff erwähnt, noch als Verfassungsprinzip ausdrücklich inhaltlich umschrieben[4]. Zwar enthält Art. 20 Abs. 3 GG die Bestimmung, daß „die vollziehende Gewalt und die Rechtsprechung... an Gesetz und Recht gebunden" sein sollen, und normiert damit den *Vorrang des* (förmlichen[5]) *Gesetzes* vor allen anderen untergesetzlichen Rechtsakten[6]. Der Wortlaut dieser Bestimmung schweigt jedoch zu der Frage, ob das Gesetz ausschließlicher Geltungsgrund von Exekutiv- (oder Judikativ-)

---

[1] Terminologisch wird in der nachfolgenden Arbeit der „Vorbehalt des Gesetzes" von dem, bzw. den „Gesetzesvorbehalt(en)" unterschieden. Während der „Vorbehalt des Gesetzes" (Synonym: „Eingriffsvorbehalt") das sogleich definierte allgemeine Prinzip meint, bezeichnet der Terminus „Gesetzesvorbehalt" eine vom Grundgesetz im Einzelfall niedergelegte Verweisung auf das Gesetz — wie etwa bei den „Gesetzesvorbehalten" der Grundrechte. Soweit aus sprachlichen Gründen diese Terminologie nicht durchgehalten werden kann, wird der „Vorbehalt des Gesetzes" auch als „(allgemeines) Vorbehaltsprinzip" bezeichnet, der sachliche Unterschied aber immer deutlich gemacht. Diese Terminologie lehnt sich an die der h. M. an (ausführlich zur Terminologie: *Jesch* S. 29; *Horn*, Diss. S. 50 f., Fn. 159; *Fremuth*, Diss. S. 6 f. Vgl. wie hier auch *Schwan*, Diss. S. 36 f., Fn. 4) ist aber nicht Allgemeingut. Insbesondere wird in der Lit. der Terminus „Gesetzesvorbehalt" auch für den Grundsatz des „Vorbehalts des Gesetzes" verwendet. So etwa von *Erichsen*, StaRuVfgbkt I S. 27 f. u. passim; *Tomuschat* S. 38 f.; *E.-W. Böckenförde*, Organisationsgewalt S. 90; *Rupp*, Grundfragen S. 140 u. passim, der aber auch die Bezeichnung „Vorbehalt des Gesetzes" verwendet; ebenso *Ossenbühl*, Verwaltungsvorschriften S. 208 f. Zur Notwendigkeit begrifflicher Schärfe vgl. *Jesch* S. 189 f.
[2] *Erichsen*, StaRuVfgbkt I S. 28.
[3] So die klassische Umschreibung. Vgl. BVerfG E 8 S. 155 (167); *Forsthoff*, Verwaltungsrecht § 7, S. 125; *E.-W. Böckenförde*, Organisationsgewalt S. 90; *ders.* u. *Grawert*, AöR Bd. 95 (1970) S. 1 (26, 27); *Papier* S. 10; *E. Stein* § 14 IV (S. 101); *Jesch* S. 1.
[4] Vgl. anders aber die Landesverfassungen: Art. 58 bad.-württ. Verf. v. 11. Nov. 1963; Art. 70 Abs. 1 bay. Verf. v. 2. Dez. 1946; Art. 2 hess. Verf. v. 1. Dez. 1946; Art. 32 nieders. Verf. v. 13. April 1951; Art. 2 rhld.-pf. Verf. v. 18. Mai 1947; Art. 45 bln. Verf. v. 1. Sept. 1950. Zum Verhältnis der landesrechtlichen „Vorbehalte des Gesetzes" zum — angenommenen — grundgesetzlichen Vorbehalt des Gesetzes *E.-W. Böckenförde/Grawert*, AöR Bd. 95 (1970) S. 1 (27 f.): inhaltliche Übereinstimmung.
[5] Vgl. *Jesch* S. 29 und schon *O. Mayer*, Verwaltungsrecht I, 3. Aufl. 1924 S. 68 u. ebd. Fn. 7.
[6] *Erichsen*, StaRuVfgbkt I S. 28.

Akten ist, bzw. wann die Exekutive (resp. Judikative) nur aufgrund formell-gesetzlicher Ermächtigung handeln darf[7, 8].

Ungeachtet dieses Negativ-Befundes scheint die grundsätzliche verfassungsrechtliche Existenz des Vorbehalts des Gesetzes über jeden Zweifel erhaben. Die Rechtsprechung und Lehre gehen in seltener Einmütigkeit von der Geltung dieses Prinzips aus[9], und *Starck* meint gar, daß der Vorbehalt des Gesetzes „in seiner klassischen Ausprägung durch die liberale Staatsrechtslehre der 2. Hälfte des 19. Jahrhunderts ... auch heute noch — zu Recht! — als eiserner Bestand der Staatsrechtsdogmatik" gelte[10].

Diese Ansicht ist indes durchaus nicht unproblematisch. Bedenken gründen sich auf die Überlegung, daß die Geltung eines nicht ausdrücklich niedergelegten Verfassungsprinzips eines besonderen Nachweises bedarf. Dieser Nachweis wird bis heute — wenn überhaupt — kontrovers geführt und ist bisher nicht überzeugend gelungen. In aller Regel lassen diese Versuche rationale Argumentationskraft vermissen: Der bloße Hinweis auf das grundgesetzliche Rechtsstaatsprinzip und/oder Art. 20 Abs. 3 GG[11] klingt vor dem Hintergrund einer langen Verfassungstradition[12] zwar möglicherweise plausibel, ist aber als überzeugender Nachweis der Existenz des Vorbehalts des Gesetzes im *heutigen* Verfassungsrecht wohl doch zu vage. Ohne eingehende Analyse der Struktur des grundgesetzlichen Rechtsstaatsprinzips wirkt die An-

---

[7] Das ist inzwischen wohl außer Streit. Vgl. *Jesch* S. 5, 190; *Erichsen*, StaRuVfgbkt I S. 28; *Papier* S. 11; *Maunz*, in Maunz/Dürig/Herzog, Grundgesetz, Art. 20 Rdnr. 128; *Hutzelmann*, Diss. S. 37. Nachweise f. die Gegenmeinung bei *Erichsen*, ebd. S. 27 Fn. 2; *Jesch* S. 190, Fn. 66.
[8] Der in Art. 20 Abs. 3 GG enthaltene Vorrang des Gesetzes entfaltet allerdings einen weitreichenden Vorbehaltseffekt: Soweit Gesetzesnormen existieren, kann der Exekutive für diesen Bereich keine originäre Regelungsbefugnis mehr zustehen. Vgl. BVerfG E 2 S. 307 (313); 8 S. 155 (172); *Jesch* S. 30. Daher schon zutreffend die Bemerkung *Thomas* — HdbchStR II S. 221 (222) — wonach „der Vorbehalt des Gesetzes praktisch vor allem durch den Vorrang der schon vorhandenen förmlichen Gesetze umschrieben" wird.
[9] Die Nachweise können nicht annähernd vollständig geführt werden. Etwa: BVerfG E 8 S. 155 (165 f.); *Jesch* S. 35/36, 134 f.; *Rupp*, Grundfragen S. 140; *Erichsen*, StaRuVfgbkt I S. 28; *Forsthoff*, Verwaltungsrecht § 7 S. 125; *Vogel*, VVDStRL 24 (1966) S. 125 (147 f.); *Hutzelmann*, Diss. S. 37 f.; *Pietzner*, JA 1973, ÖR S. 89 (90); *Baedeker*, Diss. S. 74 f.; *E.-W. Böckenförde*, Organisationsgewalt S. 93/94; *Völcker*, Diss. S. 19; *Wintrich*, Problematik der Grundrechte S. 22; *E. Stein* § 14 IV (S. 101); *Kleiser*, Diss. S. 35 m. Nachw. in Fn. 2.
[10] Gesetzebegriff S. 288, Fn. 4.
[11] *Starck*, Gesetzesbegriff S. 281; *K. Hesse*, Verfassungsrecht S. 81 f.; *Forsthoff*, Verwaltungsrecht § 7 S. 125; *Rupp*, in Festschrift f. G. Küchenhoff S. 653 (655); *Hutzelmann*, Diss. S. 37; *Pietzner*, JA 1973, ÖR S. 89 (90); *Baedeker*, Diss. S. 74/75; *Völcker*, Diss. S. 18 f.; *Kleiser*, Diss. S. 88; w. Nachweise bei *Papier* S. 27, Fn. 1. Diese Auffassung findet sich auch in der Rechtsprechung des BVerfG, vgl. Beschluß v. 18. 7. 1973 — 1 BvR 23 und 155/73, NJW 1974 S. 227; *Thoma*, in Recht, Staat, Wirtschaft S. 9.
[12] Dazu unten 1. Kap.

nahme, daß der Vorbehalt des Gesetzes Baustein der rechtsstaatlichen Ordnung des Grundgesetzes sei, nur wenig begründet[13].

Skepsis begegnet auch der Ansicht, die die heutige Geltung des Vorbehaltsprinzips im Gewohnheitsrecht begründet sehen will[14]: Zur Annahme einer gewohnheitsrechtlichen Geltung des Vorbehalts des Gesetzes bedarf es zunächst der grundsätzlichen Bejahung von Verfassungsgewohnheitsrecht. Diese Voraussetzung ist angesichts gerade in jüngerer Zeit vorgetragener Bedenken[15] alles andere als selbstverständlich und bedürfte daher eingehender Auseinandersetzungen. Selbst wenn man aber die grundsätzliche Möglichkeit verfassungsrechtlicher Usualnormen bejaht, bleibt die Frage, ob das Vorbehaltsprinzip die Voraussetzungen eines Gewohnheitsrechtssatzes — eine längere tatsächliche Übung, die von einer entsprechenden Rechtsüberzeugung der Beteiligten getragen wird[16] — erfüllt. Insbesondere der Nachweis der längeren tatsächlichen Übung scheint hier der neuralgische Punkt zu sein und es ist zweifelhaft, ob er überhaupt geführt werden kann[17]. Zahlreiche Versuche in Rechtsprechung und Literatur — sowohl in der Vergangenheit[18], als auch noch gegenwärtig[19] — „gesetzlose" Exekutiv-Eingriffe durch verschiedenartigste Konstruktionen zu rechtfertigen, vor allem aber auch die Aussetzung dieses Prinzips während der NS-Zeit[20], sprechen jedenfalls gegen eine „ständige, gleichmäßige und allgemeine"[21] Übung. Ohne diesen Nachweis[22] gerät die Rekurrierung auf Gewohn-

---

[13] Dies gilt umso mehr, als das Grundgesetz mit seinem Bekenntnis zum „sozialen Rechtsstaat" (Art. 28 Abs. 1, 20 Abs. 1 GG) möglicherweise die „Rechtsstaatstradition" durchbricht. Dazu auch unten 3. Kap. B. III. 2.
[14] So neuerdings *Schwan*, Diss. S. 25, 28; vgl. aber auch schon *Jesch* S. 35 f.: „Mischung aus geschriebenem Verfassungsrecht und Verfassungsgewohnheitsrecht".
[15] *Tomuschat*, Verfassungsgewohnheitsrecht?, 1972.
[16] Vgl. BVerfG E 22 S. 114 (121) und die Definitionen bei *Tomuschat* S. 11 f., Fn. 19.
[17] Zur methodischen Problematik, *Tomuschat* S. 74 f.
[18] Vgl. etwa *Thomas* These vom Übergangsrecht — Polizeibefehl S. 112 f. — zur Rechtfertigung nicht formell-gesetzlicher Ermächtigungen — 88 Jahre (!) nach Erlaß der (badischen) Verfassung — (dazu auch *Jesch* S. 116 u. 236) und die Ausführungen *Anschütz*', in: Meyer/Anschütz, Staatsrecht, 7. Aufl. § 178, nach dem auch eine gewohnheitsrechtliche Ermächtigung dem Vorbehalt des Gesetzes genügen sollte, obwohl der Vorbehalt des Gesetzes schon immer als Vorbehalt des *förmlichen* Gesetzes verstanden wurde. So schon *Thoma*, Polizeibefehl S. 108; vgl. auch *Papier* S. 15, 16 f. m. Nachw.
[19] Vgl. etwa heute den Streit um den Leistungsbescheid. Nachweise bei *Tomuschat* S. 76 f.; *Pietzner*, JA 1973, ÖR S. 117 f.
[20] Durch das Gesetz zur Behebung der Not von Volk und Reich v. 24. 3. 1933 (RGBl. I S. 141) und das Gesetz über den Neuaufbau des Reichs v. 30. 1. 1934 (RGBl. I S. 75). Vgl. dazu *Ehrlich*, Diss., (1934), S. 26: „Von einem Vorbehalt im liberalistisch-demokratischen Sinne kann nicht mehr die Rede sein." Vgl. für diesen Zeitraum auch *Gräßlin*, Diss., (1939), S. 41 f.
[21] BVerfG E 22 S. 114 (121).
[22] Er ist bisher nicht geführt worden. Ansätze zur Darstellung der Rechtspraxis etwa bei *Rosin* S. 90 f.

heitsrecht zwangsläufig in den Verdacht, nicht mehr als ein letzter Rettungsversuch für einen anderweitig nicht begründbaren Rechtssatz zu sein[23].

Es bleibt schließlich der Versuch, den Vorbehalt des Gesetzes in den Grundrechtsbestimmungen des Grundgesetzes zu verorten. Dieser Versuch scheint auf den ersten Blick aussichtsreich: Die Grundrechtsbestimmungen betreffen den Schutz von Freiheit und Eigentum der Bürger und enthalten z. T. die ausdrückliche Vorkehrung, daß die in ihnen enthaltenen Schutzgüter, wenn überhaupt, nur durch oder aufgrund eines Gesetzes beeinträchtigt werden sollen. Die These, daß die Grundrechtsbestimmungen dem traditionellen Vorbehalt des Gesetzes verfassungsrechtlichen Ausdruck verliehen haben[24], liegt demnach nicht fern. Sie bildet den Ausgangspunkt der hier angestellten Überlegungen.

Die Überprüfung dieser These ist allerdings methodisch nicht völlig problemlos[25]. Jede Verfassungsgebung bedeutet einen Neuanfang, wenn auch nicht unbedingt einen traditionslosen[26]. Das Grundgesetz ist einerseits nicht in einen geschichtslosen Raum gestellt[27], markiert aber andererseits wie jede neue Verfassung einen Neubeginn, der sich durch mehr oder minder radikalen Bruch mit verfassungsrechtlichen Traditionen auszeichnet[28]. Gerade angesichts der Frage nach der Weitergeltung traditioneller verfassungsrechtlicher Prinzipien unter der Geltung der neuen Verfassung hat sich die Verfassungsdeutung die Alternative „Abbruch oder Fortführung der Überlieferung" besonders deutlich zu vergegenwärtigen[29]. Überkommene verfassungsrechtliche Regelungen können daher nicht die Vermutung für ihren Fortbestand in Anspruch nehmen[30, 31]. Es stimmt daher schon im Ansatz bedenklich, wenn der Nachweis der Fortgeltung des Vorbehaltsprinzips ohne hinreichende Berücksichtigung dieser spezifischen Problemstellung unternommen

---

[23] Vgl. den Nachw. der kritischen Stimmen bei *Tomuschat* S. 10 (u. Fußnoten). Ironisch gegenüber der vorschnellen Berufung auf Gewohnheitsrecht schon O. *Mayer*, Verwaltungsrecht I, 1. Aufl. S. 79: „Aber wo ist dieser Rechtssatz? Wenn man gerade Auskunft begehrt, wird man sicher zur Antwort bekommen: es sei Gewohnheitsrecht. Da wissen wir, was das bedeutet".
[24] Nachw. unten 2. Kap.
[25] A. A. *Jesch* S. 35/36: Die Frage der Weitergeltung des traditionellen Eingriffsvorbehalts bringe „keine besonderen Methodenprobleme mit sich."
[26] Vgl. *Badura*, Stichw. „Verfassung", in Evgl. Staatslexikon Sp. 2343 (2350).
[27] *Erichsen*, StaRuVfgkt I S. 13. Vgl. unter diesem Aspekt Art. 33 Abs. 5, 140 GG.
[28] Vgl. *Tomuschat* S. 83.
[29] Vgl. *Tomuschat* S. 81 und die dort (Fn. 4) angegebenen Nachw.; vgl. auch *Badura*, Stichw. „Verfassung", in Evgl. Staatslexikon Sp. 2343 (2350).
[30] *Tomuschat* S. 83 hat sich sogar für eine entgegengesetzte Vermutung ausgesprochen.
[31] Nachw. bei *Tomuschat* S. 83, Fn. 12. Auch *Jesch* hat dieses Problem durchaus gesehen — S. 5 f. —, aber für die Geltung des Eingriffsvorbehalts nicht oder zumindest kaum in Rechnung gestellt.

wird[32]. In diesen Fällen drängt sich allzuleicht der Eindruck auf, daß lediglich traditionelle Begriffsvorstellungen auf das Grundgesetz projiziert werden, welches dann das gewünschte Bild abzustrahlen hat. Die Prüfung der Fortgeltung des traditionellen Vorbehaltsprinzips hat also die Frage: Fortsetzung, Aufgabe (oder Modifizierung) der Verfassungstradition?[33] offenzuhalten.

Die dieser Fragestellung angemessene Methode ist die des kritischen Vergleichs. Der Vorbehalt des Gesetzes ist in seiner überkommenen Form den Normen des Grundgesetzes gegenüberzustellen, die seine verfassungsrechtliche Positivierung darstellen könnten. Das sind hier die Grundrechtsbestimmungen des Grundgesetzes. Diese Normen sind daraufhin zu befragen, ob sie den Eingriffsvorbehalt positiviert haben *können*, sie sind also vor-urteilsfrei zu untersuchen. Das Ergebnis kann sein, daß sie insgesamt ihrer inhaltlichen Aussage nach mit dem Vorbehalt des Gesetzes kongruent sind, oder ihm zumindest teilweise entsprechen. Möglich ist aber auch, daß in ihnen die verfassungsrechtliche Niederlegung des Vorbehaltsprinzips deshalb nicht gesehen werden kann, weil sich in ihnen ein Bruch mit der Verfassungstradition offenbart. Schließlich ist zu erwägen, ob sie nicht eine „neue" Regelung enthalten, die an Stelle des alten Vorbehalts des Gesetzes getreten ist.

Diese Gegenüberstellung von traditionellem Vorbehalt des Gesetzes mit den Grundrechtsbestimmungen des Grundgesetzes ist Gegenstand der nachfolgenden Überlegungen.

---

[32] Dazu unten S. 45 u. 104 f.
[33] So etwa die Fragestellung von *Badura* ebd.

Erstes Kapitel

Dogmengeschichtlicher Abriß zum Eingriffsvorbehalt

Ein Vergleich des Eingriffsvorbehalts mit den Grundrechtsbestimmungen des Grundgesetzes macht die Abklärung des traditionellen Begriffs erforderlich. Die demnach erforderliche dogmengeschichtliche Rückschau kann aus mehreren Gründen knapp gehalten werden: Zum einen liegen gerade auch aus jüngerer Zeit Forschungsberichte und Untersuchungen vor, die das geschichtliche Terrain aufbereitet und dargestellt haben[1]. An diese Arbeiten kann zum Teil angeknüpft, im übrigen auf sie verwiesen werden.

Zum anderen interessiert hier der Vorbehalt des Gesetzes ausschließlich in *der* Form und Gestalt, in der er vom Verfassungsrecht der Bundesrepublik Deutschland rezipiert worden sein könnte. Es ist damit *der* Eingriffsvorbehalt darzustellen, wie er vor dem Inkrafttreten des Grundgesetzes galt. Dieser Rechtsgrundsatz hat seine entscheidende Prägung im letzten Drittel des vergangenen und in den ersten Dezennien dieses Jahrhunderts durch die herrschenden Anschauungen zum spätkonstitutionellen Verfassungsrecht und zur Weimarer Verfassung erfahren, die, wie das Grundgesetz, den Vorbehalt des Gesetzes nicht expressis verbis positiviert hatte. Der Bericht kann sich dabei im wesentlichen auf die Darstellung der herrschenden Ansicht dieser Zeit beschränken. Insofern ist *Jesch* zuzustimmen: „Was sich nicht durchsetzen konnte, war nicht anerkannt und wurde daher nicht tradiert. Das ist kein Wertungs-, sondern ein Geltungsproblem"[2]. Der Abriß der Entwicklungsgeschichte des Vorbehalts des Gesetzes vor seiner endgültigen Fixierung in der spätkonstitutionellen Zeit erfolgt ausschließlich unter

---

[1] Vgl. aus jüngerer Zeit etwa *Erichsen*, Geschichtliche Grundlagen S. 135 f., 148 f.; *Jesch* S. 102 f.; *E.-W. Böckenförde*, Gesetz. Geschichtliche Abrisse finden sich etwa bei *Erichsen*, StaRuVfgbkt I S. 28 f.; *Selmer*, JuS 1968 S. 489 f.; *Horn*, Diss. S. 61 f.; *Kleiser*, Diss. S. 51 f.; *Roos*, Zeitschrift des Bernischen Juristenvereins, Bd. 91bis S. 117 (122 f.). *Völcker*, Diss. S. 2 f.; *Papier* S. 12 f. Zum Einzelproblem des Vorbehalts des Gesetzes in der Bayerischen Verfassungsurkunde v. 26. 5. 1818 *Fremuth*, Diss. Aus dem älteren Schrifttum insbesondere *Rosin* S. 15 f.; Vgl. auch *Ehrlich*, Diss.; *Hatschek*, Staatsrecht, 1. Aufl., Bd. 2 S. 116 f.; *Gräßlin*, Diss. S. 11 f.
[2] S. 5.

A. Freiheits- und Eigentumsformel

dem Gesichtspunkt seiner dogmatischen Fixierung. Mehr als dogmengeschichtliche Leitlinien sollen nicht gegeben werden[3].

A. Freiheits- und Eigentumsformel

Der ideengeschichtliche Ursprung[4] der Freiheits- und Eigentumsformel wird heute[5] und wurde insbesondere auch von der Staatsrechtslehre der spätkonstitutionellen Zeit[6], die dem Vorbehalt des Gesetzes die bis heute gültige dogmatische und begriffliche Prägung gab, recht einmütig[7] im naturrechtlichen Gedankengut, vor allem in den Lehren *John Lockes* gesehen. Der Freiheitsbegriff der Formel soll in der naturrechtlichen Freiheit vorgeformt sein[8]. Mit dieser Begründung wird später dem Vorbehalt des Gesetzes ein extensiver Freiheitsbegriff prinzipiell unbeschränkter Freiheiten — der Begriff der „natürlichen Handlungsfreiheit" — zugrundegelegt. Diese Ableitung ist allerdings nicht unbedenklich[9].

Tatsächlich verwendet *John Locke* den Terminus „natural liberty of man"[10], der die Beziehung zum Freiheitsbegriff der Vorbehaltsklausel herstellen könnte. Mit ihm bezeichnet er die Freiheit des einzelnen im

---

[3] Der Vorbehalt des Gesetzes erfordert nach traditioneller Begriffsumschreibung ein Gesetz oder eine gesetzliche Legitimation für Eingriffe in „Freiheit und Eigentum". „Freiheit und Eigentum" können somit als Regelungsgegenstand, oder als Wirkungsbereich („Tatbestand", vgl. die Terminologie bei *Schwan*, Diss. S. 11) des Vorbehaltsprinzips aufgefaßt werden. Das Gesetz ist das von diesem Rechtssatz für alle (staatlichen) Eingriffsakte verlangte Erfordernis, andererseits aber auch das von ihm zur Verfügung gestellte Handlungsmittel. Die Entwicklungsgeschichte der Freiheits- und Eigentumsformel einerseits und die des Gesetzesbegriffs werden nachfolgend aus Gründen übersichtlicherer Darstellung getrennt verfolgt. Beide Gegenstände sind jedoch gleichgewichtige Elemente des einen Prinzips, das ohne die Verhältnisbestimmung von Freiheit und Eigentum zum Gesetz dogmatisch nicht hinreichend verstehbar ist. Die Trennung in der Darstellung ist daher nicht strikt durchgeführt, sondern bedeutet nur eine Schwerpunktsetzung.

[4] Sprachgeschichtlich läßt sich die Formel, allerdings in anderem Zusammenhang, noch weiter zurückverfolgen. So weist *Rosin* S. 15 darauf hin, daß der Ausdruck „de proprietate aut libertate" bereits um 810 in einem Capitular Karls des Großen erwähnt wird — im Zusammenhang mit der Bestimmung der Gerichtszuständigkeiten. Vgl. das Zitat bei *Rosin* S. 31/32. Hinweis und Fundstelle auch bei *Kleiser*, Diss. S. 51.

[5] Vgl. etwa *Jesch* S. 117 f.; *Kleiser*, Diss. S. 51 f.; *Roos*, Bd. 91bis der Zeitschrift des Bernischen Juristenvereins S. 117 (122 f.); *Selmer*, JuS 1968 S. 489 (490).

[6] Vgl. z. B. *Rosin* S. 15 f.; *Anschütz*, Gegenwärtige Theorien S. 162; ders., in Meyer/Anschütz, Staatsrecht 7. Aufl. § 157, S. 656 Fn. b; *Meisner*, AöR Bd. 36 (1917) S. 251 (253).

[7] Kritisch aber *Rupp*, Grundfragen S. 137/138, Fn. 92.

[8] Daß sich der negative, der „juristische Freiheitsbegriff" — also „Freiheit ... als Abwesenheit von (scil. staatlichem) Zwang" — schon bei *John Locke* finde, vertritt auch *Franz L. Neumann*, ZgesStW Bd. 109 (1953) S. 25 (26).

[9] Vgl. auch *Rupp*, Grundfragen S. 137/138, Fn. 92.

[10] Two treatises, Book II, Chap. IV, § 22.

staatenlosen Naturzustand, und hebt sie damit von der „liberty of man, in society"[11] ab. Im Naturzustand leben die Menschen in vollkommener Freiheit und Gleichheit („a state of perfect freedom... A state also of equality"[12]) unter den Regeln des Naturrechts[13]. Die Freiheit im Naturzustand besteht bei John Locke in der individuellen Beliebigkeit innerhalb der Schranken der Regeln des Naturrechts:

„... a state of perfect freedom to order their actions, and dispose of their possessions and persons, as they think fit, within the bounds of the law of nature, without asking leave, or depending upon the will of any other man"[14].

Diese Freiheit im Naturzustand geben die Menschen jedoch auf, wenn sie — allerdings zum Schutz ihrer individuellen Besitzstände[15], die von Locke auch schon mit der Formel „liberty and property"[16] oder „liberties and properties"[17] umschrieben wird — sich zu einer „civil society" zusammenschließen und eine Regierung errichten[18]:

„But though men, when they enter into society, *give up* the equality, *liberty*, and executive power *they had in the state of nature, into the hands of society*, to be so far disposed of by the legislative, as the good of the society shall require; yet it beeing *only with an intention* in every one the better *to preserve himself, his liberty and property*"[19].

Diese Ausführungen und die von Locke vorgenommene Gegenüberstellung von „natural liberty of man" und der „liberty of man in society"[20, 21] macht die ideengeschichtlichen Gemeinsamkeiten und gleichzeitig auch die Unterschiede zum Freiheitsbegriff des Vorbehalts des Gesetzes deutlich: Obschon beide Freiheitsbegriffe Lockes nicht beziehungslos gegeneinander stehen — die Freiheit in der Gesellschaft umfaßt gerade die im Naturrecht vorgeformten Rechte und Freiheiten

---

[11] Ebd.
[12] Two treatises, Book II, Chap. II, § 4.
[13] Vgl. ebd. Chap. IV § 22: „... to have only the law of nature for his rule." Zum Naturrecht, das aus Regeln besteht, „die von einer praktischen Vernunft diktiert werden" (*E.-W. Böckenförde*, Gesetz S. 22) führt *Locke* aus: „The state of nature has a law of nature to govern it, which obliges every one: and reason, which is that law, teaches all mankind, who will but consult it, that beeing all equal and independent, no one ought to harm another in his life, health, liberty, or possessions" (ebd. Chap. II, § 6). Zum Naturrecht bei *John Locke*, vgl. *E.-W. Böckenförde*, Gesetz S. 22 f.
[14] Ebd. Chap. II, § 4.
[15] Vgl. ebd. Book II, Chap. IX, § 124: „The great and chief end, therefore, of men's uniting into commonwealths, and putting themselves under government, is the preservation of their property" und das Zitat im Text.
[16] Ebd. § 131 (Zitat im Text).
[17] Ebd. Chap. XIII, § 149; Chap. XIX, §§ 227, 228.
[18] Zur Gesellschaftsvertragslehre bei *Locke*, vgl. im einzelnen *E.-W. Böckenförde*, Gesetz S. 23 f.
[19] Ebd. Chap. IX, § 131 (Hervorhebung von *mir*).
[20] Ebd. Chap. IV, § 22.
[21] Zum Freiheitsverständnis vor und nach Eintritt des einzelnen in die Gemeinschaft vgl. auch *Schnur*, VVDStRL 22 (1965) S. 101 (102 f.).

A. Freiheits- und Eigentumsformel

— läßt nur der Begriff der „natural liberty" mit seiner vorstaatlichen Freiheit zur individuellen Beliebigkeit eine Beziehung zum Begriff der „natürlichen Handlungsfreiheit" der Freiheits- und Eigentumsformel erkennen. Die Freiheit im Sinne des Vorbehalts des Gesetzes, die zumindest in der zweiten Hälfte des 19. Jahrhunderts gemäß der liberalen Staatsrechtsdoktrin antistaatlich verstanden wurde[22], unterschied sich jedoch von der „liberty of man in society"[23], die nicht im Gegensatz zum Gemeinwesen steht, da die Gemeinschaft gerade die Sicherung der individuellen Freiheit übernommen hat[24]. Dies kommt auch in dem von Locke beschriebenen Verhältnis der Freiheit zum Gesetz zum Ausdruck. Darauf wird unten zurückzukommen sein.

Naturrechtliches Gedankengut kam in Deutschland vor allem in der noch bis in die 30-iger Jahre des vorigen Jahrhunderts herrschenden Lehre[25] vom Staatsvertrag zum Ausdruck, also in der „Auffassung, daß der einzelne sich in den Staat nur integriert habe zur Erhaltung seiner persönlichen Freiheit und Sicherheit, sowie zur Mehrung seines Nutzens und seiner Glückseligkeit"[26]. Nach dieser Lehre konstituierte und begrenzte der Staatszweck die Staatsgewalt[27]. Das individualistische Staatszweckverständnis schloß den Schutz von Freiheit und Eigentum ein; ein Eingriff in diese Güter — das „Sonderinteresse" — war nur zulässig, wenn das „Gesamtinteresse" — der Staatszweck — es erforderte[28]. Soweit die Individualsphäre jenseits dieser Zugriffsmöglichkeit des Staates lag, blieb sie demnach „in einem spezifischen Sinne vorstaatlich, von staatlicher Organisierung und Aktualisierung frei"[29].

Zur Durchsetzung des Gesamtinteresses gegenüber dem Sonderinteresse war darüberhinaus ein Gesetz erforderlich, das der Zustimmung der Landstände bedurfte[30]. Festlegungen dieses Erfordernisses finden sich bald in den meisten Verfassungen der deutschen Einzelstaaten, sei es im Grundrechtsteil oder bei den Bestimmungen über die Mitwirkungsbefugnis der Landstände an der Gesetzgebung[31].

---
[22] Vgl. unten S. 22 f., 29 f.
[23] Vgl. auch *Rupp*, Grundfragen S. 138, Fn. 92: „Man kann nicht die spezifisch anti-monarchische Zielrichtung des auf Eingriff in Freiheit und Eigentum bezogenen Gesetzesvorbehalts der deutschen konstitutionellen Monarchie Locke unterstellen."
[24] Das wird oft übersehen. Unrichtig insofern etwa auch *Häberle*, Wesensgehaltgarantie S. 145 f.
[25] *Erichsen*, Geschichtliche Grundlagen S. 127.
[26] *Erichsen*, ebd. S. 33.
[27] Das hat in jüngerer Zeit insbesondere *Erichsen* nachgewiesen. Vgl. dens., ebd. S. 33, für den hier interessierenden Zeitraum insbesondere S. 125 f. Vgl. auch *E.-W. Böckenförde*, in Festgabe für Hefermehl S. 11 (14).
[28] Vgl. auch *Erichsen*, StaRuVfgbkt I S. 29.
[29] *E.-W. Böckenförde*, in Festgabe für Hefermehl S. 11 (14).
[30] *Erichsen*, StaRuVfgbkt I S. 29.

Die Freiheits- und Eigentumsformel beschreibt damit — wenn auch nicht abschließend[32] — den Hauptanwendungsbereich der Gesetzgebung. Die Formel hatte daher neben ihrer individual-rechtlichen Funktion — Umschreibung der dem Zugriff der Staatsgewalt grundsätzlich entzogenen Individualsphäre — auch wesentlich eine objektiv-rechtliche, nämlich kompetenzzuweisende Funktion[33]. Diese in diesem Sinne doppelte Bedeutung der Formel nimmt in der nachfolgenden Zeit noch zu, als sich mit der jetzt einsetzenden Ablehnung der Staatsvertragslehre[34] das — individualistische — Staatszweckverständnis wandelt[35] und damit der Staatszweck als Rechtsbindung und Begrenzung der Staatsgewalt an Aussage- und Durchsetzungskraft verliert[36]. Die Vorbehaltsklausel übernimmt nun eindeutig als zentrales verfassungsrechtliches Prinzip die Abschirmung der Individualsphäre gegen unmittelbare, d. h. exekutivische staatliche Zugriffe. Sie verweist nicht nur alle allgemeinen Eingriffe in die von ihr beschriebene Individualsphäre in den Bereich der — an die Zustimmung der Landstände gebundenen — Gesetzgebung, sondern gewährt auch während des gesamten 19. Jahrhunderts — wie *Erichsen* entgegen der Auffassung von *Jesch* nachgewiesen hat[37] — Schutz gegen Einzeleingriffe der Verwaltung.

Diese dogmengeschichtliche Ausgangssituation begründet die extensive Interpretation der Freiheits- und Eigentumsformel. Als wichtigste verfassungsrechtliche Bestimmung zur Ermittelung des Bereichs der (mitwirkungsbedürftigen) Gesetzgebung konnte ihre weite Auslegung diesen Bereich wesentlich erweitern[38]; auf dem gleichen Weg konnte der Schutz der Individualsphäre vor dem unmittelbaren Zugriff der Staatsgewalt lückenlos ausgestaltet werden. Erklärt die Dogmengeschichte des Vorbehaltsprinzips so einerseits die spätere extensive Interpretation der Formel im Sinn umfassender Freiheits- und Eigentumsbegriffe, so erhellt sie gleichzeitig das der Formel zugrundeliegende Freiheitsverständnis. Entsprechend ihrer Abwehrfunktion ist die von ihr gemeinte Freiheit die dem staatlichen Zugriff prinzipiell entzogene, gleichsam noch staatlich unberührte, „natürliche" Freiheit, die sich in der Entgegensetzung zum Staat, als „Freiheit vom Staat", verstand.

---

[31] Nachweise bei *Jesch* S. 123 f. und *E.-W. Böckenförde*, Gesetz S. 73 f. Wie *Jesch* S. 124 f. und S. 111 nachgewiesen hat, machen die unterschiedlichen Positivierungen in der Sache nichts aus.
[32] *Erichsen*, Geschichtliche Grundlagen S. 140.
[33] Vgl. *E.-W. Böckenförde*, Gesetz S. 75 f.
[34] *Erichsen*, Geschichtliche Grundlagen S. 131/132.
[35] Dazu ausführlich *Erichsen*, ebd. S. 127 f.
[36] *Erichsen*, ebd. S. 133.
[37] Geschichtliche Grundlagen S. 148 f.; ders., StaRuVfgbkt I S. 30. Wie *Jesch* neuerdings *Papier* S. 14. *Thoma* begründet 1906 (Polizeibefehl, S. 102) die Geltung des Vorbehaltsprinzips für Einzelverfügungen durch ein „argumentum a potiori".
[38] Vgl. dazu auch *Rosin* S. 88 f.

A. Freiheits- und Eigentumsformel

Ansätze zu diesem — als im Naturrecht angelegt verstandenen[39] Freiheitsverständnis finden sich zum Teil schon früh, wie etwa eine Formulierung v. Aretins, im 2. Band seines 1827 erschienenen „Staatsrecht(s) der konstitutionellen Monarchie" belegt, wonach die Freiheit der Person das Recht einschließe „zu thun, was nicht durch ein Gesetz verboten ist"[40].

In der spätkonstitutionellen Zeit war das Vorbehaltsprinzip mit diesem Freiheitsbegriff prinzipiell anerkannt, wenn auch hinsichtlich seiner verfassungsrechtlichen Verortung heftige Diskussionen geführt wurden[41]. So wurde insbesondere darüber gestritten, ob die pr. VU den Vorbehalt des Gesetzes in Art. 62 — „Die gesetzgebende Gewalt wird gemeinschaftlich durch den König und durch zwei Kammern ausgeübt" — oder in den Freiheit und Eigentum schützenden Grundrechten mit Gesetzesvorbehalt (Art. 5 und 9 pr. VU) positivierten. Hinsichtlich des Vorbehalt des Gesetzes in Art. 62 — „Die gesetzgebende Gewalt wird die Ansicht, die in Art. 62 pr. VU nur eine Regelung des Gesetzgebungsverfahrens sah, Art. 5 pr. VU, der die Freiheit der Person garantierte und unter Gesetzesvorbehalt stand, extensiv im Sinn eines Grundrechts auf Schutz der natürlichen Handlungsfreiheit interpretierte[43] und so den Vorbehalt des Gesetzes in dieser Bestimmung positiviert sah[44].

Die Meinung, daß die Grundrechte mit Gesetzesvorbehalt jeweils für ihren Bereich den Vorbehalt des Gesetzes zumindest „mitenthielten" —

---

[39] Die Beziehung zwischen Naturrecht und weitem Freiheits- und Eigentumsbegriff heben auch *Jesch* S. 126 und insbesondere *Häberle*, Wesensgehaltsgarantie S. 145 f. hervor. Dieser Zusammenhang wurde auch in der spätkonstitutionellen Zeit betont. Vgl. *Hubrich*, Archiv für Rechts- und Wirtschaftsphilosophie, Bd. II (1908/1909) S. 10 (12).
[40] Bd. II, Abtheilung 1, § 2, S. 5. Weitere Nachweise bei *Erichsen*, Geschichtliche Grundlagen S. 150. Vgl. auch *Jesch* S. 131.
[41] Vgl. zum bekannten Streit zwischen *Arndt* und *Anschütz* um die Auslegung des Art. 62 pr. VU etwa die Darstellung bei *Jesch* S. 131 f. und *Kleiser*, Diss. S. 56 f. Die Diskussion verdient auch wegen ihres polemischen Stils Interesse. Vgl. insofern *Anschütz*, Gegenwärtige Theorien S. 25 f. (gegen *Arndt*); *Hubrich*, Gesetzespublikation S. 101 f. (gegen *Thoma*).
[42] Anders für die dogmatische Abgrenzung zwischen Legislative und Exekutive. Während die — zumindest ursprünglich — herrschende Lehre (vgl. die Darstellungen und Nachw. bei *Thoma*, Vorbehalt des Gesetzes S. 165 (183 f.) und *E.-W. Böckenförde*, Gesetz S. 222 f.) in Art. 62 pr. VU den materiellen Gesetzgebungsbereich umfassend definiert sah, so daß Art. 62 den gesamten Bereich materieller Gesetzgebung der formellen Gesetzgebung zuwies, vertrat etwa *Arndt* die sog. Enumerationstheorie, nach der Art. 62 nur das Gesetzgebungs*verfahren* regelte, während die *Gegenstände* der Gesetzgebung abschließend in den übrigen Verfassungsbestimmungen aufgezählt seien. Er kam damit zu einem (königlichen) Verordnungsrecht praeter legem, das die herrschende Meinung wiederum abschließend von Art. 63 pr. VU geregelt sah. Praktisch waren die Konsequenzen allerdings gering.
[43] Vgl. *Arndt*, Art. 5 Anm. 2.
[44] So ausdrücklich *Arndt*, Art. 5 Anm. 4.

oder auch umgekehrt das Vorbehaltsprinzip die Funktion von Grundrechtsbestimmungen übernehme[45] — war allgemeine Erkenntnis[46, 47]. Wegen der im Ergebnis breiten Anerkennung des Vorbehalts des Gesetzes vertrat dann *Thoma* 1916[48] die Auffassung, dieses Prinzip gelte zumindest kraft Gewohnheitsrechts[49].

(Spätestens) gegen Ende der konstitutionellen Zeit hatte sich die weite, umfassende Interpretation der Freiheits- und Eigentumsformel durchgesetzt. Der Freiheitsbegriff umfaßte den ganzen Bereich der „natürlichen" Handlungsfreiheit, d. h. „alle äusseren Willensausflüsse der Individuen, die möglich sind"[50].

Auch die Interpretation des Eigentumsbegriffs der Formel lief schon früh[51] auf eine umfassende Sicherung privater Vermögensrechte hinaus[52]. Zu einem gewissen Abschluß kam diese Entwicklung, als (spätestens) unter der Geltung der Weimarer Reichsverfassung der Eigentumsbegriff des Art. 153 WRV dahin ausgelegt wurde, daß er jedes private Vermögensrecht umfaßte[53]. Damit war praktisch der gesamte private — subjektive öffentliche Rechte wurden etwa von *Anschütz* ausdrücklich ausgenommen[54] — Besitzstand in die Formel einbezogen[54a].

Insgesamt läßt sich sagen, daß zum Ende der spätkonstitutionellen Zeit der gesamte Bereich des status negativus (status libertatis) i. S. *Georg Jellineks*[55] von der Freiheits- und Eigentumsformel abgedeckt war. Die diesem status entsprechende Freiheit der privaten Sphäre

---

[45] *Bühler* S. 128 f.: soweit der Vorbehalt des Gesetzes gelte, hätten die Grundrechte ihre Bedeutung verloren. Die Grundrechtsbestimmungen seien „durch jenes allgemeine Prinzip überholt."
[46] Vgl. etwa O. *Mayer*, Verwaltungsrecht I, 1. Aufl., (1895) S. 75/76; *Anschütz*, Gegenwärtige Theorien S. 78 f.; *Thoma*, Vorbehalt des Gesetzes S. 165 (218 f.); dazu auch *Jesch* S. 128 f.
[47] Zum Verhältnis Grundrechte — Vorbehalt des Gesetzes vgl. auch unten S. 28 f.
[48] Vorbehalt des Gesetzes S. 165 (211 f.).
[49] Vgl. zur Geltung des Grundsatzes in den übrigen deutschen Einzelstaaten *Bühler* S. 87 f. für Baden (S. 87 f.), Bayern (S. 93 f.), Sachsen (S. 98), Württemberg (S. 104 f.).
[50] *Hubrich*, Archiv für Rechts- und Wirtschaftsphilosophie, Bd. II (1908/1909) S. 10 (12).
[51] Vgl. *Erichsen*, Geschichtliche Grundlagen S. 42 f. zum Begriff des wohlerworbenen Rechts.
[52] Vgl. zur Entwicklung *Jesch* S. 129 f.
[53] RGZ 109, S. 310 (319); 111, S. 320 (328); *Anschütz*, Die Verfassung des Deutschen Reichs Art. 153 Anm. 2 m. w. Nachw. Zum Eigentumsbegriff des Art. 153 WRV vgl. auch *Wipfelder*, in Festschrift für G. Küchenhoff S. 747 (753 f.). Ders. dort auch zur Divergenz zwischen Verfassungsintention und -auslegung.
[54] Die Verfassung des Deutschen Reichs Art. 153 Anm. 2.
[54a] Vgl. auch *Wipfelder*, in Festschrift für G. Küchenhoff S. 747 (755).
[55] System S. 94 f. Vgl. zur Statuslehre *Jellineks* auch die Darstellung von *Schmitt Glaeser* S. 85 f.

A. Freiheits- und Eigentumsformel

stand dem Staat inhaltlich beziehungslos gegenüber[56] und definierte sich folgerichtig als dem (unmittelbaren) hoheitlichen Eingriff entzogene — „negative" — Freiheit „vom Staat"[57].

Der in der Zeit der konstitutionellen Verfassungen entwickelte Freiheitsbegriff wurde in das Verfassungsrecht der Weimarer Reichsverfassung übernommen[58]. So führt etwa *Anschütz* zu Art. 114 WRV aus:

> „Gewährleistet ist die ‚Freiheit der Person': die *persönliche Freiheit*. Diese — wohl zu unterscheiden von der *politischen* Freiheit, der ‚Freiheit *im* Staat', welche den Anteil des Bürgers an der Bildung des Staatswillens in sich begreift — ist gleichbedeutend mit Freiheit *vom* Staat, sie besteht in der rechtlichen Möglichkeit, alles tun zu dürfen, was kein Gesetz verbietet...
>
> Er (scil.: Art. 114 Abs. I Satz 2 WRV) enthält das rechtsstaatliche Prinzip, welches man den ‚Grundsatz der Gesetzmäßigkeit der Verwaltung' zu nennen pflegt"[59].

Obwohl *Anschütz* hinsichtlich seiner Interpretation des Art. 114 WRV keineswegs als Repräsentant einer einhelligen Meinung gelten kann[60], ist die grundsätzliche verfassungsrechtliche Absicherung der Individualsphäre in dem von ihm beschriebenen umfassenden Sinn im Ergebnis wegen der Anerkennung des Vorbehaltsprinzips unstreitig[61] und zutreffend hat *Jesch* festgestellt, daß die Grundrechtsdeutung der Weimarer Staatsrechtslehre geradezu darauf hinauslief, ein einziges Grundrecht auf gesetzmäßige Freiheit übrigzulassen, d. h. die den status negativus umschreibenden Grundrechte vollkommen dem Vorbehalt des Gesetzes zu unterstellen[62]. So bezeichnet *Thoma* ausdrücklich das dem status negativus (i. S. Georg Jellineks) entsprechende „allgemeine Persönlichkeitsrecht auf Freiheit von ungesetzlicher Einschränkung eines Subjekts im Gebrauche seiner natürlichen Kräfte und seiner privaten Rechte von seiten der öffentlichen Gewalt" als „Grundrecht" — oder sogar als „wichtigstes Grundrecht"[63] —, das „zwar nicht explicite in den Verfassungsurkunden ausgesprochen aber implicite durch sie gesetzt" sei[64]. Die Freiheitsverbürgungen der Grundrechtsbestimmungen seien „verfassungsrechtliche Ausgestaltungen" dieses „allgemeinen Freiheits-

---

[56] Vgl. *G. Jellinek*, System S. 104.
[57] Vgl. *G. Jellinek*, ebd. S. 103.
[58] Zur Übernahme der herrschenden Lehre zum Vorbehalt des Gesetzes in das Verfassungsrecht der WRV vgl. *Hatschek*, Staatsrecht I, Bd. II S. 117/118; *Apelt* S. 236 f.; vgl. auch *Jesch* S. 131 f.
[59] Die Verfassung des Deutschen Reichs Art. 114 Anm. 1 (S. 543); Anm. 2 (S. 544).
[60] Vgl. die Nachw. zur Gegenmeinung bei *Anschütz*, ebd. Art. 114 Anm. 2, Fn. 1, 2 (S. 544).
[61] Vgl. *Anschütz* ebd.
[62] S. 134.
[63] HdbchStR II S. 607 (619).
[64] Grundrechte und Polizeigewalt S. 183 (185).

rechtes"[65]. *Carl Schmitt* deutet dieses allgemeine Freiheitsrecht Thomas als das Grundprinzip des „bürgerlich-rechtsstaatlichen Verfassungsstaates", nach dem „die Freiheit des Einzelnen gesellschaftlich, d. h. vorstaatlich und deshalb prinzipiell unbegrenzt, die staatliche Machtbefugnis dagegen prinzipiell begrenzt ist"[66].

B. Gesetzesbegriff des Eingriffsvorbehalts

Schon oben wurde festgestellt, daß die naturrechtlichen Lehren *John Locke*s nur mit Zurückhaltung als ideengeschichtlicher Ursprung des Vorbehalts des Gesetzes gewertet werden können. Das gilt nicht nur für das „Freiheits-", sondern auch für das „Gesetzeselement" des Vorbehaltsprinzips[67].

Nach *Locke* hat die Gemeinschaft den Schutz der individuellen Freiheit übernommen. Diese Freiheit in der Gemeinschaft („liberty of man in society") wird dadurch gewährleistet, daß die Menschen „unter einem feststehenden Gesetz leben, das für jeden dieser Gesellschaft Gültigkeit besitzt"[68]. Konsequent sieht Locke im Gesetz den Garanten individueller Freiheit:

„... where there is no law, there is no freedom: for liberty is, to be free from restraint and violence from others; which cannot be, where there is no law"[69].

Nach *Locke* gibt es also keine Antinomie zwischen Gesetz und Freiheit, vielmehr ist das Gesetz konstitutive Voraussetzung für individuelle Freiheit: „So that, however it may be mistaken, the end of the law is not to be abolish or restrain, but to preserve and enlarge freedom"[70] — eine Vorstellung, die dem Gesetzesverständnis etwa der deutschen spätkonstitutionellen Staatsrechtslehre[71] denkbar fremd war[72]. Diese Gesetze[73] werden von der gesetzgebenden Gewalt („legislative power"),

---

[65] In: Nipperdey, Grundrechte I S. 1 (20).
[66] HdbchStR II S. 572 (586).
[67] Kritisch auch *Rupp*, Grundfragen S. 137/138 Fn. 92.
[68] Two treatises, Book II, Chap. IV, § 22.
[69] Ebd. Chap. VI § 57. Freiheit bedeutet demnach auch bei *Locke* nicht grenzenlose Beliebigkeit: „but freedom is not, as we are told, a liberty for every man to do what he lists: ... but a liberty to dispose and order as he lists, his person, actions, possessions, and his whole property, within the alowance of those laws under which he is". Vgl. zu diesem Freiheitsverständnis allg. auch *Schnur*, VVDStRL 22 (1965) S. 101 (103, Fn. 4).
[70] Ebd.
[71] Unten S. 27 f.
[72] Mit Recht kritisiert daher *Rupp*, Grundfragen S. 137/138, Fn. 92 *Jeschs* Projektion *Locke*scher Gedankengänge auf die deutsche konstiutionelle Monarchie.
[73] Zum Gesetzesbegriff *Locke*s, vgl. *E.-W. Böckenförde*, Gesetz S. 24 f.

B. Gesetzesbegriff des Eingriffsvorbehalts

die die höchste Gewalt („supreme power") in jeder Gemeinschaft ist[74], erlassen. Die gesetzgebende Gewalt, die zwar auch in den Händen eines einzigen liegen kann[75], ist immer vom Volke abgeleitet[76]. Konstitutives Gültigkeitserfordernis für die Wirksamkeit der Gesetze ist die Zustimmung der Gesellschaft:

„... for without this the law could not have that, which is absolutely necessary to its beeing a law, the consent of the society"[77].

Die Zustimmung der Bürger ist also integrierter Bestandteil des *Locke*schen Gesetzbegriffes[78].

Kann sich damit die Tradition eines demokratischen Gesetzesbegriffs durchaus auf *Locke* berufen, so gilt dies für den Gesetzesbegriff des Vorbehalt des Gesetzes nicht uneingeschränkt. Insbesondere aufgrund der Untersuchungen *Erichsens*[79] muß *Jeschs* Ansicht — „Der dem Vorbehaltsbegriff zugrunde liegende Gesetzesbegriff ist der demokratische Gesetzesbegriff"[80] — zumindest für die Frühzeit der Klausel als widerlegt angesehen werden. Das Merkmal der Zustimmung der Staatsbürger (oder ihrer Repräsentanten) zu Eingriffen in ihre Individualsphäre ist in den ersten geschriebenen Verfassungen der deutschen Einzelstaaten nicht — wie bei *Locke* — in den Gesetzesbegriff integriert, sondern getrennt von ihm aufgeführt[81]. Diese Trennung kann nicht (nur) als gesetzestechnische Eigenart dieser Verfassungen gewertet, sondern muß darüber hinaus als Ausdruck eines spezifischen Gesetzesverständnisses aufgefaßt werden. Wie *Anschütz* im Zusammenhang mit seiner Untersuchung zum Gesetzesbegriff ausführt[82], entfaltete sich die naturrechtliche Lehre vom Staatsvertrag in zwei Ausprägungen. Während die von ihm sogenannte „demokratische Richtung" der Staatsvertragslehre davon ausginge, daß der Staat eine „vertragsmässig verbundene Gesellschaft freier Menschen"[83] sei und die Freiheit des Individuums nur durch den allgemeinen Willen beschränkt werden dürfe, demzufolge das Gesetz die „Machtäusserung des allge-

---

[74] Vgl. Two treatises, Book II, Chap. XI, §§ 134, 135.
[75] Ebd. § 132, § 135: „Though the legislative, whether placed in one or more...". Vgl. auch E.-W. Böckenförde, Gesetz S. 27.
[76] Vgl. ebd. § 134.
[77] § 134. Vgl. auch § 138: „The supreme power cannot take from any man any part of his property without his own consent". „Own consent" versteht *Locke* als „the consent of the majority, giving it either by themselves, or their representatives chosen by them" — ebd. § 140.
[78] Ebenso E.-W. Böckenförde, Gesetz S. 28; *Jesch* S. 119.
[79] Vgl. Geschichtliche Grundlagen S. 138 f.
[80] S. 107; vgl. auch S. 108 f., 125.
[81] *Erichsen*, Geschichtliche Grundlagen S. 142. Verfassungstexte zitiert bei *Jesch* S. 123 f.; *Erichsen*, ebd. S. 136 f.
[82] Gegenwärtige Theorien S. 162 f.
[83] *Anschütz*, ebd. S. 162.

meinen Willens" sei[84], sehe die als „monarchische Richtung" zu bezeichnende Variante der Staatsvertragslehre — wie sie in der deutschen Staatsrechtslehre vertreten worden sei — den Staatsvertrag als einen Unterwerfungsvertrag an, „kraft dessen die Allgemeinheit sich aller ihrer Souveränität entäussert hat zu Gunsten des Monarchen, welcher von Stund ab den souveränen Gemeinwillen voll repräsentiert"[85].

Deutlich kommt diese Auffassung etwa bei *Klüber* zum Ausdruck:

„In dem Innern des Staatsvereins, steht dem Staatsoberhaupt gegenüber, die Gesammtheit der Staatsbürger, das Volk. Durch den *Unterwerfungsvertrag* ist jenem fortwährend das Recht übertragen, in Staatsangelegenheiten den allgemeinen Willen verfassungsmäsig festzusetzen und auszuführen. In dieser Hinsicht, sind alle Staatsbürger oder Mitglieder der Staatsgesellschaft, physische und moralische, dem verfassungsmäsig festgesetzten, *für ihren Gesammtwillen geltenden Regierungswillen* des Staatsoberherrn unterworfen"[86].

Das Gesetz versteht sich nach dieser Auffassung also als Willensäußerung des Staatsoberhauptes als Inhaber der gesetzgebenden Gewalt und nicht als Ausdruck eines demokratisch verfaßten Gesamtwillens.

Wenn die frühkonstitutionellen Verfassungen den Erlaß eines — allgemeinen — Gesetzes, das in Freiheit und Eigentum eingreift, an die Zustimmung der Landstände binden[87], so erhalten hier vorkonstitutionelle Modelle eine neue Bedeutung[88]. Danach konnte der Landesherr mit allgemeinen Regelungen nur unter Mitwirkung der Stände in wohlerworbene Rechte der Untertanen eingreifen[89]. Auch das in den frühkonstitutionellen Vorbehaltsklauseln[90] aufgestellte Erfordernis der „Allgemeinheit" des Gesetzes[91] ist demnach bereits in vorkonstitutionellen Vorstellungen vorgezeichnet. Das Gesetz im Sinne der Vorbehaltsklausel versteht sich demnach in der Zeit der ersten Verfassungen der deutschen Einzelstaaten als Willensäußerung des Staatsoberhauptes — des Inhabers der gesetzgebenden Gewalt — in Form einer allgemeinen, besonderen Anforderungen der Veröffentlichung unterliegenden, Regelung[92].

Seinem Inhalt nach stellt das Gesetz eine Beschränkung der „natürlichen Freiheit" der Untertanen dar. Das so bezeichnete Betätigungsfeld des Gesetzgebers beschreibt gleichzeitig den „Hauptanwendungsbe-

---

[84] *Anschütz,* ebd.
[85] *Anschütz,* ebd.
[86] § 257 (S. 336). Hervorhebungen von *mir.*
[87] Vgl. *Erichsen,* Geschichtliche Grundlagen S. 141.
[88] Texte etwa bei *Erichsen,* ebd. S. 136.
[89] Vgl. *Erichsen,* ebd. S. 51, 141 zum Begriff des wohlerworbenen Rechts, S. 42 f.
[90] Texte bei *Erichsen,* ebd. S. 136 f.
[91] Zum Begriff der Allgemeinheit *Erichsen,* ebd. S. 138 f.
[92] Vgl. *E.-W. Böckenförde,* Gesetz S. 81 f.; *Erichsen,* Geschichtliche Grundlagen S. 148.

B. Gesetzesbegriff des Eingriffsvorbehalts

reich"[93] und den „Mindestanwendungsbereich"[94] der Gesetzgebung, nicht aber, darauf ist angesichts einer entgegenstehenden verbreiteten Auffassung in der spätkonstitutionellen Zeit besonders hinzuweisen, ihren gesamten Anwendungsbereich.

Die Auffassung, das Gesetz sei Willensäußerung des Staatsoberhauptes wandelte sich in der Staatsrechtslehre allerdings schon bald nach Inkrafttreten der konstitutionellen Verfassungen[95] — etwa parallel mit dem Bedeutungsverlust der Staatsvertragslehre[96]. In der staatsrechtlichen Literatur setzte sich die Auffassung durch[97], daß das Gesetz den Gesamtwillen der Staatsbürger repräsentiere. Die Teilnahme der Bürger an der Gesetzgebung wurde damit bestimmend für den Gesetzesbegriff[98]. Dementsprechend wurde das Zustimmungserfordernis in die Definition des Gesetzes einbezogen. Der Vorbehaltsklausel lag demnach nun ein Gesetzesbegriff mit demokratischen Elementen zugrunde.

Bereits vor Mitte des vorigen Jahrhunderts sind auch erste Ansätze zu einer Unterscheidung zwischen formellem und materiellem Gesetzesbegriff zu verzeichnen[99]. Der Streit um dieses Problem[100] nahm bekanntlich in den Diskussionen um den Gesetzesbegriff gegen Ende des 19.[101] und noch zu Beginn des 20. Jahrhunderts den breitesten Raum ein[102]. Er bedarf dennoch in unserem Zusammenhang keiner besonderen Darstellung: Das Gesetz im Sinne der konstitutionellen Klausel war stets durch formelle — verfassungsmäßige Mitwirkung der Repräsentanten der Staatsbürger — und materielle — Regelung, die die Individualsphäre der Bürger betraf — Merkmale gekennzeichnet; es war nachgerade der klassische Fall des formellen *und* materiellen Gesetzes.

Im übrigen ist jedoch die Begriffsbestimmung des Gesetzes durch den staatsrechtlichen Positivismus von kaum zu überschätzender Bedeutung. Die dort entwickelten Begriffsbildungen[103] sind bis heute von entschei-

---

[93] Vgl. *E.-W. Böckenförde*, Gesetz S. 75 f.; *Erichsen*, Geschichtliche Grundlagen S. 139; 140.
[94] Vgl. *Jesch* S. 129; *Erichsen*, Geschichtliche Grundlagen S. 154.
[95] Dazu *Erichsen*, Geschichtliche Grundlagen S. 142 f.
[96] Vgl. oben S. 20.
[97] Vgl. die Nachweise bei *Erichsen*, Geschichtliche Grundlagen S. 142 f.
[98] Vgl. dazu *E.-W. Böckenförde*, in Festgabe für Hefermehl S. 11 (15).
[99] Vgl. *Erichsen*, Geschichtliche Grundlagen S. 142.
[100] Vgl. dazu oben S. 21 und die Untersuchungen der bei *Erichsen*, ebd. S. 141 angegebenen Autoren.
[101] Vgl. insbesondere die kritische Darstellung von *Haenel*, Das Gesetz im formellen und materiellen Sinne, 1888. Zu *Haenel* vgl. *E.-W. Böckenförde*, Gesetz S. 282 f.
[102] Vgl. auch die Darstellung und Kritik bei *Heller*, VVDStRL 4 (1928) S. 98 f., 106 f.
[103] Vgl. hierzu insbesondere die Darstellung von *E.-W. Böckenförde*, Gesetz S. 226 f.

1. Kap.: Dogmengeschichtlicher Abriß zum Eingriffsvorbehalt

dendem Einfluß auf den Gesetzesbegriff geblieben. Wesentlich für das Gesetzesverständnis im Rahmen der Vorbehaltsklausel ist insbesondere die damals festgelegte Bestimmung der Funktion des Gesetzes für Freiheit und Eigentum der Bürger. In besonderer Prägnanz kommt dieses Verständnis in den Formulierungen *Anschütz'* zum Ausdruck: „Denn es ist das Wesen jedes Gesetzes im mat. S., jeder Rechtsvorschrift, dass sie der persönlichen Freiheit im Allgemeinen und dem Privateigentum insbesondere Mass und Schranken setzt"[104]. „Denn unter einem ‚Rechtssatz' ist hier eine Norm verstanden, welche in Freiheit und Eigentum eingreift"[105]. Dieses Verständnis des Gesetzes *i. S. der Vorbehaltsklausel* als Eingriff und Schrankenbestimmung der „natürlichen Handlungsfreiheit" kann als repräsentativ gelten. Daß gerade Anschütz die Eingriffs- und Schrankenfunktion des Gesetzes besonders heraushebt, findet seine Erklärung darin, daß er im Anschluß an *Rönne*[106] ebenso wie *Max von Seydl*[107], den Gesetzesbegriff der Vorbehaltsklausel mit dem des materiellen Gesetzes schlechthin identifiziert und somit den Eingriff in Freiheit und Eigentum als Definitionsmerkmal in den Gesetzesbegriff aufnimmt[108]. Insofern gibt *Anschütz* jedoch nicht die Ansicht der überwiegenden Meinung wieder[109]. Der Bezug zum Freiheitsbegriff des Vorbehaltsprinzips findet sich aber auch im materiellen Gesetzesbegriff G. *Jellineks*[110] und *Labands*, der die Funktion des Rechtssatzes darin sieht, „die durch das gesellige Zusammenleben der Menschen gebotenen Schranken und Grenzen der natürlichen Handlungsfreiheit des Einzelnen zu bestimmen"[111].

Einig war man sich weitgehend[112] darin, wie der dogmatische Zusammenhang zwischen dem Vorbehaltsprinzip und den mit Gesetzesvorbehalten ausgestatteten Grundrechten[113] zu sehen sei.

---

[104] Gegenwärtige Theorien S. 169. Ebenso später in Meyer/Anschütz, Staatsrecht, 7. Aufl. S. 657.
[105] In Meyer/Anschütz, Staatsrecht, 7. Aufl. S. 654 (Fn. a).
[106] Nachw. bei *Erichsen*, StaRuVfgbkt I S. 31.
[107] Vgl. die Nachweise bei *E.-W. Böckenförde*, Gesetz S. 277 f.
[108] Vgl. aber den Wandel seiner Auffassung, in: Meyer/Anschütz, Staatsrecht, 7. Aufl. S. 658, Fn. c: „Gleichung Gesetz = Rechtssatz = Norm, welche Freiheit und Eigentum der Individuen *betrifft*". (Hervorhebung von *mir*). Der Gesetzesbegriff ist also nicht mehr an den „Eingriff" gebunden. Vgl. dazu auch die Darstellung bei *E.-W. Böckenförde*, Gesetz S. 255, 271 f., 275.
[109] Ausdrücklich gegen die Verengung des Rechtssatzbegriffs auf Eingriffe in Freiheit und Eigentum bei *Anschütz*, etwa *Hubrich*, Archiv für Rechts- und Wirtschaftsphilosophie, Bd. II (1908/1909) S. 10 f. Vgl. zum Rechtssatzbegriff *E.-W. Böckenförde*, Gesetz S. 226 f.
[110] Gesetz und Verordnung S. 240. Vgl. dazu auch *E.-W. Böckenförde*, Gesetz S. 245.
[111] Staatsrecht, 5. Aufl., Bd. 2 S. 73. Vgl. dazu *E.-W. Böckenförde*, Gesetz S. 233 f.
[112] Wenn etwa *Arndt* (Nachw. oben) den Vorbehalt des Gesetzes *nur* in den Grundrechten ansiedelt, entfällt für ihn insofern eine Verhältnisbestimmung. In der Sache ist er der gleichen Meinung.

B. Gesetzesbegriff des Eingriffsvorbehalts

Schon oben ist darauf hingewiesen worden, daß die Verfassungen die Individualsphäre unterschiedlich entweder durch die Vorbehaltsklausel oder durch Grundrechte absicherten. Die darin zum Ausdruck kommende weitgehende Funktionsgleichheit von Grundrechten und Vorbehaltsprinzip[114] wurde im hier angesprochenen Zeitraum deutlich herausgestellt: Im Verhältnis Staat — Bürger haben sowohl Eingriffsvorbehalt wie auch die Grundrechte die Funktion, einen möglichst weiten Bereich von Freiheit und Eigentum dem unmittelbaren Zugriff des Staates zu entziehen, indem sie im Verhältnis Exekutive — Legislative ein Tätigwerden der vollziehenden Gewalt an eine gesetzliche Ermächtigung binden. Grundrechte und Vorbehaltsklausel beinhalten demnach objektivrechtlich eine Ausnahme von der prinzipiellen Allzuständigkeit der Exekutive. Die vollziehende Gewalt, „an sich frei", „aus eigener Kraft" handelnd, ist in diesem Bereich von ihrem selbständigen Vorgehen ausgeschlossen[115]. Daß der Vorbehalt des Gesetzes von den Verfassungen deshalb „auf verschiedene Weise wiedergegeben" werde, stellt O. Mayer[116] ausdrücklich fest: Die „klassische Form" sei die der „Aufstellung sogenannter Grundrechte oder Freiheitsrechte", andere Verfassungen wiederum bestimmten, „daß ohne Zustimmung der Stände kein die Freiheit und das Eigentum betreffendes Gesetz erlassen werden" dürfe und wenn in einer Verfassung weder Grundrechte „aufgestellt" noch gesagt werde, „für welche Dinge ein Gesetz notwendig" sei, dann sei der Vorbehalt des Gesetzes eben eine verfassungsrechtliche Selbstverständlichkeit. *Anschütz* nennt die Spezialvorbehalte der Verfassung im Hinblick auf ihr Verhältnis zum Vorbehalt des Gesetzes „Exemplifikationen" und merkt dazu in einer Fußnote an: „Rein theoretisch betrachtet, hätte man sie sich freilich sparen können"[117]. Daß für ihn der Freiheitsbegriff des Vorbehaltsprinzips und der der Grundrechte derselbe ist, wird deutlich, wenn er „die verfassungsmäßigen Grundrechte" als „spezifizierte Einzelausgestaltungen" der „Freiheit von gesetzwidrigem Zwange" des „negativen Status" (i. S. *Georg Jellineks*) bezeichnet[118].

Im übrigen kommt dem Vorbehalt des Gesetzes gegenüber den Einzelgrundrechten der (Preußischen) Verfassung die Funktion einer Auffangnorm zu[119]. *Bühler* spricht davon, daß die Grundrechte, insoweit, als

---
[113] Soweit vorhanden: die RV 1871 enthielt keine Grundrechtsbestimmungen.
[114] Vgl. auch *Jesch* S. 124 f.
[115] O. *Mayer*, Verwaltungsrecht, 1. Aufl., Bd. I S. 74. Vgl. auch *Kahn*, Diss. S. 9/10: Der Vorbehalt des Gesetzes sei die „grundsätzliche Schranke der Herrschaftsmacht des Staates."
[116] Verwaltungsrecht, 1. Aufl., Bd. I S. 75 und 75/76.
[117] Gegenwärtige Theorien S. 49, Fn. 72.
[118] Ebd. S. 139.
[119] *Anschütz*, Die Verfassungs-Urkunde S. 96 f.; vgl. auch *Vogel*, VVDStRL 24 (1966) S. 125 (149 f.).

der Vorbehalt des Gesetzes gelte, in dieser Beziehung durch „jenes allgemeine Prinzip überholt" seien und keine aktuelle Bedeutung mehr hätten[120]. *Thoma* schließlich meint, daß die meisten Autoren wohl davon ausgingen, daß der Vorbehalt des Gesetzes die Grundrechte weitgehend „außer Funktion gesetzt" habe[121].

Auch unter der Geltung der Weimarer Reichsverfassung wurde die tradtionelle Verhältnisbestimmung zwischen Vorbehaltsprinzip und Grundrechtsbestimmungen (soweit sie Freiheitsrechte des status negativus enthielten), wurde insbesondere auch der diesem Prinzip entsprechende Gesetzesbegriff beibehalten[122]. Die Grundrechte beinhalten nach h. M. den Vorbehalt des Gesetzes[123], sie stellen „in der Hauptsache ... Anwendungsfälle des ohnehin geltenden Grundsatzes der Gesetzesmäßigkeit der Verwaltung" dar[124]. Die Staatsrechtslehre der Weimarer Zeit setzt damit die Tradition der Vorbehaltslehre bruchlos fort[125]. Allenfalls werden von einigen Autoren Voraussetzungen genannt, die die Individualsphäre einschränkenden Gesetze erfüllen müssen, um verfassungsmäßig zu sein[126]. So stellt *Thoma* für Gesetze i. S. des Vorbehaltsprinzips die „Rechtsvermutung" auf, „daß die Reichsverfassung in solchen Fällen nur generelle Beschränkungen der verbürgten Rechte und Freiheiten zulassen will (sei es durch formelles Gesetz, sei es durch eine auf gesetzliche Delegation gestützte Rechtsverordnung), nicht aber individuelle"[127]. *Carl Schmitt* verwirft darüber hinaus „unberechenbare und grenzenlose Vorbehalte"[128].

Nimmt man das Allgemeinheitskriterium in den Gesetzesbegriff des Vorbehaltsprinzips auf[129] — allerdings im Gegensatz zum allgemeinen Gesetzesbegriff, bei dem die h. M. die „Allgemeinheit" als definierendes Merkmal ablehnt[130] — so ergibt sich, daß Gesetze i. S. des Vorbehalts

---

[120] S. 128/129.
[121] Vorbehalt des Gesetzes S. 165 (218).
[122] Vgl. dazu auch die kritische Darstellung von *Heller*, VVDStRL 4 (1928) S. 98 f., 122 f., der selbst — ebd., S. 121 f. — allerdings die Auffassung, daß die WRV einen allgemeinen Vorbehalt des Gesetzes enthalte, ablehnt.
[123] Vgl. *Hatschek/Kurtzig*, Staatsrecht, 2. Aufl. S. 216 f.
[124] So die Analyse der h. M. durch *Smend*, VVDStRL 4 (1928) S. 44 (44 f.) u. in Verfassung und Verfassungsrecht, S. 161. Vgl. in diesem Zusammenhang auch die Bemerkung *Thomas*, Grundrechte und Polizeigewalt S. 183 (194) von den „leerlaufenden Grundrechten." Zum Überblick über die Grundrechtsauslegung z. Zt. der WRV vgl. *Thoma*, Grundrechte und Polizeigewalt S. 183 f.; *ders.* in: Nipperdey, Grundrechte I S. 1 f.; *Carl Schmitt*, HdbchStR II S. 572 f.
[125] Vgl. *Hatschek*, Staatsrecht 1. Aufl., Bd. 2 S. 118.
[126] Vgl. *Jesch* S. 134.
[127] HdbchStR II S. 108 (150). Vgl. auch *Carl Schmitt*, HdbchStR II S. 572 (586).
[128] HdbchStR II S. 572 (586) m. Nachw.
[129] Zu Ausnahmen *Thoma*, HdbchStR II S. 108 (147 f.).
[130] Vgl. schon *Laband*, Budgetrecht S. 3 f.; *ders.*, Staatsrecht 5. Aufl., Bd. 2 S. 2; *G. Jellinek*, Gesetz und Verordnung S. 239 und im übrigen *Heller*,

des Gesetzes (*Thoma:* „Allgemeinvorbehalt"[131]) allgemeine Normen sind, die im allgemeinen Gewaltverhältnis[132] in Freiheit und Eigentum „im weitesten Sinne" eingreifen[133]. *Thoma* bezeichnet diese Lehre als „im wesentlichen unbestritten"[134].

VVDStRL 4 (1928) S. 98 (106 f.);*Hatschek/Kurtzig*, Staatsrecht 2. Aufl., Bd. 2 S. 6. A. M. *Carl Schmitt*, Verfassungslehre S. 139 f.
[131] HdbchStR II S. 221 (221, 222).
[132] Zur Geltung des Vorbehalts des Gesetzes im besonderen Gewaltverhältnis unten 5. Kap. B. II.
[133] *Thoma*, ebd. S. 223.
[134] Ebd. S. 224.

Zweites Kapitel

Die These von den Grundrechten als verfassungsrechtlicher Standort des Vorbehalts des Gesetzes

Es entsprach deutscher Verfassungstradition, den Vorbehalt des Gesetzes entweder im Grundrechtsteil oder im organisatorischen Teil der Verfassungen (bei den Bestimmungen über die Gesetzgebung) niederzulegen, bzw. entsprach es auch der Tradition deutscher Staatsrechtslehre, ihn dort zu lokalisieren. Es könnte also durchaus „dem ideengeschichtlichen Zusammenhang zwischen den Menschenrechtsdeklarationen und dem Vorbehalt des legislativen Eingriffs in die durch die Grundrechte abgegrenzte und geschützte Individualsphäre"[1] entsprechen, das Vorbehaltsprinzip im Grundrechtskatalog des Grundgesetzes anzusiedeln, das, wie die Weimarer Verfassung, eine ausdrückliche Festlegung dieses Prinzips nicht enthält.

Diese Ableitung des Vorbehalts des Gesetzes aus den Grundrechten[2] deutete das Bundesverfassungsgericht beiläufig schon in einem Beschluß vom 6. Mai 1958 an[3], indem es darauf verwies, daß sich der Inhalt des Vorbehalts des Gesetzes[4], der herkömmlich mit der Formel umschrieben werde, „daß ein Gesetz dort erforderlich" sei, „wo ‚Eingriffe in Freiheit und Eigentum' in Frage" stünden, durch die Gesetzesvorbehalte der Grundrechtsbestimmungen konkretisieren ließe.

Wenig später führt *Jesch* aus[5], daß die Grundrechte mit Gesetzesvorbehalt im Grundgesetz die unter Vorbehalt stehende Individualsphäre „in vollkommener und umfassender Weise" umschrieben. Er kommt daher zu dem Ergebnis, „daß der weite, durch die Grundrechte abgesteckte Bereich von Freiheit und Eigentum unter dem Vorbehalt des Gesetzes steht. Das bedeutet, daß der Eingriffsvorbehalt im Grundgesetz soweit reicht, wie die Gesetzesvorbehalte der einzelnen Grundrechte."

---

[1] *Jesch* S. 135.
[2] Gegen diese Ableitung des Vorbehaltsprinzips ausdrücklich *Schwan*, Diss. S. 9 f.; kritisch auch *Papier* S. 28 f.
[3] BVerfGE 8 S. 155 (166/167).
[4] Das BVerfG wählt ebd. den Terminus „Allgemeinvorbehalt".
[5] Gesetz und Verwaltung, 1961 S. 135 f.

2. Kap.: Grundrechte als Normierungen des Eingriffsvorbehalts

Zum praktisch gleichen Ergebnis kommt *Vogel*[6], wenn er den Vorbehalt des Gesetzes für entbehrlich erklärt, da die Lehre vom Vorbehalt des Gesetzes im Grunde nur das wiederhole, „was sich auch unmittelbar bereits aus den Grundrechtsartikeln entnehmen läßt". Vogel leugnet also den Vorbehalt des Gesetzes als allgemeines Verfassungsprinzip, und vertritt die Ansicht, daß dessen Funktion von den Grundrechten des Grundgesetzes übernommen worden sei[7].

Wenn auch nur selten *Vogels* These völlig vorbehaltlos zugestimmt wird[8], so befindet er sich doch mit seinem Ansatz, nach dem die Grundrechte die grundgesetzlichen Entsprechungen der Freiheits- und Eigentumsformel darstellen und die „Funktionen des klassischen Eingriffsvorbehalts ... heute, mit formellen und sachlichen Modifizierungen oder Abstufungen, durch die speziellen Freiheitsrechte und ihre Vorbehalte wahrgenommen" werden (*Papier*[9]), durchaus in Übereinstimmung mit einer h. M.[10].

Die diesem Ansatz entsprechende Auffassung von der grundrechtlichen Rezeption des Eingriffsvorbehalts läßt sich mit *Erichsen* dahingehend umschreiben, daß „Sinn und Zweck des Gesetzesvorbehalts ... im GG durch Grundrechtsverbürgungen, die die Individualrechtssphäre umfassend gewährleisten, und die ihnen beigefügten Gesetzesvorbehalte in Verbindung mit Art. 19 Abs. 1 S. 1 GG realisiert"[11] sein sollen.

---

[6] VVDStRL 24 (1966) S. 125 (149 f., 151).
[7] Dagegen ausdrücklich *Schwan*, Diss. S. 10 f.; *Rupp*, in Festschrift für G. Küchenhoff S. 653 (655 Fn. 6). Kritisch, allerdings nur hinsichtlich der kompetenzrechtlichen Seite des Vorbehaltsprinzips ablehnend, *Papier* S. 28 f., 93. Ausdrücklich zustimmend *Schwabe*, DÖV 1973 S. 623 (624 u. ebd. Fn. 3).
[8] Vgl. zur Kritik die Nachw. in Fn. 7, im übrigen die Diskussionsbeiträge von *Badura*, VVDStRL 24 (1966) S. 210 (212 f.); *Bachof*, ebd. S. 224 (225 f.); *Zacher*, ebd. S. 234 f.; *Bullinger*, ebd. S. 239 (240 f.). Weiterhin *Pietzner*, JA 1973, ÖR S. 89 (90 f.). Gegenüber dem Einwand *Baduras*, ebd., zustimmend *Bachof*, ebd., *Vogels* These führe zum Verlust der „demokratischen Komponente" des Vorbehaltsprinzips, weist *Vogel* selbst — VVDStRL 24 (1966) S. 247 (250) — zutreffend darauf hin, daß auch die Gesetzesvorbehalte der Grundrechte eine demokratische Funktion haben. Ebenso *Schwan*, Diss. S. 10, Fn. 11.
[9] S. 93.
[10] Die Auffassung, daß die Grundrechte den Eingriffsvorbehalt (mit-) enthalten, oder zumindest das allg. Vorbehaltsprinzip konkretisieren, äußern — außer den bereits Zitierten —: *Thieme*, JZ 1964 S. 81; *Kleiser*, Diss. S. 99 f.; *Schaumann*, in Mélanges Marcel Bridel S. 491 (495); *Zacher*, VVDStRL 24 (1966) S. 234 (235); *E. Stein*, § 14 IV (S. 101); *Schwabe*, ebd. und NJW 1974 S. 1044. *Rupp*, Grundfragen S. 238, Fn. 425 meint, der grundrechtliche Gesetzesvorbehalt sei der klassische Gesetzesvorbehalt „par excellence". Er weist allerdings ebd. auch kritisch auf die Änderung des klassischen Eingriffsvorbehalts hin. Vgl. *dens.* neuerdings in Festschrift für G. Küchenhoff S. 653 (655): „Der allgemeine Gesetzesvorbehalt ist ein grundrechtsungebundendes objektives Prinzip des Rechtsstaates". Ebd. Fn. 6: Entwicklungsgeschichtlich habe das Vorbehaltsprinzip die Grundrechtsdogmatik beherrscht und einen spezifischen grundrechtlichen Gesetzesvorbehalt entbehrlich gemacht. *Vogels* Umkehrung dieser Annahme sei also unhaltbar.
[11] StaRuVfgbkt I S. 32.

Sinn und Zweck des klassischen Vorbehalts des Gesetzes war es, grob skizziert, die Individualsphäre in umfassender Hinsicht (Freiheit und Eigentum im wertneutralen Sinn) dem originären Zugriff der Exekutive zu entziehen. Die „natürliche Handlungsfreiheit", die dem Staat als vorgegeben gedacht wurde, sollte, zumindest unmittelbar, nur legislatorischen Regelungen, die angesichts dieses Freiheitsbegriffes nur als Eingriff und Beschränkung denkbar waren, zur Verfügung stehen. Soll die These von der verfassungsgesetzlichen Realisierung des Vorbehalts des Gesetzes durch die Grundrechte richtig sein, so müssen die Grundrechte des Grundgesetzes Freiheit und Eigentum in diesem Sinne umfassend gewährleisten und sicherstellen, daß in diese Individualsphäre nur durch oder aufgrund formellgesetzlichen Akts „eingegriffen" werden kann.

Drittes Kapitel

„Freiheit und Eigentum" im Sinne der Grundrechte

A. Die These von der „Lückenlosigkeit" des grundrechtlichen Freiheitsschutzes

I. Die Auffangkapazität des Art. 2 Abs. 1 GG

Daß das Grundgesetz die Freiheitssphäre des Bürgers in den Grundrechten umfassend schütze, ist seit dem „Elfes-Urteil" des Bundesverfassungsgerichts[1] und seiner nachfolgenden Rechtsprechung[2] ganz h. M.[3]. Nach Auffassung des Gerichts enthält Art. 2 Abs. 1 GG ein generelles, umfassendes Grundrecht auf Freiheit; Art. 2 Abs. 1 GG schütze „die Handlungsfreiheit im umfassenden Sinne"[4].

Die in diesem Grundrecht enthaltene „allgemeine Handlungsfreiheit" erfaßt demnach prinzipiell jede Form menschlicher Freiheitsbetätigung, und soweit nicht der besondere Schutz eines speziellen Freiheitsgrundrechts einschlägig ist, „kann sich der Einzelne bei Eingriffen der öffentlichen Gewalt in seine Freiheit auf Art. 2 Abs. 1 GG berufen"[5]. Nach der h. M. ist die Freiheitssphäre des Individuums durch Art. 2 Abs. 1 GG als lex generalis und den nachfolgenden Einzelfreiheitsrechten des Grundrechtskatalogs als leges speciales[6] in vollkomener Weise beschrieben[7].

Keinen Zweifel läßt das Bundesverfassungsgericht an dem lückenlosen Schutz der Individualsphäre durch Art. 2 Abs. 1 GG, wenn es in einer späteren Entscheidung ausführt:

„Die Freiheit der Entfaltung der Persönlichkeit erschöpft sich nicht in der allgemeinen Handlungsfreiheit, sondern umfaßt in unserer grundgesetzlichen Ordnung auch den grundrechtlichen Anspruch, durch die Staatsgewalt nicht mit einem Nachteil belastet zu werden, der nicht in der verfassungsmäßigen Ordnung begründet ist. Die Formulierung des Art. 2 Abs. 1 GG akzentuiert

---

[1] BVerfG E 6 S. 32.
[2] Vgl. die Darstellung von *Franz Klein*, BayVBl 1971 S. 125 f. und *Hutzelmann*, Diss. S. 579 f. m. umfassenden Nachw.
[3] Nach *Lerche*, DVBl 1958 S. 524 (528) besiegelt BVerfG E 6 S. 32 f. die „Anerkennung eines Rechts genereller Handlungsfreiheit".
[4] BVerfG E 6 S. 32 (36).
[5] BVerfG E 6 S. 32 (37).
[6] Vgl. *Dürig*, AöR Bd. 79 (1953/1954) S. 57 (60).
[7] *Jesch* S. 135; *Hutzelmann*, Diss. S. 587 f. m. Nachw.

zwar besonders die aktive Gestaltung der Lebensführung durch den Grundrechtsträger selbst. Diese setzt aber die Freiheit von unberechtigten — also auch von nicht rechtsstaatlichen — Eingriffen der Staatsgewalt geradezu voraus"[8].

Wenn die Interpretation des Art. 2 Abs. 1 GG durch das Bundesverfassungsgericht richtig ist, muß die These, nach der der Bereich grundrechtlich geschützter Freiheit mit dem der gesamten Individualsphäre identisch ist, als erwiesen angesehen werden. Art. 2 Abs. 1 GG könnte dann in der Tat verfassungsrechtlicher Sitz des traditionellen Vorbehaltsprinzip sein[9].

Die Argumente, mit denen das Bundesverfassungsgericht und ihm nachfolgend die h. M. seine Ansicht stützt, erweisen sich bei näherer Betrachtung jedoch als kaum geeignet, Art. 2 Abs. 1 GG als Grundrecht einer allumfassenden allgemeinen Handlungsfreiheit anzusehen. Bereits der Wortlaut der Bestimmung läßt an der Ansicht des Gerichts Zweifel entstehen[10], denn Art. 2 Abs. 1 GG spricht von einem „Recht auf die freie Entfaltung seiner Persönlichkeit", d. h. also von der *Freiheit zur* Entfaltung der Persönlichkeit und nicht von einer *Freiheit von* verfassungswidrigen Belastungen. Insofern legt der Wortlaut der Grundrechtsbestimmung eher eine Interpretation nahe, die in Art. 2 Abs. 1 GG nur einen engeren Bereich personaler Freiheiten geschützt sieht[11], wenn er auch nicht zwingend für eine Restriktion des geschützten Freiheitsbereichs auf einen Kernbereich zur Entfaltung der geistig-sittlichen Persönlichkeit spricht, wie sie *Hans Peters* vertreten hat[12].

Das Bundesverfassungsgericht meint, die restriktive Auslegung des Art. 2 Abs. 1 GG mit einem Hinweis auf die Schranken des Grundrechts widerlegen zu können, „denn es wäre nicht verständlich, wie die Entfaltung innerhalb dieses Kernbereichs gegen das Sittengesetz, die Rechte anderer oder sogar die verfassungsmäßige Ordnung einer freiheitlichen Demokratie sollte verstoßen können"[13]. Dieser Rückschluß von den Schranken des Grundrechts auf seinen Schutzbereich ist allerdings in keiner Weise zwingend. Das Bundesverfassungsgericht interpretiert den

---

[8] BVerfGE 9 S. 83 (88).
[9] So *Schwabe*, NJW 1974 S. 1044; *Thieme*, JZ 1964 S. 81; *Kleiser*, Diss. S. 100 (m. Nachw.); *Vogel*, VVDStRL 24 (1966) S. 247 — Diskussionsbeitrag — (248 f.). Daß dies die Konsequenz der Auffassung des BVerfG sei, betont auch *Ehmke*, VVDStRL 20 (1963) S. 53 (83). Insbesondere wegen der „wenig überzeugenden Rechtsprechung des Bundesverfassungsgerichts zu Art. 2 GG" lehnt *Bullinger*, VVDStRL 24 (1966) S. 239 (240) die These von *Vogel*, VVDStRL 24 (1966) S. 125 (150 f.) ab, den Vorbehalt des Gesetzes „an den Grundrechten aufzuhängen".
[10] Vgl. *Hamel*, Bedeutung der Grundrechte S. 30.
[11] Vgl. *K. Hesse*, Verfassungsrecht, S. 171 f.; *Schulz-Schaeffer* S. 31 f., 34 f., 50 f.; *Ehmke*, VVDStRL 20 (1963) S. 53 (82 f.).
[12] In Festschrift f. Laun, 1953 S. 669 f. und BayVBl. 1965 S. 37 (39). Dazu *Erichsen*, StaRuVfgbkt I S. 119; *H.-U. Evers*, AöR Bd. 90 (1965) S. 88 f.
[13] BVerfGE 6 S. 32 (36).

A. „Lückenlosigkeit" grundrechtlichen Freiheitsschutzes?

Schutzbereich des Grundrechts unbeschränkt weit und seine Schranken als gleichsam „nachträgliche" Einschränkungsmöglichkeiten dieses Grundrechts[14]. Nach dem Wortlaut kann aber ebensogut die Schrankentrias als apriorische Begrenzung des Schutzbereichs aufgefaßt werden[15]. *Schulz-Schaeffer*[16] meint, daß sich aus der Schrankentrias erst die Maßstäbe ergäben, an denen der Umfang der geschützten Freiheit zu messen sei[17]. Konsequent führt er deshalb aus: „Allerdings verstößt die Entfaltung der Persönlichkeit *innerhalb* des Kernbereichs, *nachdem* man ihn abgegrenzt hat, nicht gegen die Schrankentrias"[18]. Der Wortlaut des Art. 2 Abs. 1 GG erweist sich damit zumindest als doppeldeutig.

Die extensive Auslegung des Art. 2 Abs. 1 GG wird vielfach mit dem Hinweis auf die Entstehungsgeschichte dieses Grundrechts begründet[19], denn Art. 2 Abs. 2 des Entwurfs von Herrenchiemsee lautete: „Jedermann hat die Freiheit, innerhalb der Schranken der Rechtsordnung und der guten Sitten alles zu tun, was anderen nicht schadet"[20]. Ähnliche Formulierungen fanden sich auch noch in den Beratungen der Ausschüsse des Parlamentarischen Rates bis schließlich aus „sprachlichen Gründen" die jetzige Formulierung gewählt wurde[21]. Die herangezogenen Formulierungen führen allerdings keineswegs zwingend dazu, den Schutzbereich des Art. 2 Abs. 1 GG dahingehend zu interpretieren, daß er jede nur denkbare Form menschlicher Betätigung umfaßt. Sie lassen jedenfalls auch eine Auslegung zu, nach der die Schrankentrias eine apriorische Eingrenzung des Schutzbereiches des Grundrechts darstellt. Darüber hinaus gilt für jede Heranziehung der Materialien zum Beleg einer Auslegung, daß diese „nun einmal gerade beim GG der schwankendste Boden sind, den man betreten kann"[22]. Im übrigen dürfte sich das Gewicht der Materialien für die Verfassungsinterpretation mit zunehmender Geltungsdauer der Verfassung — das Grundgesetz ist immerhin ein Vierteljahrhundert alt — ständig verringern.

Das Schwergewicht legen demnach auch alle Exegeten des Art. 2 Abs. 1 GG auf die systematische und teleologische Interpretation. So meint etwa *Dürig*, daß Art. 2 Abs. 1 GG überall dort „Wertschutz-

---

[14] Vgl. dazu — kritisch — *Lerche*, Übermaß S. 116 Fn. 70.
[15] So, zumindest für die Schranke „Rechte anderer" und „Sittengesetz", *Schwan*, Diss. S. 16.
[16] S. 42 f.
[17] Ähnlich auch *Häberle*, Wesensgehaltgarantie S. 230.
[18] Vgl. auch *Wintrich*, Problematik der Grundrechte S. 21: „Soweit-Satz" des Art. 2 Abs. 1 GG als Umschreibung der immanenten Grenzen dieses Grundrechts. So wohl auch *Jäckel* S. 31.
[19] Vgl. *E. Hesse* S. 30 f.
[20] Bericht S. 62.
[21] Vgl. *Matz*, JÖR Bd. 1 (1951), S. 54 f., 61; *E. Hesse* S. 31.
[22] *Dürig*, JZ 1957 S. 169. Vgl. zur Problematik der Interpretation aus der Entstehungsgeschichte auch *Erichsen*, StaRuVfgbkt I S. 13 f.

lücken" schließe, wo benannte Freiheitsrechte inhaltlich versagen[23]. Art. 2 Abs. 1 GG ist nach diesem Verständnis gegenüber den „speziellen" Freiheitsrechten Auffangnorm für solche Freiheiten, die im nachfolgenden Freiheitsrechtskatalog nicht erfaßt sind und bezweckt einen umfassenden Schutz menschlicher Freiheitsentäußerungen. Ist dieser Befund abgesehen von den Vertretern der Persönlichkeitskerntheorie heute h. M., so wird andererseits das Verhältnis zwischen Art. 2 Abs. 1 GG und den nachfolgenden Einzelfreiheitsrechten nicht immer präzis gesehen[24]. In unserem Zusammenhang muß angesichts der Möglichkeit des nur begrenzten Freiheitsschutzes der „Spezial"-Freiheitsgrundrechte der Frage nach der Auffangkapazität des Art. 2 Abs. 1 GG nachgegangen werden.

Die Rechtsprechung des Bundesverfassungsgerichts hat in dieser Hinsicht nur begrenzten Erkenntniswert. Während es einerseits immer wieder betont, daß ein Rückgriff auf die Generalklausel des Art. 2 Abs. 1 GG bei thematischer Einschlägigkeit eines Einzelfreiheitsrechtes unzulässig sei, läßt es sich trotz dieser Einsicht nicht davon abhalten, etwa bei der Auferlegung von Geldleistungen trotz der (möglichen) Einschlägigkeit des Art. 14 GG auf Art. 2 Abs. 1 GG zurückzugreifen[25].

Die Ansicht, Art. 2 Abs. 1 GG sei subsidiäre Auffangnorm für alle von den Einzelfreiheitsrechten von vornherein oder im konkreten Fall schutzlos belassenen Freiheitsbestätigungen, läßt sich angesichts der differenzierten rechtlichen Ausgestaltung spezieller Freiheitsbereiche durch den Verfassungsgeber nicht aufrechterhalten. Die Unterschiedlichkeit der Freiheitsverbürgungen, die sich insbesondere in den unterschiedlichen Begrenzungen und Gesetzesvorbehalten der Einzelfreiheitsrechte manifestiert, macht den Willen der Verfassung deutlich, daß das jeweilige Einzelfreiheitsgrundrecht den von ihm thematisch erfaßten Lebensbereich abschließend regeln soll[26]. Die Normierung

---

[23] In Maunz/Dürig/Herzog, Grundgesetz, Art. 2 Abs. I Rdn. 4.
[24] So hat insbesondere dem BVerfG, das sich im allgemeinen wohl zu einem lex generalis-lex specialis-Verhältnis des Art. 2 Abs. 1 GG zu den nachfolgenden Freiheitsrechten bekennt (vgl. die Nachw. bei *Erichsen*, StaRuVfgbkt I S. 123 Fn. 72), die Anwendung dieser Rechtsfigur Schwierigkeiten bereitet. Es hat etwa das Verbot der sog. Mitfahrerzentralen durch das Personenbeförderungsgesetz für mit Art. 2 Abs. 1 GG unvereinbar angesehen und für nichtig erklärt und anschließend ausgeführt, es könne „dahinstehen", ob neben Art. 2 Abs. 1 GG auch die Grundrechte aus Art. 12 und 14 GG verletzt seien (BVerfGE 17 S. 306 [319]). Damit stellt es, wie *E. Hesse* zutreffend bemerkt „den bisher vom Gericht dekretierten Grundsatz der Spezialität der Einzelfreiheitsrechte geradezu auf den Kopf" (S. 54). Problematisch in dieser Hinsicht auch BVerfGE 20 S. 323 (331).
[25] Nachw. auch bei *E. Hesse* S. 56; vgl. insofern die Darstellung (m. umfangreichen Nachw.) bei *Papier* S. 46 f.
[26] Vgl. *E. Hesse* S. 53 f.; *Erichsen*, StaRuVfgbkt I S. 122 f.; *Schwabe*, NJW 1974 S. 1044.

A. „Lückenlosigkeit" grundrechtlichen Freiheitsschutzes?

von Einzelfreiheitsrechten ist nur sinnvoll, wenn sie in positiver *und* negativer Hinsicht abschließend gilt, d. h., der Rückgriff auf Art. 2 Abs. 1 GG ist nicht nur dann unzulässig, wenn die konkrete Freiheitsbetätigung durch ein „spezielles" Freiheitsrecht geschützt ist, sondern er verbietet sich auch dann, wenn das Einzelfreiheitsrecht zwar thematisch einschlägig ist, im konkreten Fall aber keinen Schutz gewährt[27,28].

Greift Art. 2 Abs. 1 GG nicht ein, soweit Einzelfreiheitsrechte thematisch einschlägig sind, so ist dessen Regelungsbereich zumindest[29] auf den Bereich von Innominatfreiheiten beschränkt. Daraus folgt aber, daß Freiheitsbetätigungen im Ergebnis dann grundrechtlich nicht — auch nicht von Art. 2 Abs. 1 GG — geschützt sind, wenn sie zwar thematisch von dem Regelungsbereich eines Grundrechts erfaßt werden, aber von ihm nicht in seinen Schutzbereich aufgenommen worden sind. Soweit die Einzelgrundrechte des Grundgesetzes nur begrenzten Freiheitsschutz gewähren[30], wird die These, daß der Bereich grundrechtlich geschützter Freiheiten mit dem der gesamten Individualsphäre deckungsgleich sei, überaus fragwürdig.

II. Die „Unvollständigkeit" grundrechtlichen Freiheitsschutzes

„Lücken" im — angenommenen — „totalen" grundrechtlichen Freiheitsschutz lassen sich sowohl in personaler als auch in sachlicher Hinsicht ausmachen, ohne daß der feste Grund gesicherter Grundrechtsdogmatik verlassen werden müßte. Sie ergeben sich zum Teil schon aus der Wortlautexegese. Es soll hier genügen, sie exemplarisch aufzuzeigen.

Personale Begrenzungen des Grundrechtsschutzes enthalten etwa Art. 8 Abs. 1, 9 Abs. 1, 11 Abs. 1, 12 Abs. 1, 16 Abs. 2 GG ausdrücklich, wenn sie nur „Deutsche" als ihre Berechtigungssubjekte bezeichnen

---

[27] Vgl. *E. Hesse* S. 55 f., 59 f.; *Erichsen*, StaRuVfgbkt I S. 122 f.
[28] Im methodischen Ansatz zutreffend ist insofern das vielgescholtene Elfes Urteil des BVerwG: „Wie weit das Recht auf Freizügigkeit mit verfassungsrechtlichem Schutz versehen ist, ist allein aus Art. 11 zu entnehmen. Es kann nicht angenommen werden, daß der Grundgesetzgeber das Recht auf Freizügigkeit ganz allgemein als einen Teil des Rechts auf freie Entfaltung der Persönlichkeit durch Art. 2 GG noch über die Grenzen hinaus, die sich aus Art. 11 ergeben, gewährleisten wollte. Wenn der Grundgesetzgeber dies beabsichtigt haben sollte, so wäre es überflüssig gewesen, für das Recht der Freizügigkeit in Art. 11 GG besondere Bestimmungen zu treffen". BVerwGE 3 S. 130 (133). Das Gericht verneint im Ergebnis allerdings zu Unrecht die Zulässigkeit des Rückgriffs auf Art. 2 Abs. 1 GG, da es (ebd. S. 133 oben) Art. 11 GG für den konkret vorliegenden Fall der Auswanderungsfreiheit als gar nicht thematisch einschlägig erachtet. Dazu *E. Hesse* S. 50.
[29] So auch *E. Hesse* S. 59, S. 56 f.; Nachw. zur gegenteiligen Auffassung bei *Erichsen*, StaRuVfgbkt I S. 124.
[30] Vgl. *Dürig*, in Maunz/Dürig/Herzog, Grundgesetz Art. 2 Abs. I Rdn. 4.

und damit Ausländern die Berufung auf diese Freiheitsrechte verwehren. Angesichts dieser ausdrücklichen Eingrenzung muß es unzulässig sein, den Grundrechtsschutz der Ausländer in den einschlägigen Freiheitsbereichen über Art. 2 Abs. 1 GG herauszustellen[31]. Daraus folgt, daß etwa die Berufsfreiheit des Ausländers nach dem Grundgesetz nicht mit dem Grundrechtsschutz bewehrt ist.

Eine weitere ausdrückliche personale Eingrenzung einiger Grundrechte läßt sich aus Art. 18 GG entnehmen[32]. *Nach* Ausspruch der Verwirkung durch das Bundesverfassungsgericht sind die Aktionen des Betroffenen in dem Freiheitsbereich, den das aberkannte Grundrecht zuvor abgesichert hat, zwar ohne ein zusätzliches Verbot nicht rechtswidrig, aber ohne spezifischen grundrechtlichen Schutz[33].

Auch hier muß gelten, daß Art. 2 Abs. 1 GG nicht Auffangnorm in dem Sinne sein kann, daß er den Grundrechtsschutz für den verwirkten Freiheitsbereich herstellen kann.

Man könnte daran denken, auch die Rechtsfigur der sog. besonderen Gewaltverhältnisse[34] als personale Grundrechtsbegrenzungen aufzufassen[35]. Dann müßten aber auch unter der Geltung des Grundgesetzes die besonderen Gewaltverhältnisse als (grund-)rechtsfreie Räume angesehen werden[36], die von der Grundrechtsgeltung ganz oder zumindest teilweise ausgenommen sind. Diese traditionelle These[37], die sich hartnäckig bis in die Zeit des Grundgesetzes hinein hielt[38], gründete letztlich auf das gegen Ende des vorigen Jahrhunderts entwickelte Rechtssatzverständnis, „welches Recht auf jene Normen beschränkte, die dazu dienten, die Interessen von Rechtssubjekten gegeneinander abzugrenzen

---

[31] Vgl. aber BVerfG, Beschl. v. 18. 7. 1973, 2 BvR 23 u. 155/73, NJW 1974 S. 237 und dazu die kritische Anm. von *Schwabe*, NJW 1974 S. 1044 f. m. Nachw.
[32] *Graf*, Diss. S. 94 f. nennt Art. 18 GG eine „persönliche Grundrechtsschranke..., die im Wege systematischer Interpretation ermittelt wird".
[33] *Schmitt Glaeser* S. 166. Das bedeutet keineswegs rechtliche „Vogelfreiheit", vgl. insofern *Rupp*, in Festschrift f. G. Küchenhoff S. 653 (654 f.).
[34] Zum Begriff vgl. *Paetzold*, Diss. S. 2 f., 94 f.
[35] Dazu *Graf*, Diss. S. 99 f.
[36] Vgl. dazu den dogmengeschichtlichen Abriß von *Erichsen*, in Festschrift f. Hans J. Wolff S. 219 f.
[37] Vgl. dazu die Darstellung von *Paetzold*, Diss. S. 39 f. m. Nachw. Das Spektrum der Meinungen z. Zt. der WRV reicht „von einer Verneinung der Geltung der Grundrechte im besonderen Gewaltverhältnis bis zur Auffassung, daß die Grundrechte auch im besonderen Gewaltverhältnis gelten und auch hier nur nach Maßgabe von Gesetzen eingeschränkt werden dürfen". *Erichsen*, ebd. S. 230 f. m. Nachw. Vgl. zu diesem Zeitraum auch *Paetzold* ebd. S. 46 f. (m. Nachw.).
[38] Vgl. die Nachw. bei *Erichsen*, StaRuVfgbkt I S. 133 Fn. 39.

oder in Freiheit und Eigentum eingriffen, und zu dem Ergebnis kam, daß es sich bei allen Regelungen der inneren Ordnung des Staates und seiner Einrichtungen um Nicht-Recht handele, da sie innerhalb eines in sich geschlossenen impermeablen Rechtssubjekts verblieben"[39]. Bestanden nach dieser Auffassung innerhalb der Staatsorganisation rechtssatzfreie Räume, so konnte auch keine Grundrechtsbeziehung zwischen dem Staat und einer in seine Organisation integrierte Person Platz greifen. Die Grundrechte galten nur für das „allgemeine Gewaltverhältnis".

Diese These ist jedoch Vergangenheit. Angesichts der Bestimmung des Art. 1 Abs. 3 GG, nach der die Ausübung von Staatsgewalt umfassend der Grundrechtsbindung unterliegt, ist die grundsätzliche Geltung der Grundrechte auch in den besonderen Gewaltverhältnissen unbestreitbar[40]. Zusätzlich enthält Art. 17 a GG für das Wehrdienstverhältnis eine besondere Klarstellung in dieser Hinsicht[41]. Ein gegenteiliges Ergebnis läßt sich auch nicht mit der Annahme eines Grundrechtsverzichts begründen, wie es zur Zeit der Weimarer Verfassung, aber auch noch unter der Geltung des Grundgesetzes versucht wurde[42]. Zum einen versagt dieses Argument ohnehin bei zwangsweise begründeten besonderen Gewaltverhältnissen, zum anderen muß man sich vergegenwärtigen, daß Grundrechte als konstituierende Normen der freiheitlichen Demokratie des Grundgesetzes[43] nicht zur unbeschränkten Disposition des Grundrechtsträgers stehen[44]. Heute ist unbestritten, daß besondere Gewaltverhältnisse keine grundrechtsfreien Räume bilden. Umstritten war indes bis in jüngster Zeit, ob die Geltung des Vorbehalts des Gesetzes hinsichtlich der besonderen Gewaltverhältnisse eingeschränkt war. Darauf wird unten zurückzukommen sein[45].

Fraglich bleibt aber, ob für die Rechtssubjekte, die uneingeschränkt Berechtigungsadressaten der Grundrechte sind, die im Grundgesetz auf-

---

[39] *Erichsen*, in Festschrift f. Hans J. Wolff S. 219 (229) m. Nachw. Vgl. auch *Paetzold*, Diss. S. 41 f. m. umfangreichen Nachw.
[40] Vgl. auch *Martens*, Wehrverfassung S. 27.
[41] Vgl. *Dame*, Diss. S. 23.
[42] Vgl. W. *Jellinek*, Verwaltungsrecht S. 122 m. w. Nachw.; *Herb. Krüger*, DVBl. 1950 S. 625 (629); *Dürig*, ZgesStW Bd. 109 (1953) S. 326 (328): Verzicht auf die Grundrechtsausübung. Das Prinzip des „volenti non fit iniuria" bejaht *Forsthoff*, Verwaltungsrecht § 7, S. 128 noch etwa für das Beamtenverhältnis. Vgl. im übrigen zum Grundrechtsverzicht *Erichsen*, StaRuVfgbkt I S. 134; dens., VerwArch Bd. 63 (1972) S. 441 (442) m. w. Nachw.; dens., in Festschrift f. Hans J. Wolff S. 219 (234, 238 f.); *Kempf*, JuS 1972 S. 701 (703); *Jäckel* S. 83 f. Ders. S. 87 f. auch zur Figur des Verzichts auf die Grundrechtsausübung.
[43] Vgl. dazu unten 3. Kap. B. III. 3.
[44] Vgl. *Erichsen*, in Festschrift f. Hans J. Wolff S. 219 (239).
[45] 5. Kap. B. II.

geführten Freiheitsgrundrechte den Schutz ihrer Individualssphäre umfassend gewährleisten. Nach den oben bereits getroffenen Feststellungen wird man einen derartigen umfassenden Grundrechtsschutz jedenfalls dann nicht annehmen können, wenn man Art. 2 Abs. 1 GG restriktiv dahin interpretiert, daß er sich auf den Schutz bestimmter, zum personalen Kernbereich zählender Freiheiten beschränkt[46]. In diesem Fall kann Art. 2 Abs. 1 GG nur eine begrenzte Auffangfunktion gegenüber den Freiheiten erfüllen, die durch die nachfolgenden Freiheitsgrundrechte erfaßt sind. Soweit diese aus dem Schutzbereich der „speziellen" Grundrechte herausfallenden Freiheiten nicht dem Kernbereich personaler Freiheit zugeschlagen werden können, bleiben sie grundrechtlich ungeschützt.

Aber auch, wenn man mit der h. M. davon ausgeht, daß Art. 2 Abs. 1 GG alle Innominatfreiheiten schütze, ihm also insoweit umfassende Komplementärfunktion zuerkennt, bleibt die These vom lückenlosen Grundrechtsschutz fraglich. Angesichts der oben getroffenen Verhältnisbestimmung zwischen Art. 2 Abs. 1 GG und den Einzelfreiheitsrechten, muß der Grundrechtsschutz „lückenhaft" bleiben, wenn einzelne Freiheitsbetätigungen zwar in den thematischen Einzugsbereich von Grundrechten fallen, aus dem Schutzbereich des einschlägigen Grundrechts aber ausgenommen bleiben.

Der Wortlaut einiger Grundrechte spricht für derartige Grundrechtsschutzgrenzen[47]. Ein besonders markantes Beispiel von Nicht-Identität von thematischem Regelungsbereich und Schutzbereich eines Grundrechts gibt etwa Art. 9 Abs. 2 GG. Nach dieser Vorschrift sind Vereinigungen u. a. dann verboten, wenn sie sich „gegen den Gedanken der Völkerverständigung richten". Die tatsächliche „Freiheits"-Betätigung zur Bildung derartiger Vereinigungen hat der Verfassungsgeber damit ausdrücklich als nicht zum Schutzbereich der grundrechtlichen Freiheit des Art. 9 Abs. 1 GG gehörend ausgewiesen.

Ein weiteres einschlägiges Beispiel für eine Eingrenzung des Schutzbereiches liefert Art. 8 Abs. 1 GG, der allen Deutschen das Recht zuerkennt, sich ohne Anmeldung oder Erlaubnis „friedlich und ohne Waffen" zu versammeln. Selbst bei großzügiger Auslegung des Begriffes „friedlich"[48] muß es nach dem Wortlaut der Bestimmung auch „unfriedliche" Versammlungen geben, die aus dem Schutzbereich dieses Grundrechts ausgeklammert sind[49]. Angesichts der positiv-rechtlichen

---

[46] Darauf weist auch *Schwan*, Diss. S. 11 hin.
[47] Vgl. auch *Hutzelmann*, Diss. S. 8.
[48] Zur Auslegung vgl. ausführlich *Erichsen*, StaRuVfgbkt I S. 142 f. u. VerwArch Bd. 64 (1973) S. 197 f.
[49] Vgl. *Scheuner*, DÖV 1971 S. 505 (509).

A. „Lückenlosigkeit" grundrechtlichen Freiheitsschutzes?

Regelung des Freiheitsbereiches „Versammlungsfreiheit" wird man die Freiheitsbetätigung zu „unfriedlichen" Versammlungen aber nicht als Innominatfreiheit des Art. 2 Abs. 1 GG ansehen können, so daß im Ergebnis dieser Teil der Individualsphäre grundrechtlich nicht geschützt ist.

Ein ähnliches Ergebnis, wenn auch vom Wortlaut nicht immer so deutlich belegt, ließe sich für jedes Grundrecht erzielen[50], will man diesen Verfassungsbestimmungen nicht grundsätzlich die Fähigkeit zur negativen Aussage, nämlich zu der: diese oder jene Aktion eines bestimmten Freiheitsbereiches soll nicht geschützt sein, grundsätzlich absprechen.

Zu bedenken wäre auch, ob nicht Art. 18 und Art. 26 Abs. 1 GG als sachliche Grundrechtsschutzgrenzen in dem Sinne aufgefaßt werden können, daß die von diesen Normen bezeichneten Betätigungen von vornherein aus dem Schutzbereich der Grundrechte ausgeklammert sind[51].

Die interpretatorische Eingrenzung der grundrechtlichen Schutzbereiche ist im Grunde lediglich Teil des Problems, das unter dem Stichwort „immanente Schranken der Grundrechte" seit langem diskutiert wird[52]. Das im Ergebnis breite Anerkenntnis immanenter Grundrechtsschranken[53] steht in interessantem Widerspruch zur immer wieder geäußerten Auffassung lückenlosen Grundrechtsschutzes, der sich nur bei der — hier abgelehnten — Ansicht auflöst, Art. 2 Abs. 1 GG habe die Funktion einer „totalen" Auffangnorm. Hinsichtlich der dogmatischen Bedeutung der immanenten Schranken besteht nämlich insofern Einigkeit, als diese „keine von außen an das Grundrecht herangetragenen Einschränkungen sein sollen"[54], sondern als „innere"[55], dem Grundrecht „a priori inhärente Schranken"[56] gedacht werden müssen[57]. Ebenso besteht Einigkeit darüber, daß jede Grundrechtbestimmung immanente Schranken aufweist, wenn auch aus Gründen praktischer Notwendigkeit ihre Existenz weitgehend bei den Grundrechten disku-

---

[50] Vgl. auch *Scheuner* ebd. u. VVDStRL 22 (1965) S. 1 (50).
[51] Hinsichtlich Art. 18 GG vgl. *Erichsen*, StaRuVfgbkt I S. 46. Vgl. auch *Häberle*, JuS 1969 S. 265 (266): Mißbrauchsformel als immanente Grundrechtsgrenze. So wohl auch *Erbe*, in Forsthoff, Rechtsstaatlichkeit und Sozialstaatlichkeit S. 309 (315).
[52] So wohl auch *Friedrich Müller*, Grundrechte S. 56.
[53] Nachw. bei *Graf*, Diss. S. 1 f.; *Schwan*, Diss. S. 12 Fn. 16. Zur Darstellung dieser Lehre vgl. *Jäckel* S. 29 f.; *Graf*, Diss. S. 45 f.
[54] *Graf*, Diss. S. 3.
[55] *F. Klein*, in v. Mangoldt/Klein, Grundgesetz, Vorbem. v. Art. 1 Anm. B XV 2a (S. 124).
[56] *Knies* S. 101.
[57] Weitere Nachw. bei *Graf* ebd. und *Knies* ebd.

tiert wird, die — wie etwa Art. 4 Abs. 1 GG — ihrem Wortlaut nach einen bestimmten Freiheitsbereich schrankenlos und vorbehaltsfrei gewährleisten[58].

Vom Standpunkt der h. M. müßte das Anerkenntnis immanenter Grundrechtsschranken bedeuten, daß solche Freiheitsbetätigungen, die jenseits dieser Schranken anzusiedeln sind, grundrechtlich nicht geschützt sind und zwar in dem Sinne, daß sie von vornherein nicht zum Schutzbereich der Grundrechte gehören. Daraus müßte gefolgert werden, daß staatliche Beeinträchtigungen dieser Freiheitspositionen auch nicht an die Voraussetzungen gebunden sind, die die Grundrechtbestimmungen für eine Beeinträchtigung der von ihnen geschützten Freiheiten enthalten[59]. Das Anerkenntnis immanenter Schranken stellt jedenfalls schon aus der Sicht der h. L. die (endgültige) Absage an die Auffassung dar, daß der Bereich grundrechtlich geschützter Freiheiten mit dem Bereich der gesamten Individualsphäre kongruent sei. Die Ansicht, daß jede denkbare Betätigungsform menschlicher Freiheit i. S. individueller Beliebigkeit[60] grundrechtlich abgesichert sei, erweist sich demnach spätestens bei Entdeckung immanenter Grundrechtsschranken als unrichtig.

B. Der den Grundrechten zugrundeliegende Freiheitsbegriff

Wegen der Begrenztheit des subjektiv-rechtlichen Grundrechtsschutzes entsprechen die Grundrechtsbestimmungen zumindest in „quantitativer" Hinsicht nicht dem klassischen Vorbehaltsprinzip, das einen umfassenden, d. h. totalen Schutz der Individualsphäre vor nicht formell-gesetzlich begründeten Eingriffen des Staates beinhaltete. Dieser Befund[61] spricht jedoch nicht zwingend dafür, eine Rezeption des überkommenen Vorbehalts des Gesetzes durch die Grundrechte gänzlich auszuschließen[62]. So stellt etwa *Jesch* fest, daß die dem Vorbehalt des Gesetzes zuzuordnende Individualsphäre notwendig fixiert, d. h. aber auch begrenzt werden müsse, ohne darin ein Problem für die

---

[58] Bei Grundrechten mit Gesetzesvorbehalt macht die Eingrenzung der weiten Grundrechtsformulierung insofern der h. M. keine Schwierigkeit, da sie immer als vom Gesetzesvorbehalt gedeckt angesehen werden kann. Vgl. *Maunz*, Staatsrecht § 15 I 2 S. 118. Grundsätzlich kann es sich jedoch auch hier um Bestimmung immanenter Schranken durch den Gesetzgeber handeln, da immanente Schranken und ungeschriebene Schranken keine identischen Begriffe sind. Vgl. *Häberle*, Wesensgehaltgarantie S. 8; *E. Hesse* S. 90.
[59] Vgl. *Schwan*, Diss. S. 12; *Maunz*, Staatsrecht § 15 I 2. Dazu auch unten S. 113 f.
[60] Vgl. — kritisch — *Grabitz*, DVBl 1973 S. 675 (681).
[61] *Schwan*, Diss. S. 11: „Unterschiedlichkeit im Tatbestand".
[62] A. M. *Schwan*, Diss. S. 16.

Rezeption des Eingriffsvorbehalts zu sehen[63]. Man könnte also argumentieren, daß der überkommene Vorbehalt soweit gelte, wie Freiheit und Eigentum von den Grundrechten geschützt seien.

Problematisch wird die Weitergeltung des Vorbehalts des Gesetzes jedoch dann, wenn sich Freiheit und Eigentum i. S. des Eingriffsvorbehalts nicht nur quantitativ, sondern auch qualitativ von der grundrechtlichen Freiheit unterscheiden. „Freiheit und Eigentum" i. S. rechtsstaatlich-liberaler Freiheiten sind definierendes Merkmal des Vorbehaltsprinzips, das „allein an der Idee der Freiheit vom Staat orientiert"[64] war. Die „natürliche Handlungsfreiheit" und die damit untrennbar verbundene Eingriffsvorstellung beschreiben das Wesen des „Eingriffs"-Vorbehalts, so daß ein Wandel des Freiheitsbegriffs nicht nur eine Modifizierung des klassischen Prinzips bedeuten würde[65] — wobei erst noch zu klären wäre, wieweit dieser Grundsatz überhaupt auslegbarer Text ist[66] — sondern seinen Identitätsverlust[67]. Angesichts der dogmatischen Verklammerung des Vorbehalts des Gesetzes mit dem individualistischen Freiheitsverständnis des liberalen Rechtsstaates kann nicht davon ausgegangen werden, daß das Grundgesetz, wenn es ein verändertes Freiheitsverständnis offenbart, die traditionelle Vorbehaltslehre ungebrochen fortsetzt[68].

I. Das überkommene Freiheitsverständnis

„Grundrechtsverbürgungen sind Stationen in dem ewig hin- und herflutenden Prozeß ‚the man versus the state'" (*Thoma*[69]). Das dieser Auffassung entsprechende — antistaatliche — Freiheitsverständnis[70] stößt auch heute noch auf breite Zustimmung. Es beruft sich darauf, daß die Grundrechte dogmengeschichtlich in erster Linie als Abwehrrechte zu verstehen seien[71], die nach ihren Formulierungen Zeugnis davon ablegten, daß das Grundgesetz mit ihnen bürgerlich-liberales

---
[63] *Jesch* S. 139; ebd. auch die Feststellung, daß das rechtsstaatliche Verteilungsprinzip *C. Schmitts* (prinzipiell unbegrenzte Freiheit des einzelnen und prinzipiell beschränkte Eingriffsbefugnis des Staates) nur innerhalb der durch die (begrenzten) Begriffe Freiheit und Eigentum umschriebenen Sphäre gelten solle. Ob diese Deutung *C. Schmitts* richtig ist, ist aber zweifelhaft.
[64] *Jesch* S. 169; vgl. auch S. 193.
[65] So aber wohl *Rupp*, Grundfragen S. 140 f. Dagegen zutreffend *Jesch* S. 204.
[66] Vgl. *Jesch* S. 63; *Schwan*, Diss. S. 28 f. Vgl. auch unten S. 105.
[67] Das übersieht *Rupp*, Grundfragen S. 140 f.
[68] Gegen eine Neuinterpretation *innerhalb* des überkommenen Eingriffsvorbehalts auch *Jesch* S. 204.
[69] Grundrechte und Polizeigewalt S. 183 (187, Fn. 4).
[70] Vgl. dazu auch *Grabitz*, DVBl. 1973 S. 675 (681); *E.-W. Böckenförde*, NJW 1974 S. 1529 (1530 f.).
[71] Vgl. *Erichsen*, StaRuVfgbkt I S. 14 f., 16; *Hutzelmann*, Diss. S. 6. Vgl. auch BVerfG E 7 S. 198 (204 f.).

Rechtsgut rezipiert habe[72]. Den Freiheitsrechten liege das spezifische Verteilungsprinzip des Liberalismus zugrunde[73], demzufolge nach der vielzitierten These *Carl Schmitts* „die Freiheitssphäre des Einzelnen prinzipiell unbegrenzt, die Befugnisse des Staates prinzipiell begrenzt sind"[74].

Ein solches Freiheitsverständnis geht aus von der Freiheit eines gedachten „‚autonomen' sich selbst genügenden Individuums"[75]. Grundrechtliche Freiheit soll gleichbedeutend sein mit der gesellschaftlichen Freiheitssphäre „jenseits staatlicher Einwirkungsmöglichkeit"[76]. Dieses Freiheitsverständnis, das die rechtsstaatliche Freiheit als eine außer- oder vorstaatliche[77], unumgrenzte und daher konturlose Freiheit versteht, (die sich rechtlich nur negativ als „Freiheit von" rechtswidrigem Zwang definieren läßt), findet heute in ihrer extremen Ausprägung kaum noch Anhänger. Gleichwohl findet es sich noch in Äußerungen, wie in der von der „natürlichen Handlungsfreiheit", die von Art. 2 Abs. 1 GG geschützt sein soll, oder in der von dem „grundrechtlichen Anspruch, durch die Staatsgewalt nicht mit einem Nachteil belastet zu werden, der nicht in der verfassungsmäßigen Ordnung begründet ist"[78].

Dieses Freiheitsverständnis erklärt manche Grundrechtsinterpretation: Eine Auffassung, die den Grundrechtsverbürgungen des Grundgesetzes die Idee der prinzipiell unbegrenzten Freiheit des einzelnen zugrunde legt, derzufolge auch prinzipiell keine Betätigungsform menschlicher „Freiheit" aus dem Schutz des „Grundrechtssystems" herausfalle[79], muß einerseits Art. 2 Abs. 1 GG — als dem Grundrecht auf „natürliche Handlungsfreiheit" — „allerergänzenden Charakter[80] zusprechen und andererseits die Einzelfreiheitsgrundrechte, die für ihren Anwendungsbereich die „lex generalis" des Art. 2 Abs. 1 GG ausschließen, wertfrei und extensiv interpretieren[81]. In der Konsequenz

---

[72] So nachdrücklich *F. Klein*, ZgesStW Bd. 106 (1950) S. 390 (400). Vgl. dazu auch *E. Hesse* S. 72/73.
[73] So *Kleiser*, Diss. S. 83 im Anschluß an *F. Klein*, ZgesStW Bd. 106 (1950) S. 402.
[74] Verfassungslehre S. 126, 158. Zu dieser These bekennt sich in jüngster Zeit nachdrücklich *H. H. Klein*, Grundrechte im demokratischen Staat S. 70/71. Ebenso *Maunz*, Staatsrecht § 14 II 1 (S. 101). Vgl. auch *E.-W. Böckenförde*, NJW 1974 S. 1529 (1531, 1537 f.).
[75] *Häberle*, Wesensgehaltgarantie S. 46.
[76] *Maunz*, Staatsrecht § 14 I 2 S. 101.
[77] *Hutzelmann*, Diss. S. 7; *Neumann*, ZgesStW Bd. 109 (1953) S. 25 (28), der aber ebd. S. 42 gleichzeitig meint, daß „der juristische Begriff der Freiheit nicht adäquat" sei.
[78] BVerfGE 9 S. 83 (88).
[79] Vgl. *Dürig*, in Maunz/Dürig/Herzog, Grundgesetz, Art. 2 Abs. I Rdn 4.
[80] *Ehmke*, VVDStRL 20 (1963) S. 53 (82).
[81] Daß die extensive Grundrechtsauslegung Konsequenz des liberalen Freiheitsverständnisses ist, betont auch *Ehmke*, ebd. S. 85 f.

B. Der den Grundrechten zugrundeliegende Freiheitsbegriff

hieße das etwa, daß sich prinzipiell auch der Berufsdieb auf den Grundrechtsschutz des Art. 12 Abs. 1 GG berufen können muß[82].

Parallel mit der extensiven Interpretation der Grundrechtsschutzbereiche laufen die Bemühungen, die „natürliche Handlungsfreiheit" als entweder von Verfassungs wegen unmittelbar „eingeschränkt" oder „beschränkbar" zu erkennen[83]. Beispiel einer verfassungsunmittelbaren „Einschränkung" einer prinzipiell unbegrenzt gedachten Vereinigungsfreiheit wäre etwa der Vorbehalt „friedlich und ohne Waffen" in Art. 8 Abs. 1 GG, oder noch präziser im Sinne dieser dogmatischen Konzeption ausgedrückt: der erwähnte Vorbehalt wäre aufzufassen als „Eingriff" des Verfassungsgebers in die „natürliche" Versammlungsfreiheit.

II. Bedenken gegen das überkommene Freiheitsverständnis

Die Auffassung von dem liberal-rechtsstaatlichen Freiheitsverständnis der Grundrechte ist jedoch angesichts positiv-rechtlicher Verfassungsbestimmungen nicht bedenkenfrei.

In der Konsequenz dieser Auffassung müssen die den Grundrechten beigefügten Gesetzesvorbehalte nahezu ausschließlich die Funktion von „Eingriffs- und Schrankenvorbehalten" übernehmen, selbst dort, wo der Wortlaut der Bestimmung eine solche Interpretation kaum noch rechtfertigt. Darauf wird unten noch zurückzukommen sein[84].

Scheint aber dennoch bis jetzt eine allein vom liberalen Freiheitsverständnis der unbegrenzten Handlungsfreiheit her bestimmte Grundrechtsdogmatik noch weitgehend „aufzugehen", so muß sie spätestens bei den schrankenlos gewährten Grundrechten auf Schwierigkeiten stoßen. Wenn einerseits die vom schrankenlos gewährten Grundrecht geschützte Freiheit extensiv interpretiert wird, andererseits eine Eingriffsermächtigung für Grundrechtseinschränkungen fehlt, muß die dogmatische Rechtfertigung der praktisch notwendigen Grundrechtsbeschränkungen beachtliche Schwierigkeiten aufwerfen. So finden sich auch bei der Grundrechtsauslegung schrankenlos gewährter Grundrechte am ehesten die Ansätze, die den Grundrechtsschutz auf einen — per immanenter Schranke zu bestimmenden — eingegrenzten Schutzbereich beschränkt sehen[85, 86].

---

[82] Vgl. *H. H. Klein*, Grundrechte im demokratischen Staat S. 63 Fn. 59. Nach ihm beinhaltet das Diebstahlsverbot einen Eingriff in die prinzipiell grundrechtlich geschützte individuelle Freiheit.
[83] Vgl. etwa *Bettermann* S. 6 f. Kritisch *Ehmke*, VVDStRL 20 (1963) S. 53 (86).
[84] 4. Kap. B. I. Zur Funktion der Gesetzesvorbehalte nach dem überkommenen Freiheitsverständnis vgl. auch *E. Hesse* S. 90/91 (m. Nachw.).
[85] Das wird auch terminologisch etwa in der bekannten Erkenntnis des Bundesverfassungsgerichts deutlich, daß „nur kollidierende Grundrechte

3. Kap.: „Freiheit und Eigentum" im Sinne der Grundrechte

Eine ausschließlich vom Freiheitsverständnis des liberalen Rechtsstaates ausgehende Grundrechtsdogmatik stößt auch bei der Auslegung des Art. 18 GG auf nur schwer überwindbare Schwierigkeiten[87]. Eine Auffassung, die eine außerstaatliche Freiheit von den Grundrechten geschützt sieht, muß die Funktion der Grundrechte vor allem im Schutz vor verfassungswidrigen obrigkeitlichen Zwängen sehen[88]. Danach sind Grundrechte negatorische Abwehrrechte oder Unterlassungsansprüche gegen den Staat, die von diesem verlangen, daß er die von dem jeweiligen Grundrecht umschriebene Freiheit des Individuums nicht mit rechtswidrigen Belastungen beschwere[89]. Sieht man die Ausübung des Abwehranspruchs — das wäre dann die rechtlich relevante Grundrechtsbetätigung — demzufolge darin, daß sich der Bürger gegen eine ungerechtfertigte Freiheitsbeeinträchtigung zur Wehr setzt[90], so wirft Art. 18 GG — wie *Wilke* aufgezeigt hat — erhebliche Verständnisschwierigkeiten auf:

„Wenn indes der Staat als Grundrechtsverpflichteter oder ‚Grundrechtsschuldner' keine Anstalten macht, in den vom Unterlassungsanspruch umhegten Bereich einzubrechen, scheint kein Raum für eine Ausübung des Rechts zu sein, geschweige denn für seine mißbräuchliche Geltendmachung... Art. 18 GG scheint demnach einen unmöglichen Tatbestand geschaffen zu haben, wenn er Gebrauch und Mißbrauch von Grundrechten durch bloß faktische Betätigung für möglich hält"[91].

Nach dem Verständnis des Art. 18 GG muß also die (Rechts-)Ausübung des Freiheitsrechtes (zumindest auch) in der tatsächlichen Grundrechtsbestätigung gesehen werden[92]. Art. 18 GG weist demnach auf ein

---

Dritter und andere mit Verfassungsrang ausgestattete Rechtswerte mit Rücksicht auf die Einheit der Verfassung und die von ihr geschützte gesamte Wertordnung ausnahmsweise imstande (sind), auch uneinschränkbare Grundrechte in einzelnen Beziehungen zu *begrenzen*". BVerfGE 28 S. 243 (261); vgl. auch BVerfGE 30 S. 173. Hervorhebung von *mir*. Das Bundesverfassungsgericht begründet nicht etwa die ausnahmsweise Zulässigkeit eines *Eingriffs* in das schrankenlos gewährte Grundrecht, sondern erklärt den Schutzbereich dieses Grundrechts auf Grund immanenter Schranken für (von vornherein) *begrenzt*.

[86] Vgl. auch *Zeitler*, BayVbl. 1971 S. 417 f.
[87] Vgl. dazu *Wilke* S. 16 f.; *Schmitt Glaeser* S. 85 f., insbesondere S. 88 f.
[88] Vgl. dazu *E. Hesse* S. 83.
[89] Vgl. dazu *Wilke* S. 17 m. w. Nachw.; *Schmitt Glaeser* S. 86 m. w. Nachw.
[90] Vgl. *Wilke* S. 19 f.; *Schmitt Glaeser* S. 86 f., 89.
[91] S. 20; insoweit ihm zustimmend *Schmitt Glaeser* S. 89.
[92] *Wilke* S. 20 f. — deutet daher den Abwehrcharakter der Grundrechte dahin, daß er sie als Duldungsansprüche („Darfrechte") ansieht, die dem Staat gebieten, die jeweiligen Grundrechtsbetätigungen hinzunehmen. Die Geltendmachung dieser Duldungsansprüche geschehe durch Vornahme der entsprechenden Handlung, die Geltendmachung der grundrechtlichen Duldungsansprüche demnach durch Grundrechtsbetätigung (S. 20/21). *Wilke* knüpft damit ausdrücklich — S. 21 — an eine Überlegung *Friedrich Gieses* an, der bereits in seiner 1905 erschienenen Schrift ‚Die Grundrechte' (S. 61) ausführte: „Es steckt also in den Grundrechten ein doppeltes Element: Einer-

Grundrechtsverständnis, das nicht nur auf die „Re-aktion" (auf staatliche Freiheitsbeeinträchtigung), sondern auch auf die „Aktion" des Grundrechtsberechtigten abhebt. *Schmitt Glaeser*[93] folgert insofern aus Art. 18 GG, daß die grundrechtliche Freiheit nicht als „Ausgrenzung", d. h. als für den Staat prinzipiell irrelevante Freiheit angesehen werden könne. Wenn Art. 18 GG davon ausgehe, daß unsere Grundordnung durch rechtsrelevante Handlungen des Bürgers „miß-gestaltet" werden könne, so setze er stillschweigend voraus, daß dieser Bürger, insbesondere durch Ausübung der in Art. 18 GG genannten Grundrechte, zunächst einmal auch positiv „gestalten" könne. Diese Norm eröffne damit eine neue Freiheitsperspektive, indem sie die Freiheitssphäre des Individuums aus ihrer negativen Isolation heraushebe und sie als „Mutterboden *staatsgestaltender* Rechte" ausweise.

Es soll hier nicht erörtert werden, ob man schon Art. 18 GG — dem *Schmitt Glaeser* wohl nicht unbegründet eine „kaum zu überschätzende dogmatische Bedeutung"[94] attestiert — eine solche weitgehende Aussage entnehmen kann. Unübersehbar ist aber, daß im Verständnis grundrechtlicher Freiheit i. S. einer für den Staat irrelevanten gesellschaftlichen Sphäre[95], demzufolge sich die Grundrechte in Reaktionsnormen gegen freiheitsbeeinträchtigende staatliche Eingriffe erschöpfen, nur mühsam mit der inhaltlichen Aussage des Art. 18 GG vereinbaren läßt. Auch diese Norm des Grundrechtskatalogs gibt damit hinreichend Anlaß, den Freiheitsbegriff der Grundrechte in erster Linie nicht an traditionellen Vorstellungen, sondern am Grundgesetz selbst (neu) auszurichten[96].

III. Der Freiheitsbegriff der Grundrechte und die staatsgestaltenden Grundnormen des Grundgesetzes

1. Grundrechte und Einheit der Verfassung

Die bisherigen Überlegungen haben zwar die Bedenklichkeit unkritischer Übernahme traditioneller Freiheitsrechtsinhalte aufgezeigt, ohne jedoch andererseits ein bestimmtes Bild *grundgesetzlichen* Freiheitsverständnisses vermitteln zu können. Das hat letztlich seinen Grund

---

seits verpflichtet sich der Staat zu einem Nichttun, indem er verspricht, nicht in die Individualsphäre einzugreifen, andererseits verpflichtet er sich zu einem Dulden, indem er verspricht, den Individuen innerhalb ihrer Individualsphäre freien Spielraum zu lassen." Kritisch gegenüber dieser von *Wilke* (weiter-)entwickelten Grundrechtskonstruktion *Schmitt Glaeser* S. 89/90.
[93] S. 90/91.
[94] Ebd. S. 91.
[95] Vgl. *G. Jellinek*, System S. 104.
[96] Zur Abhängigkeit von Art. 18 GG und dem (allg.) Grundrechtsverständnis auch *Rupp*, in Festschrift f. G. Küchenhoff S. 653 f.

darin, daß sich die Grundrechtsinhalte einer auf die Grundrechtsbestimmungen beschränkten, isolierenden Interpretation nicht voll erschließen[97]. Man wird daher das Freiheitsverständnis der Grundrechte, die Normen *innerhalb* des Grundgesetzes sind, nur ermitteln können, wenn man die Grundrechtsbestimmungen in den Gesamtzusammenhang der ganzen Verfassung stellt[98]. Die Interpretation der Grundrechte zur Erfassung ihres spezifischen Freiheitsgehaltes muß sich demnach einer Methode bedienen, die der Verflochtenheit der Grundrechte in das Gesamtsystem[99] der Verfassung gerecht wird. Grundrechtsinterpretation muß daher unter Berücksichtigung der Verfassung als einer Einheit betrieben werden[100].

Die Interpretation der Verfassung als einer Einheit kann als das wichtigste Ergebnis jüngerer Methodendiskussion im Bereiche des Verfassungsrechts gelten[101]. Diesem Prinzip liegt ein Verständnis der Verfassung zugrunde, das diese als sinnvolle, zwar nicht spannungslose, aber doch auf die Einheit des politischen Gemeinwesens gerichtete Ordnung begreift[102]. „Einheit der Verfassung" in diesem Sinne meint „nicht den formalen Zusammenhang des Verfassungsrechts oder den Versuch seiner Zusammenfassung in einer Urkunde"[103]. Es bedeutet auch nicht — oder zumindest nicht nur — den wie in einem jeden Gesetzeswerk bestehenden systematischen Zusammenhang der einzelnen Verfassungsrechtssätze[104].

---

[97] Vgl. etwa *Ehmke*, VVDStRL 20 (1963) S. 53 (81 f.). Daß Grundrechtsinterpretation letztlich sinnvoll nur auf der Basis einer bestimmten Grundrechtstheorie, diese wiederum in der Abhängigkeit eines bestimmten Verfassungsverständnisses, betrieben werden kann, hat zuletzt E.-W. *Böckenförde*, NJW 1974 S. 1529 f. mit der notwendigen Deutlichkeit herausgestellt.
[98] Vgl. auch *E. Hesse* S. 79; *Friauf*, DVBl. 1971 S. 674.
[99] Schon aus dieser Sicht verbietet sich eine Methode, die nicht nur den — selbstverständlich bestehenden — systematischen Zusammenhang der Grundrechte untereinander hervorhebt, sondern den Grundrechten des Grundgesetzes ein eigenes (geschlossenen) System innerhalb oder neben der Verfassung zuspricht. So insbesondere *Dürig*, AöR Bd. 79 (1953/1954) S. 57 (59 f.); ders., in Maunz/Dürig/Herzog, Grundgesetz Art. 1 Abs. I Rdnr. 5 f. Dagegen insbesondere *K. Hesse*, Verfassungsrecht S. 124 f.; *Ehmke*, VVDStRL 20 (1963) S. 53 (81 f.); *Scheuner*, VVDStRL 22 (1965) S. 1 (37 u. Fn. 110); ders., DÖV 1971 S. 505 (509); *Friedrich Müller*, Normstruktur S. 216 f.
[100] Dies betonen insbesondere *K. Hesse*, Verfassungsrecht S. 125; *Scheuner*, VVDStRL 22 (1965) S. 1 (53).
[101] Vgl. *Ossenbühl*, DÖV 1965 S. 649 (654 f.); *v. Pestalozza*, Der Staat Bd. 2 (1963) S. 425 (438 f.); *Ehmke*, VVDStRL 20 (1963) S. 53 (77 f.); *K. Hesse*, Verfassungsrecht S. 28; *Tomuschat* S. 69 f.; *Majewski* S. 29; *Friesenhahn*, 50. DJT (1974) Bd. II G 1 (G 4). Aus d. Rechtspr. des BVerfG etwa E 19 S. 206 (220); 30 S. 1 (19 f.); grundlegend *Smend*, Verfassung und Verfassungsrecht S. 128 f.: „Auslegung der Verfassung als Ganzes".
[102] Vgl. *Ehmke*, VVDStRL 20 (1963) S. 53 (77).
[103] *Ehmke*, ebd.
[104] Die Auslegung der Verfassung als eine Einheit ist daher mit dem klassischen hermeneutischen Hilfsmittel der „systematischen Auslegung" nicht

B. Der den Grundrechten zugrundeliegende Freiheitsbegriff

„Einheit der Verfassung" meint den Gesamtzusammenhang aller in der Verfassung in bestimmter Weise zueinander geordneten Rechtsgüter[105]. Die Vereinigung der in der Verfassung aufgenommenen Rechtsgüter bedeutet ihre „materiale Einheit"[106], sie macht die Verfassung zu einem „Wertsystem"[107], zu einer „wertgebundenen Ordnung"[108]. Diese Werteordnung ist keine apriorische, jenseits von Raum und Zeit existierende[109] und bedeutet „weder systematische noch werthierarchische Geschlossenheit"[110]. Vielmehr ist die Verfassung nicht nur gegebene, sondern auch aufgegebene Ordnung; das in ihr angelegte Wertsystem ist „offen"[111].

Interpretation der Verfassung als eine Einheit[112] ist also die Verbindung der einzelnen Rechtswerte zu einer Gesamtordnung, bedeutet „Einigung zu einem Gesamtzustand"[113]. Der Verfassungsauslegung muß der Verfassung als einem „auf politische Einigung und Übereinstimmung angelegte(s)m Dokument"[114] gerecht werden. Das bedeutet kein Hinwegsehen über die in der Verfassung angelegten Spannungen, Kollisionen und Friktionen einzelner Rechtswerte[115], bedeutet aber auch kein Stehenbleiben bei der Feststellung von Antinomien verfassungs-

---

identisch. Das wird gelegentlich verkannt. So wohl von *Badura*, Stichw. „Verfassung", in Evgl. Staatslexikon Sp. 2343 (2351); *Tomuschat* S. 70.

[105] Vgl. etwa *E. Hesse* S. 79; *Wintrich*, in Festschrift f. Laforet S. 227 (247).

[106] „Materiale Einheit" ist in diesem Zusammenhang terminus technicus. Er findet sich etwa bei *Ehmke*, VVDStRL 20 (1963) S. 53 (77); *v. Pestalozza*, Der Staat Bd. 2 (1963) S. 425 (438).

[107] *Häberle*, Wesensgehaltgarantie S. 6; *Ossenbühl*, DÖV 1965 S. 649 (654): „Verfassung als Wertordnung".

[108] *Häberle*, Wesensgehaltgarantie S. 7.

[109] *Häberle* ebd.

[110] *Ehmke*, VVDStRL 20 (1963) S. 53 (77).

[111] Vgl. *Häberle*, Öffentliches Interesse S. 60, 709 (ebd.: „Verfassung als ‚law in action'"); *K. Hesse*, Verfassungsrecht S. 11 f.

[112] Das Prinzip der Einheit der Verfassung belegt exemplarisch, daß sich Verfassungsinterpretation mit den klassischen Mitteln juristischer Hermeneutik, soweit sie sich darauf beschränken, den „Willen des Gesetzes" zu ermitteln, nicht erschöpft. So auch *K. Hesse*, Verfassungsrecht S. 23 f.; *Ossenbühl*, DÖV 1965 S. 649 (654). Dagegen hat insbesondere *Forsthoff*, Verfassungsauslegung S. 39 f. und passim Stellung bezogen. Er ist wiederholt ablehnend kritisiert worden, so daß sich eine Auseinandersetzung insoweit erübrigt. Es sei verwiesen auf *v. Pestalozza*, Der Staat Bd. 2 (1963) S. 425 (434 f.); *Larenz* S. 142 f.; *Scheuner*, VVDStRL 22 (1965) S. 1 (61); *Tomuschat* S. 70 Fn. 66 m. w. Nachw. *v. Pestalozza* ebd. und *Larenz* S. 144 weisen auch darauf hin, daß *Forsthoff* zu Unrecht *Savigny* für die von ihm empfohlenen Auslegungsmethoden ins Feld führt, jedenfalls insoweit, als er ihn als Kronzeugen gegen die von ihm abgelehnte „geisteswissenschaftliche Methode" benennt.

[113] *K. Hesse*, VVDStRL 17 (1959) S. 11 (47); *Häberle*, Wesensgehaltgarantie S. 39.

[114] *Scheuner*, VVDStRL 22 (1965) S. 1 (53); *Larenz* S. 149: „Verfassung als einheitsstiftende(r) Grundordnung".

[115] So aber der Vorwurf von *Knies* S. 45.

rechtlicher Wertentscheidungen[116], sondern die Aufgabe ihrer Überwindung[117].

„Die Behauptung von ‚Antinomien' im Verfassungsrecht bestreitet ja gerade die Einheit der Verfassung"[118]. Verfassungsnormen sind so zu interpretieren, daß Widersprüchlichkeiten vermieden werden[119]; kollidierende Rechtsgüter sind durch Ausgleich aufeinander abzustimmen[120], so daß sie zu „optimaler Wirksamkeit gelangen können"[121, 122].

Die Interpretation der Verfassung muß die einzelnen Rechtsgüter so aufeinander abstimmen, daß sie als in das Sinnganze der Verfassung eingebettet erscheinen, Verfassungsinterpretation muß der „Sinntotalität"[123] der Verfassung gerecht werden[124] und sie zum Ausdruck bringen, so daß sich im einzelnen das Ganze bestätigt findet[125]. Insbesondere die „Fundamentalnormen"[126] des Grundgesetzes, die von Art. 79 Abs. 3 GG als unabänderliche Qualifikationen des vom Grundgesetz verfaßten politischen Gemeinwesens ausgewiesen werden, müssen als Eckpfeiler des grundgesetzlichen Wertsystems angesehen werden. Sie bestimmen wesentlich das Gesamtgefüge. Ihnen kommt damit eine besondere Ausstrahlungskraft zu[127], die sich in der Ausdeutung jeder Verfassungsnorm widerspiegeln muß[128]. Grundrechtsinterpretation muß daher im Lichte der staatsgestaltenden Grundnormen vollzogen werden, die ihrerseits allerdings durch die grundrechtlichen Positivierungen wesentlich inhaltlich bestimmt werden. Der Freiheitsbegriff der Grundrechte ist demnach in engem Zusammenhang mit den Festlegungen

---

[116] Zu „Antinomien verfassungsgestaltender Grundentscheidungen" vgl. aus jüngerer Zeit *Achterberg*, Der Staat Bd. 8 (1969) S. 159 f.
[117] Vgl. *Achterberg*, Der Staat Bd. 8 (1969) S. 159 (174 f.); *Häberle*, Wesensgehaltgarantie S. 39; *Friesenhahn*, 50. DJT (1974) Bd. II G 1 (G 11 f.).
[118] Ehmke, VVDStRL 20 (1963) S. 53 (80).
[119] K. Hesse, Verfassungsrecht S. 28.
[120] Vgl. *Häberle*, Wesensgehaltgarantie S. 38. Zu diesem Problem vgl. auch unten S. 100.
[121] K. Hesse, Verfassungsrecht S. 29.
[122] Aus diesem Grund verbietet sich die Ausgangsvermutung zugunsten eines Rechtswertes auf Kosten eines anderen. Darauf läuft die vielberufene Maxime *Peter Schneiders* (Festschrift Deutscher Juristentag, Bd. II S. 263 f.) „in dubio pro liberate" hinaus (Ähnlich BVerfGE 17 S. 306 (313 f.): allg. Freiheitsvermutung zu Gunsten des Bürgers in Art. 2 Abs. 1 GG). Kritisch gegenüber Peter Schneider K. Hesse, Verfassungsrecht S. 29; Ehmke, VVDStRL 20 (1963) S. 53 (85 f.); v. Pestalozza, Der Staat Bd. 2 (1963) S. 425 (445).
[123] *Smend*, Verfassung und Verfassungsrecht S. 128.
[124] Vgl. auch *v. Pestalozza*, Der Staat Bd. 2 (1963) S. 438.
[125] Vgl. *Häberle*, Wesensgehaltgarantie S. 6/7; *Ossenbühl*, DÖV 1965 S. 649 (655).
[126] *Ossenbühl*, DÖV 1965 S. 649 (655).
[127] Vgl. *Ossenbühl*, ebd. S. 655 f.
[128] *Badura*, Stichw. „Verfassung" in Evangelisches Staatslexikon, Sp. 2343 (2351): „. . . die umgreifende Bedeutung der Hauptnormen in Art. 1 und 20 GG ist stets zu berücksichtigen".

B. Der den Grundrechten zugrundeliegende Freiheitsbegriff

des Grundgesetzes auf die Demokratie, den Sozialstaat und den Rechtsstaat zu entwickeln[129].

2. Grundrechtliche Freiheit und sozialer Rechtsstaat

Antinomien verfassungsrechtlicher Wertentscheidungen sind gerade zwischen dem Bekenntnis des Grundgesetzes zum Rechtsstaat und dem zum Sozialstaat — Art. 20, 28 Abs. 1 GG — zum einen, und zum anderen zwischen dem Sozialstaatsbekenntnis und grundrechtlicher Freiheit gesehen worden. Insbesondere *Forsthoff* und *F. Klein* machten den „nur schwer begreifbaren und kaum lösbaren" Widerspruch zwischen Rechtsstaat und Sozialstaat geltend[130]. Rechtsstaat und Sozialstaat stünden in „antinomischer Relation" zueinander. Diese Antinomie ließe sich nur durch eine Entscheidung überwinden[131]. Das Grundgesetz habe sich für den Rechtsstaat entschieden. „Rechtsstaat und Sozialstaat sind also auf der Verfassungsebene nicht verschmolzen"[132]. Gerade die Grundrechte, die mit ihren Formulierungen „nach Art der alten klassischen Freiheitsrechte"[133] das Verteilungsprinzip des bürgerlich-liberalen Rechtsstaats zum Ausdruck brächten[134], zeugten vom liberalrechtsstaatlichen Charakter des Grundgesetzes, der ein „Antipode" des Sozialstaates sei[135].

In der Tat steht der liberal-rechtsstaatliche Freiheitsbegriff, der grundrechtliche Freiheit ausschließlich als Ausgrenzung aus dem Staat versteht, in denkbar hartem Gegensatz zu einem Sozialstaat, der die Freiheit als eine von ihm zu erfüllende Aufgabe begreift[136]. Konsequent löst *Forsthoff* diesen Widerspruch durch Eliminierung des Sozialstaatsgedankens aus der Verfassung: Die Aufnahme sozialstaatlicher Gehalte durch das Grundgesetz wird weitgehend geleugnet[137]. Der Begriff des

---

[129] Vgl. auch *Scheuner*, DÖV 1956 S. 65 (69); *Häberle*, Wesensgehaltgarantie S. 178; *Bachof*, in Die Grundrechte III/1 S. 155 (165); *Friauf*, DVBl 1971 S. 674 (676); *Baedeker*, Diss. S. 82.
[130] *Klein*, ZgesStW Bd. 106 (1950) S. 390 (404). Zur Darstellung und Kritik aus jüngerer Zeit vor allem *E. Hesse* S. 73 f.
[131] *Forsthoff*, in Forsthoff, Sozialstaatlichkeit und Rechtsstaatlichkeit S. 165 (187).
[132] *Forsthoff* ebd. Im Ergebnis ebenso *F. Klein*, ZgesStW Bd. 106 (1950) S. 390 (398 f., 402); *Kleiser*, Diss. S. 88.
[133] *F. Klein*, ZgesStW Bd. 106 (1950) S. 390 (400).
[134] *F. Klein*, ebd. S. 402.
[135] *F. Klein*, ebd. S. 404, vgl. auch S. 400.
[136] Vgl. *E. Hesse* S. 74. Daß grundrechtliche Freiheit Aufgabe des Staates sei, hat *Häberle*, in Festschrift f. G. Küchenhoff S. 453 f., insbesondere S. 455 f. eindringlich hervorgehoben. Vgl. *dens*. auch in AöR Bd. 95 (1970) S. 86, 260 (266): Freiheit in der res publica sei Gemeinwohlgut. Vgl. auch *Friauf*, DVBl 1971 S. 674 (676).
[137] Vgl. *Forsthoff*, Verfassungsauslegung S. 29 f.; ähnlich auch *F. Klein*, ZgesStW Bd. 106 (1950) S. 390 (398 f.).

54   3. Kap.: „Freiheit und Eigentum" im Sinne der Grundrechte

sozialen Rechtsstaats sei gar kein Rechtsbegriff[138]. Das Sozialstaatsprinzip der Art. 20, 28 GG soll demnach bei der Grundrechtsinterpretation notwendig unberücksichtigt bleiben[139].

Die Annahme einer antinomischen Entgegensetzung von Rechtsstaat, grundrechtlicher Freiheit und Sozialstaat ist mit dem dargelegten Verständnis der Verfassung als einer „materialen" Einheit unvereinbar. Nach dem Prinzip der Einheit der Verfassung, das diese zwar nicht als spannungslosen, aber in jedem Fall auch nicht als widersprüchlichen Ordnungszusammenhang begreift, müssen die Bekenntnisse des Grundgesetzes für den Sozialstaat, den Rechtsstaat und grundrechtliche Freiheit als aufeinander bezogene und sich wechselseitig beeinflussende und bedingende[140] Wertentscheidungen der Verfassung betrachtet werden. Eine Zerlegung der — dialektischen — Einheit des sozialen Rechtsstaats in einen — im antinomischen Verhältnis zueinander stehenden — Rechtsstaat und Sozialstaat ist daher ebenso schon im Ansatz verfehlt[141] wie die Ansicht des unversöhnlichen Gegensatzes von sozialem Rechtsstaat und grundrechtlicher Freiheit. Auch der Sozialstaatsgedanke kann nicht entgegen der klaren Aussage des Grundgesetzes aus der Verfassung eliminiert oder auf die Funktion heruntergespielt werden, Korrektiv gegen sozial nicht tragbare Auswüchse liberal-rechtsstaatlichen Gedankengutes zu sein[142]. Vielmehr ist davon auszugehen, daß das Grundgesetz Rechtsstaat *und* Sozialstaat *und* Grundrechte[143], daß es den freiheitlichen sozialen Rechtsstaat will[144]. Die in Art. 28 Abs. 1 GG gegebene adjektivische Beschreibung des Rechtsstaats bezeichnet demnach die wesentliche inhaltliche Qualifizierung dieses Begriffs[145].

---
[138] *Forsthoff*, in Forsthoff, Rechtsstaatlichkeit und Sozialstaatlichkeit S. 165 (200, Leitsatz XV).
[139] *Forsthoff*, Verfassungsauslegung S. 32 f.
[140] Vgl. *Achterberg*, Der Staat Bd. 8 (1969) S. 159 (165 f.); *Häberle*, Wesensgehaltgarantie S. 15 f., 38.
[141] So die treffende Kritik *K. Hesses* an *Forsthoff*, in Festgabe für Smend, 1962 S. 71 (78 Fn. 27). Zutreffend auch *Abendroth*, in Forsthoff, Rechtsstaatlichkeit und Sozialstaatlichkeit S. 114 (115/116): Der Verfassungsgrundsatz der demokratischen und sozialen Rechtsstaatlichkeit bilde eine Einheit, deren einzelnen Momente einer isolierenden Interpretation nicht mehr zugänglich seien.
[142] So aber *Kleiser*, Diss. S. 88. Auch *Forsthoff*, in Forsthoff, Rechtsstaatlichkeit und Sozialstaatlichkeit S. 65 (190) gesteht dem Sozialstaatsprinzip insofern eine Bedeutung zu, „als es eine extrem individualistische Ausdeutung der Grundrechte verwehrt." Wie er dieses Ergebnis mit seiner Auffassung, das Sozialstaatsprinzip sei kein Rechtsbegriff — ebd. S. 200 — vereinbart, ist unklar.
[143] Vgl. *Fechner*, in Forsthoff, Rechtsstaatlichkeit und Sozialstaatlichkeit S. 73 (86); *Häberle*, Wesensgehaltgarantie S. 38.
[144] Vgl. auch *Ramm*, JZ 1972 S. 137 (145).
[145] Auch *F. Klein*, ZgesStW Bd. 106 (1950) S. 390 (399) muß zugestehen, daß „mit jenem adjektivischen Zusatz anderes und mehr gesagt sein" sollte als „bloß eine Aussage zum rein formalen Rechtsstaat als solchem", und er erkennt auch: „Und zwar sollte damit augenscheinlich zugleich eine verfas-

B. Der den Grundrechten zugrundeliegende Freiheitsbegriff

Da der soziale Rechtsstaat unbestritten „seinem Begriff und Wesen nach etwas völlig anderes als der bürgerlich-liberale Rechtsstaat" ist[146], bedeutet das Bekenntnis des Grundgesetzes zum sozialen Rechtsstaat einen Bruch in der Verfassungskontinuität[147]. Hebt man auf die oben dargelegte Beziehung von sozialem Rechtsstaat und grundrechtlicher Freiheit ab, so kann die für unsere Untersuchung wichtige Feststellung getroffen werden, daß das Grundgesetz das überkommene Freiheitsverständnis des liberalen Rechtsstaates nicht rezipiert hat[148].

Die Ausformulierung der Grundrechte nach Art liberal-rechtsstaatlicher Freiheitsrechte kann damit — entgegen *F. Klein*[149] — nicht als schlüssiger Nachweis der Tradition verfassungsrechtlichen Freiheitsverständnisses gewertet werden. Die Formulierungen der Grundrechte werden eher darauf zurückgeführt werden müssen, daß den Verfassern des Grundgesetzes keine Nomenklatur zur Verfügung stand, das Menschen- und Gesellschaftsbild unserer Zeit adäquat auszudrücken und sie daher teilweise auf die Formulierungen der liberalen Verfassungen zurückgriffen[150]. Insoweit, als die Grundrechte in traditioneller Manier abgefaßt sind, ist „das Grundgesetz nur im *Phänotypus* zu der Freiheitsauffassung und der Verfassungsform des alten liberalen bürgerlichen Rechtsstaates zurückgekehrt"[151]. Das Freiheitsverständnis der

---

sungsrechtliche Position gegen den Antipoden des sozialen Rechtsstaates, den bürgerlich-liberalen Rechtsstaat, bezogen und eine fundamentale neue Entscheidung gefällt werden, ist doch der soziale Rechtsstaat seinem Begriff und Wesen nach etwas völlig anderes als der bürgerlich-liberale Rechtsstaat, ist er doch etwa diesem geradezu Entgegengesetztes." Er stellt dann aber (ebd. S. 400) fest, daß „Allein schon die innere Folgerichtigkeit des Grundrechtsabschnittes des Bonner GG ... eindeutig zum liberalen Rechtsstaat" führe und resümiert, daß der Verfassungsgeber statt des gewollten sozialen Rechtsstaates weitgehend die Konzeption eines bürgerlich-liberalen Rechtsstaates verwirklicht habe (ebd. S. 401/402 f.).

[146] *F. Klein*, ZgesStW Bd. 106 (1950) S. 390 (399). Vgl. dazu auch *Abendroth*, in Forsthoff, Rechtsstaatlichkeit und Sozialstaatlichkeit S. 114 (118 f.).

[147] Vgl. auch die Feststellung *Mengers*, in Der Staat Bd. 1 (1962) S. 360 f., nach der die Schöpfer der WRV bestrebt gewesen wären, „die von ihnen vorgefundene Ordnung nach Möglichkeit zu bewahren", während das Grundgesetz „bestrebt aus den Fehlern der Vergangenheit zu lernen, ... uns vor die Aufgabe (stellt), das ganze Gemeinwesen auf die in seinem Art. 20 als Leitbild vorgezeichnete freiheitlich-demokratische Grundordnung auszurichten". Interessant ist diese Feststellung insofern, als das Grundgesetz seinem formulierten Normenbestand zufolge im Bereich seines „Sozialprogramm" hinter der WRV prima facie weit zurückbleibt. Vgl. insofern die Bestandsaufnahme von *F. Klein*, ZgesStW Bd. 106 (1950) S. 390 (399 f.).

[148] Im Ergebnis ebenso: *Erbe*, in Forsthoff, Rechtsstaatlichkeit und Sozialstaatlichkeit S. 309 (315); *Häberle*, Wesensgehaltgarantie S. 178; *Dürig*, JR 1952 S. 259 f.; *ders.*, JZ 1953 S. 193 (197); *Fechner*, in Forsthoff, Rechtsstaatlichkeit und Sozialstaatlichkeit S. 73 (80); *Rupp*, AöR Bd. 92 (1967) S. 212 (230); *E. Hesse* S. 83; *Scheuner*, DÖV 1971 S. 505 (512).

[149] ZgesStW Bd. 106 (1950) S. 390 (400).

[150] *E. Hesse* S. 81.

[151] *Dürig*, JZ 1953 S. 193 (197); *ders.*, JR 1952 S. 259 (261).

3. Kap.: „Freiheit und Eigentum" im Sinne der Grundrechte

Grundrechte ist trotz ihrer teilweise liberal-rechtsstaatlichen Ausformulierung neu zu bestimmen[152].

Gehört nach auch heute noch gültigem traditionellen Verständnis zum Wesen des Rechtsstaates, dem Bürger individuelle Freiheit zu gewähren und zu sichern[153], so bestand diese Funktion nach dem Verständnis des liberalen Rechtsstaates darin, dem Untertan einen möglichst weiten Bereich seiner „natürlichen Handlungsfreiheit" durch Abstinenz staatlicher Interventionen zu sichern, ihm einen möglichst weiten Raum „staatsfreier" Betätigung auszugrenzen. Nach dem individualistisch-liberalistischen Freiheitsverständnis, das wesentlich auf den Glauben an die Selbstbehauptungskraft des einzelnen basierte[154], bedeutete „Freiheit vom Staate ... sowohl Freiheit von (scil.: staatlichen) Interventionen — wie auch Freiheit von (scil.: staatlichen) Subsiduen"[155]. Dieses Freiheitsverständnis hat sich im sozialen Rechtsstaat wesentlich verändert[156].

Wenn die Sozialstaatsgarantie die Grundrechte inhaltlich mitbestimmt[157], so muß das Auswirkungen auf die Rechtsposition haben, die die Grundrechte dem einzelnen in der Gemeinschaft zuweisen. Freiheit im sozialen Rechtsstaat, der den einzelnen als in die Gemeinschaft hineingestellt und auf sie angewiesen sieht, kann nicht grenzenlose — „natürliche" — Freiheit zu individueller Beliebigkeit, sondern muß eine von vornherein sozial gebundene[158] und rechtlich begrenzte Freiheit[159] sein[160].

Das Grundgesetz, daß in Art. 1 Abs. 2 GG darauf abhebt, daß die (Grund-)Menschenrechte Grundlage der „menschlichen Gemeinschaft" seien[161], verwirklicht den Gedanken der sozialen Bindung grundrecht-

---

[152] Ebenso auch *Friauf*, DVBl 1971 S. 674.
[153] Vgl. *K. Hesse*, in Festgabe f. Smend, 1962 S. 71 (85); *Roos*, Zeitschrift des Bernischen Juristenvereins Bd. 91 bis, 1955 S. 117; *Achterberg*, Der Staat Bd. 8 (1969) S. 159 (162, 177); *Baedeker*, Diss. S. 81; *Karl*, Diss. S. 63 f.; *Erbe*, in Forsthoff, Rechtsstaatlichkeit und Sozialstaatlichkeit S. 309 (311).
[154] *E. Hesse* S. 75.
[155] *E. Hesse* ebd.
[156] Vgl. BVerfGE 8 S. 155 (167); *Häberle*, Wesensgehaltgarantie S. 178; *Scheuner*, DÖV 1971 S. 505 (512); vgl. auch *H. H. Rupp*, AöR Bd. 92 (1967) S. 212 (230).
[157] *Häberle*, Wesensgehaltgarantie S. 178; *Friauf*, DVBl 1971 S. 674 (676).
[158] Vgl. auch *W. Martens*, VVDStRL 30 (1972) S. 7 (40, Leitsatz 6); *Karl*, Diss. S. 64; *Erbe*, in Forsthoff, Rechtsstaatlichkeit und Sozialstaatlichkeit S. 309 (315); *Dürig*, JZ 1953 S. 193 (197).
[159] Dazu insbesondere *K. Hesse*, in Festgabe für Smend, 1962 S. 71 (85 f.).
[160] Vgl. auch *Wintrich*, in Festschrift für Laforet S. 227 (235); *dens.*, Problematik der Grundrechte S. 6 f.
[161] Zwischen den Menschenrechten und den Grundrechten besteht im Hinblick auf diese Grundfunktion kein qualitativer Unterschied. Vgl. *Schmitt Glaeser* S. 102.

B. Der den Grundrechten zugrundeliegende Freiheitsbegriff

licher Freiheit unübersehbar. So macht es in Art. 2 Abs. 1 GG — dem neben individueller Freiheitsverbürgung auch die Funktion zugesprochen wird, als „Freiheitsrechtsleitsatz"[162] dem Charakter grundrechtlicher Freiheit in besonderem Maße Ausdruck zu verleihen[163] — deutlich, daß die Betätigung individueller Freiheit nur innerhalb der „verfassungsmäßigen Ordnung", den „Rechten anderer" und dem „Sittengesetz", und damit nur innerhalb der rechtlich verfaßten sozialen Gemeinschaft stattfinden kann[164]. Der „Soweit"-Satz in Art. 2 Abs. 1 GG versteht sich daher nicht als nachträgliche, von außen kommende Einschränkung prinzipiell unbegrenzter Freiheit, sondern als Ausdruck „rechtlicher und damit geordneter und begrenzter Freiheit"[165] innerhalb der von Art. 1 Abs. 2 GG apostrophierten menschlichen Gemeinschaft[166, 167]. Für die vermögensrechtliche Seite der grundrechtlichen Freiheit normiert das Grundgesetz die Sozialbindung der Freiheit in Art. 14 Abs. 2: Danach wird das Eigentum in die soziale Pflicht genommen. Seine Ausübung wird auf das Wohl der sozialen Gemeinschaft verpflichtet[168].

Die soziale Bestimmung der Freiheit führt zur Hinwendung des Staatsbürgers zur Gemeinschaft und zum Staat[169], der durch die Bereit-

---

[162] F. Klein, in v. Mangoldt/Klein, Grundgesetz, Art. 2 Anm. III 4 b (S. 167).
[163] Vgl. Erichsen, StaRuVfgbkt I S. 136.
[164] Zur Interpretation des Art. 2 Abs. 1 GG unter dem Aspekt der sozialen Bedeutung grundrechtlicher Freiheit Hamel, Bedeutung der Grundrechte S. 29 f.
[165] K. Hesse, in Festgabe für Smend, 1962 S. 71 (87). Zu dieser Ausdeutung des Art. 2 Abs. 1 GG auch Menger, in Forsthoff, Rechtsstaatlichkeit und Sozialstaatlichkeit S. 42 (65 f.).
[166] Vgl. auch die Formulierung von Art. 1 a durch den Allg. Redaktionsausschuß i. d. Fassung v. 16. 11. 1948 (Matz, JÖR Bd. 1 (1951) S. 56): „Die Freiheit des Menschen, seine Verpflichtung gegenüber dem Nächsten und gegenüber der Gesamtheit, die Gleichheit und die soziale Gerechtigkeit sind Grundlage aller menschlichen Gemeinschaft. Ihrem Schutz dienen die Grundrechte".
[167] Die oben S. 37 offengelassene Frage, ob die „Schrankentrias" des Art. 2 Abs. 1 GG als nachträgliche Schranke oder apriorische Eingrenzung zu verstehen ist, kann damit im letzteren Sinne beantwortet werden.
[168] Schmidt-Aßmann S. 109: „Wertentscheidung des Grundgesetzes für ein sozial gebundenes Privateigentum". Vgl. jetzt auch Leisner, DÖV 1975 S. 73 (77 f.), der sich für eine „organisationsrechtliche Betrachtung des Eigentums" ausspricht: „Privateigentum eine Kompetenznorm zu sozialstaatlichem Verhalten" (S. 78).
[169] Vgl. Fechner, in Forsthoff, Rechtsstaatlichkeit und Sozialstaatlichkeit S. 73 (78 f.); Hamel, Bedeutung der Grundrechte S. 20. Demgegenüber betont E.-W. Böckenförde, in Festgabe für Hefermehl S. 11 (24 f.), die Notwendigkeit der Unterscheidung von Staat und Gesellschaft, obwohl auch er die unerläßliche staatliche Aktivität für grundrechtliche Freiheit erkennt. B. spricht dieser Unterscheidung einen Begrenzungseffekt für die Staatsgewalt zu („Erhaltungs- und Gewährleistungsfunktion des Staates für die Gesellschaft"). Gegen B. ist zu erinnern, daß sich Kompetenz und Begrenzung der Ausübung von Staatsgewalt aus dem GG ergeben. Die Aufgabe des dualisti-

stellung lebensnotwendiger Güter weitestgehend erst die Vorbedingung für die Ausübung grundrechtlicher Freiheit schafft[170] und durch seine Rechtsordnung dem einzelnen „reale Freiheit" (*K. Hesse*) im Aktionsfeld gesellschaftlicher Mächte zu garantieren vermag[171]. Individuelle Freiheit im sozialen Rechtsstaat bedeutet daher nicht nur eine Freiheit „vom Staat", sondern auch „im Staat" und „durch den Staat"[172]. Die soziale Dimension[173] des Freiheitsbegriffs, die wegen der inhaltsbestimmenden Kraft der Art. 20, 28 GG zum verfassungs*rechtlichen* Inhalt grundrechtlicher Freiheit gezählt werden muß[174], schließt ein Verständnis grundrechtlicher Freiheit aus, das diese im Sinne einer bloß ausgegrenzten Sphäre privater Beliebigkeit versteht. Eine solche Freiheit ist angesichts der sozialen Wirklichkeit irreal[175].

---

schen Staatsverständnisses bedeutet eben nicht die totale Auslieferung der individuellen Freiheit an die „Allzuständigkeit der demokratischen Entscheidungsgewalt" (so die Befürchtung *B*'s, ebd. S. 20) und bedeutet schon gar nicht die Aufgabe des rechtsstaatlichen Schutzes für individuelle Freiheit. Eine solche Auffassung leugnet die normative Kraft u. a. der Grundrechte, die diese nicht etwa mit Verabschiedung des dualistischen Staatsverständnisses verlieren.

[170] *K. Hesse*, in Festgabe für Smend, 1962 S. 71 (86); vgl. aus der jüngeren Rechtsprechung des BVerfG besonders instruktiv: numerus-clausus-Urteil, BVerfGE 33 S. 303 (330 f., 337 f.): Teilhabe an *staatlichen* Leistungen als notwendige Voraussetzung der Grundrechtsverwirklichung; Urteil zum Nieders. VorschaltG, BVerfGE 35 S. 79 (115): Der Staat besitze hinsichtlich der tatsächlichen Voraussetzungen zur Ausübung der Wissenschaftsfreiheit „weithin ein faktisches Monopol", daher sei Teilhabe an staatlichen Leistungen notwendig zur Ausübung der grundrechtlichen Freiheit.

[171] *K. Hesse*, ebd. S. 85.

[172] Vgl. *Häberle*, VVDStRL 30 (1972) S. 43 (76); vgl. dazu auch *Ramm*, JZ 1972 S. 137 (142 f., 145); *Friesenhahn*, 50. DJT (1974) Bd. II G 1 (G 11).

[173] *Grabitz*, DVBl 1973 S. 675 (681) zählt insgesamt fünf Dimensionen des verfassungsrechtlichen Freiheitsbegriffs: „Neben der ‚negativen Freiheit' umfaßt er ferner die Gewährleistung eines bestimmten Maßes sozialer Entfaltungschancen, die sowohl die Gewährleistung der realen Vorbedingungen der Freiheit (‚reale Freiheit') als auch den Schutz vor freiheitsbedrohender gesellschaftlicher (= nicht staatlicher) Herrschaft impliziert, sowie die ‚positive Freiheit', die in dem Recht auf politische Teilhabe am demokratischen Prozeß besteht". Ebd. Fn. 80: „Als fünfte Dimension der Freiheit muß ferner die Mäßigung politischer Macht durch organisatorische Vorkehrungen, wie sie in den Lehren über die horizontale und vertikale Gewaltentrennung und Gewaltenkontrolle zum Ausdruck kommt, angesehen werden".

[174] So auch *Friauf*, DVBl 1971 S. 674 (676). A.A. *H. H. Klein*, Grundrechte im demokratischen Staat S. 62 f., der nur die „subjektive Freiheit individuellen Beliebens" als das grundrechtlich geschützte Rechtsgut ansieht. Die sozialstaatliche Einbindung der Freiheit, die auch *K*. als notwendig erachtet, sei „Aufgabe der politischen Praxis" von Gesetzgebung und Verwaltung, die dabei an die Grundrechte gebunden sei. — Wie der so definierte — irreale — Freiheitsbegriff der Grundrechte eine von Art. 1 Abs. 3 GG gewollte *Rechts*bindung entfalten soll, wenn etwa die soziale Bindung der Freiheit nicht als den *rechtlichen* Inhalt des Grundrechts mitbestimmend gedacht wird, bleibt unerklärt.

[175] Vgl. *K. Hesse*, in Festgabe für Smend, 1962 S. 71 (86); vgl. auch *Neumann*, ZgesStW Bd. 109 (1953) S. 25 (42).

Die Berücksichtigung der sozialen Komponente verleiht der grundrechtlichen Freiheit einen „genossenschaftlichen Akzent"[176], verdeutlicht, daß die individuelle Freiheit nicht nur um des einzelnen, sondern auch um der Gemeinschaft willen grundrechtlich geschützt ist[177] (Art. 1 Abs. 2 GG: „Menschenrechte *als Grundlage* jeder menschlichen Gemeinschaft"). Diese Gemeinschaft ist ihrerseits als freiheitliche Gemeinschaft Voraussetzung individueller Freiheit. Dieses Freiheitsverständnis beinhaltet demnach keine Verkennung grundrechtlicher Freiheit als individuelle Freiheit[178], d. h. als Freiheitschance zur eigenverantwortlichen selbstbestimmenden Entfaltung der Persönlichkeit[179]. Das ist aber eine Absage an die Fehleinsicht, daß ein „Minimum an Staat" ein „Maximum an Freiheit" bedeute[180]. Grundrechtliche Freiheitschancen sind weitgehend nicht in einer „staatsfreien Sphäre", sondern nur in einer Gemeinschaft zu verwirklichen[181], die als „freiheitliche Gesamtordnung"[182] konstituiert ist.

3. Grundrechtliche Freiheit und Demokratie

Ebenso wie die Sozialstaatsklausel ist auch das Demokratiegebot des Grundgesetzes bei der Ermittlung des Freiheitsgehalts der Grundrechte heranzuziehen. Vom Prinzip der Einheit der Verfassung aus gesehen, sind die Festlegungen in den Grundrechtsartikeln und in Art. 20, 28 GG aufeinander bezogene und nur in dieser Zueinanderordnung verständliche Wertentscheidungen des Grundgesetzes[183]. Das bedeutet zum einen, daß der Demokratiegrundsatz der Art. 20, 28 GG u. a. von den Freiheitsrechten konkretisiert wird[184], die die Demokratie des Grundgesetzes als freiheitliche demokratische Ordnung charakterisieren. Das Grundgesetz hat sich nicht für die „Demokratie schlechthin", sondern für einen

---

[176] *E. Hesse* S. 86; vgl. auch *Menger*, in Forsthoff, Rechtsstaatlichkeit und Sozialstaatlichkeit S. 42 (67). Für die Meinungsäußerungsfreiheit (der WRV) auch schon *Smend*, VVDStRL 4 (1928) S. 44 (50).
[177] Vgl. *Häberle*, Wesensgehaltgarantie S. 95; *Hamel*, Bedeutung der Grundrechte S. 12: „Die Grundrechte (scil.: gewährleisten) intelligible Funktionen der Persönlichkeit..., damit diese die Gemeinschaft und den Staat konstituieren". A.A. *H. H. Klein*, Grundrechte im demokratischen Staat S. 78.
[178] Auf diesen unberechtigten Vorwurf läuft die Kritik *H. H. Kleins*, ebd. S. 58 f. hinaus. Vgl. aber richtig *Friauf*, DVBl 1971 S. 674 (676/677).
[179] Ähnlich *Neumann*, ZgesStW Bd. 109 (1953) S. 25 (38); *Grabitz*, DVBl 1973 S. 675 (681).
[180] So zutreffend *K. Hesse*, in Festgabe für Smend, 1972 S. 71 (86); *Neumann*, ZgesStW Bd. 109 (1953) S. 25 (41).
[181] Vgl. *Hamel*, Bedeutung der Grundrechte S. 29. Vgl. auch *Wintrich*, in Festschrift f. Laforet S. 227 (232); dens., Problematik der Grundrechte S. 6 f.
[182] *K. Hesse*, in Festgabe für Smend, 1962 S. 71 (86).
[183] Vgl. ebenso die Abweichende Meinung der Richter *Rupp-v. Brünneck* und *Simon* zum Urteil des BVerfG, E 35 S. 79, 148 (152).
[184] *Kriele*, VVDStRL 29 (1971) S. 46 (46/47); vgl. auch *K. Hesse*, VVDStRL 17 (1959) S. 11 (20).

demokratischen Staat entschieden, in dem die Würde des Menschen (Art. 1 Abs. 1 GG) oberster (Rechts-)Wert ist. Die freiheitliche Demokratie ist danach eine Staatsordnung, in der es „nicht genügt, wenn eine Obrigkeit sich bemüht, noch so gut für das Wohl von ‚Untertanen' zu sorgen; der Einzelne soll vielmehr in möglichst weitem Umfange verantwortlich auch an den Entscheidungen für die Gesamtheit mitwirken"[185]. Da es mit der Würde des Menschen unvereinbar wäre, die menschliche Freiheit in die Abhängigkeit einer von ihm unabhängigen anonymen Staatsmacht zu entlassen, stellt sich die Entscheidung für die Demokratie in Art. 20, 28 GG als zwingende Konsequenz aus der Statuierung der Würde des Menschen als oberster Rechtswert dar[186].

Die freiheitliche Demokratie, die als einzige Regierungsform „das aktivistische Element der menschlichen Freiheit institutionalisiert"[187], ist damit notwendige Grundlage der individuellen Freiheit, die das Grundgesetz um der Würde des Menschen willen schützt. Das den Grundrechten des Grundgesetzes zu entnehmende „Verfassungsprinzip Freiheit"[188] und das Demokratieprinzip stehen damit in einem gleichsam synallagmatischen Verhältnis zueinander[189]. Diese Erkenntnis muß den Freiheitsbegriff der Grundrechte wesentlich beeinflussen.

Wenn einerseits das Grundgesetz die Demokratie als funktionelle Grundlage menschlicher Freiheit versteht, und andererseits der Bürger in der Demokratie — als Träger der Staatsgewalt (Art. 20 Abs. 2 Satz 1 GG) — „nicht unter, neben oder über dem Staat"[190] steht, dessen Aktivitäten sich daher nicht außerhalb, sondern innerhalb der demokratischen Gemeinschaft ereignen, dann erhält das Demokratieprinzip eine *Begrenzungsfunktion* für grundrechtliche Freiheitsbetätigungen. Diese äußert sich zwar nicht darin, daß sich der Grundrechtsschutz nur auf in engem Sinne „demokratische Aktionen" bezöge[191], wohl aber darin, daß solche Betätigungen, die sich gegen die demokratische Ordnung richten, der menschlichen Freiheit also gerade ihre Grundlage entziehen wollen, von vornherein nicht zum Grundrechtsinhalt gezählt werden können.

---

[185] BVerfGE 5 S. 85 (204 f.).
[186] Im Ergebnis auch *Abendroth*, Das Grundgesetz S. 75, der allerdings darüberhinaus eine weitgehende Drittwirkung der Grundrechte fordert.
[187] *Neumann*, ZgesStW Bd. 109 (1953) S. 25 (46).
[188] *Willi Geiger*, in Demokratie und Verwaltung S. 229 (239); *Grabitz*, DVBl 1973 S. 675 (681 f.).
[189] Vgl. auch *Abendroth*, Das Grundgesetz S. 74 f.: Grundrechte als Voraussetzung für die Demokratie und Demokratie als Voraussetzung für Grundrechte.
[190] *Schmitt Glaeser* S. 101. Vgl. auch *E.-W. Böckenförde*, in Festgabe für Hefermehl S. 11 (20).
[191] So aber etwa der Vorwurf von *H. H. Klein*, Der Staat, Bd. 10 (1971) S. 145 (161 f., 163 f.); *ders.*, Grundrechte im demokratischen Staat S. 45. Ähnlich, wenn auch behutsamer vorgetragen, die Bedenken von *E.-W. Böckenförde*, NJW 1974 S. 1529 (1535).

B. Der den Grundrechten zugrundeliegende Freiheitsbegriff

Das Demokratieprinzip führt daher zu einer sachlichen Begrenztheit der Grundrechtsschutzbereiche, wobei freilich zu berücksichtigen ist, daß diese Grenze im Hinblick auf die unterschiedlichen Freiheitsgarantien differenziert festzulegen ist.

Das Grundgesetz bringt diesen Gedanken expressis verbis zum Ausdruck, wenn es die Grundrechtsausübung an die verfassungsmäßige Ordnung (Art. 2 Abs. 1, 9 Abs. 2 GG), an die Treue zur Verfassung (Art. 5 Abs. 3[192]) oder an die freiheitliche demokratische Grundordnung (Art. 10 Abs. 2[193], 21 Abs. 2, 18 GG) bindet. Die oben[194] auf dem Boden der klassischen Grundrechtsauslegung aufgestellte These von der Begrenztheit des Grundrechtsschutzes erweist sich demnach unter Berücksichtigung des Auslegungsprinzips der Einheit der Verfassung als richtig.

Die dialektische Einheit der „freiheitlichen Demokratie", die wechselseitige Bedingtheit von Freiheit und Demokratie[195], bedeutet nicht nur eine — in Einzelbestimmungen konkretisierte — Begrenzung des Grundrechtsschutzes durch das Demokratieprinzip, sondern auch eine Eingrenzung der demokratischen Herrschaft durch die Grundrechte. Die Formulierung in Art. 20 Abs. 2 Satz 1 GG, nach der alle Staatsgewalt vom Volke ausgeht, bedeutet keine Identität von Regierenden und Regierten[196]. Vielmehr macht auch gerade Art. 20 Abs. 2 Satz 2 GG deutlich, daß in der Demokratie Herrschaft ausgeübt wird, und daß gerade „die Nicht-Identität von Regierenden und Regierten zur Struktur unseres politischen Gemeinwesens" gehört[197]. Ebensowenig läßt sich das Spannungsverhältnis Freiheit — Gemeinschaft leugnen[198]. Es sind (u. a.) die Grundrechte — aber deshalb nicht notwendig die „Aufrechterhaltung der Unterscheidung und Gegenüberstellung von Staat und Gesellschaft"[199] —, die dem demokratischen Staat rechtliche Grenzen setzen und eine Auslieferung aller individuellen, d. h. der Selbstgestaltung überlassenen Freiheit an eine „Allzuständigkeit der demokratischen Entscheidungsgewalt"[200] verhindern[201]. Die Grundrechts-Demokratie des

---

[192] Vgl. *Scheuner*, VVDStRL 22 (1965) S. 1 (8).
[193] Die Problematik dieser Bestimmung wird nicht unterschätzt. Es sei jedoch insoweit verwiesen auf: *Erichsen*, VerwArch Bd. 62 (1971) S. 291 f.; ders., StaRuVfgbkt II S. 13 f.
[194] 3. Kap. A.
[195] Vgl. dazu auch *Hamel*, Staatsrecht I S. 48 f.
[196] Dazu im einzelnen *K. Hesse*, Verfassungsrecht S. 54 f. Vgl. auch *Ehmke*, in Festgabe für Smend, 1962 S. 22 (49); *Geiger*, in Demokratie und Verwaltung S. 229 (232).
[197] *Ehmke*, in Festgabe für Smend, 1962 S. 22 (49).
[198] Vgl. *Rupp*, AöR Bd. 92 (1967) S. 212 (226/227), der allerdings dieses Verhältnis zu hart als „Gegensatz" formuliert.
[199] So aber *E.-W. Böckenförde*, in Festgabe für Hefermehl S. 11 (20).
[200] *E.-W. Böckenförde* ebd.
[201] Vgl. auch *Geiger*, in Demokratie und Verwaltung S. 229 (241).

Grundgesetzes ist gerade keine Mehrheitsdiktatur. Insofern weist H. H. Rupp völlig zu Recht darauf hin, daß die Grundrechte des Grundgesetzes die demokratische Herrschaft minimieren sollen und die Demokratie des Grundgesetzes als eine freiheitliche Demokratie ausweisen[202].

Andererseits darf die — wichtige — Bedeutung der Grundrechte, „die Radikalität des demokratischen Mehrheitsprinzips (zu) mildern, (und zu) kompensieren"[203], nicht als ausschließliche Funktion der Grundrechte im demokratischen Gemeinwesen angesehen werden[204]. Damit würde den Grundrechten eine unverändert anti-staatliche Zielsetzung zugeschrieben[205], nur daß sie sich jetzt nicht mehr gegen den monarchischen, sondern gegen den demokratischen Souverän richteten[206].

Eine solche Auffassung verkennt, daß in der Demokratie Herrschaft nicht in unversöhnlichem Gegensatz zum Beherrschtsein steht, daß sich in der Demokratie „Herrschaftsausübung und Herrschaftsunterworfenheit" eher als „dialektische Einheit" verstehen läßt[207]. In der Demokratie ist der Bürger nicht Untertan einer von ihm unabhängigen anonymen Staatsgewalt, sondern ihr Mitträger; seine Aktivitäten sind schon deshalb in hohem Maße staatskonstituierend. Ist aber das demokratische Gemeinwesen auf die „lebendige Mitwirkung aller Bürger"[208] angewiesen, so muß die demokratische Verfassung dem Bürger Rechte bereitstellen, die ihm eine Anteilnahme am staatlichen Leben ermöglichen[209].

Diese Erkenntnis ist dem Grund nach freilich nicht neu. Schon die Statuslehre G. Jellineks[210] teilte dem Bürger einen status activus — als „Inbegriff aller potentiellen Rechte zur Teilnahme an der staatlichen Willensbildung, insbes. der Wahlrechte und des Zugangs zu öffentlichen Ämtern"[211] — zu und erkannte damit die grundsätzliche Möglichkeit der Bürgeraktivität *für* den Staat an[212]. Daß zur freiheitlichen Demokratie

---

[202] NJW 1972 S. 1537 (1540 f.); vgl. auch schon *dens.*, AöR Bd. 92 (1967) S. 212 (226 f.).
[203] *H. H. Rupp*, NJW 1972 S. 1537 (1541); vgl. in diesem Sinne auch die Abweichende Meinung der Richter *Rupp-v. Brünneck* und *Simon* zum Urteil des BVerfG, E 35 S. 79, 148 (161).
[204] Insofern ist die Darstellung von *H. H. Rupp*, NJW 1972 S. 1537 (1540 f.) zu einseitig.
[205] So in der Tat *Hutzelmann*, Diss. S. 7.
[206] Vgl. auch schon *Smend*, VVDStRL 4 (1928) S. 44 (47).
[207] *Tomuschat* S. 130.
[208] *Scheuner*, VVDStRL 22 (1965) S. 1 (20).
[209] Vgl. dazu *Herb. Krüger*, in Festschrift f. Berber S. 247 (267 f.): „Unentbehrlichkeit der Grundrechte für die Hervorbringung des Staates".
[210] *System* S. 94 f. Vgl. auch die Darstellung bei *Schmitt Glaeser* S. 83 f.
[211] *Hans J. Wolff*, Verwaltungsrecht I (8. Aufl.) § 32 IV c 1 (S. 198).
[212] Vgl. auch *Schmitt Glaeser* S. 93 f.

B. Der den Grundrechten zugrundeliegende Freiheitsbegriff

das „Mitgestalten des Staates durch das Volk" gehört, „indem dieses dabei als handelndes Organ unmittelbar durch Wahlen und Abstimmungen, mittelbar durch die Volksvertretung (Repräsentation des Volkes) in Erscheinung tritt"[213], war wohl kaum je bestritten.

Weithin unberücksichtigt bleibt jedoch, daß auch die klassischen Freiheitsrechte des „status negativus" im demokratischen Gemeinwesen ein „aktivbürgerliches Moment"[214] besitzen, das eine qualitative Kennzeichnung dieser Rechte als reine Abwehrrechte zur Sicherung einer staatsfreien Sphäre ausschließt. Das gilt nicht nur für das Grundrecht der freien Meinungsäußerung, dem das Bundesverfassungsgericht[215] — unter allgemeiner Zustimmung[216] — bescheinigt, für eine freiheitlich-demokratische Staatsordnung „schlechthin konstituierend" zu sein. Vielmehr gibt es praktisch kein Grundrecht, das letztlich nicht — unmittelbar oder mittelbar — auch die Voraussetzungen für die notwendige[217] Anteilnahme der Bürger am demokratischen Staat schafft und so das vielzitierte Wort *Smends* vom Grundrecht als „persönliches Berufsrecht des deutschen Staatsbürgers"[218] rechtfertigt.

Die persönlichen und gesellschaftlichen Freiheitsrechte erweisen sich unter diesem Aspekt als „Konnexrechte der politischen Freiheitsrechte"[219]. Das Wahl- und Stimmrecht setzt die Grundrechte der Gewissens-, Meinungs-, Versammlungs- und Vereinigungsfreiheit voraus, da ohne sie ein sinnvoller Gebrauch von der Wahl und Stimmberechtigung nicht gewährleistet ist[220]. Die vom Grundgesetz in Art. 21 als notwendig erachtete Funktion der Parteien als Träger und Mittler eines freien Willensbildungsprozesses setzt für sie einen „Status der Freiheit" voraus[221], wodurch ein „objektiver Funktionszusammenhang"[222] zwischen den Grundrechten (etwa Art. 5, 8 und 9 GG) und der Demokratieentscheidung des Grundgesetzes hergestellt ist. Die notwendige politische Aktivität[223] der Staatsbürger in der Demokratie und ihre Mitwirkung an der Staatswillensbildung durch Parteien, Verbände, öffentliche Mei-

---

[213] *F. Klein*, in v. Mangoldt/Klein, Grundgesetz, Art. 20 Anm. V 1 (S. 593).
[214] *Häberle*, Wesensgehaltgarantie S. 18. Vgl. jetzt auch *Leisner*, DÖV 1975 S. 73 (74 f.).
[215] BVerfGE 7 S. 198 (208). Vgl. auch *Häberle*, AöR Bd. 95 (1970) S. 86 (112 f.) m. w. Nachw. aus der Rspr. des BVerfG.
[216] Vgl. statt vieler *Kriele*, VVDStRL 29 (1971) S. 46 (65 f.); *Schmitt Glaeser* S. 104 f.; *Geiger*, in Demokratie und Verwaltung S. 229 (239/240 f.).
[217] Vgl. *Schmitt Glaeser* S. 101 m. Nachw.
[218] In Staatsrechtliche Abhandlungen S. 309 (318).
[219] Vgl. *Neumann*, ZgesStW Bd. 109 (1953) S. 25 (39).
[220] Vgl. *Häberle*, Wesensgehaltgarantie S. 18.
[221] *K. Hesse*, VVDStRL 17 (1959) S. 11 (27).
[222] *K. Hesse*, ebd. S. 28.
[223] Vgl. *Häberle*, Wesensgehaltgarantie S. 18.

nung, Petitionen[224] (oder auch nur ihre „innerlich-tätige Anteilnahme"[225]) erfordert ein bestimmtes Maß an Sachwissen und verlangt daher „ein Minimum an Volksbildung"[226] (Art. 7 GG), aber auch eine gewisse Freiheit und Unabhängigkeit, die etwa die Grundrechte der Art. 4, 6, 10, 11, 12, 13 u. 14 GG in Beziehung zum Demokratiegebot des Grundgesetzes stellen. „Durch die individuelle Grundrechtsausübung kommt es zu dem freiheitlichen Prozeß, der ein Lebenselement der Demokratie bildet"[227].

Angesichts dieser demokratischen Dimension der Freiheitsrechte bedeutet grundrechtliche „Freiheit ... nicht nur bloß negative Abwehr und Flucht in eine der Verantwortung enthobene staatsfreie Sphäre, sondern lebendige Anteilnahme am Ganzen, Mitgestaltung und Mitverantwortung"[228]. Die Grundrechte, die unter diesem Blickwinkel die „funktionelle Grundlage der Demokratie"[229] bilden, sind damit als Freiheitsrechte zum Schutz einer „natürlichen Handlungsfreiheit" falsch beschrieben.

Zur Klarstellung sei vermerkt, daß diese Auffassung nicht bestreitet, daß die Grundrechte — auch — die Sicherung des privaten Lebens bezwecken und insofern Abwehrcharakter haben[230]. Auch kann nicht bestritten werden, daß die Freiheitsgewährleistungen der Grundrechte in durchaus unterschiedlich intensiver Beziehung zur Demokratieentscheidung des Art. 20 GG stehen[231]. Desungeachtet haben aber auch die klassischen Freiheitsrechte einen aktivbürgerlichen Akzent, der die starre Einteilung der Statuslehre G. Jellineks als unzulässige Funktionsreduzierung grundrechtlicher Freiheit erscheinen läßt[232]. Vollends ist es angesichts der Aufeinanderbezogenheit von grundrechtlicher Freiheit und grundgesetzlicher Demokratie ausgeschlossen, zu einem „antinomischen Verständnis von Freiheit und Staat"[233] zu gelangen. Wenn einerseits die Grundrechte dem einzelnen ermöglichen sollen, mitverantwortlich die grundgesetzliche Demokratie mitzugestalten, so darf andererseits diese Freiheit nicht als staatsfreie Ausgrenzung (miß-)verstanden werden. Grundrechtsausübung ist insofern Demokratieverwirklichung. In die-

---

[224] Vgl. *Kriele*, VVDStRL 29 (1971) S. 46 (65).
[225] *Schmitt Glaeser* S. 101.
[226] *Kriele*, VVDStRL 29 (1971) S. 46 (63).
[227] *Häberle*, Wesensgehaltgarantie S. 18.
[228] *Scheuner*, VVDStRL 22 (1965) S. 1 (20) für die Pressefreiheit.
[229] *Häberle*, Wesensgehaltgarantie S. 17.
[230] Dies betont auch *Häberle*, ebd. S. 20; *Schmitt Glaeser* S. 103. Vgl. auch *Leisner*, DÖV 1975 S. 73 (75 f.).
[231] Vgl. etwa Art. 5 Abs. 1, 8 Abs. 1 GG einerseits und Art. 2 Abs. 2, 6 Abs. 1, 13 Abs. 1 GG andererseits. Vgl. auch *Friesenhahn*, 50. DJT (1974) Bd. II G 1 (G 11).
[232] Gegen diese Jellinekische Statuslehre kritisch auch *Häberle*, Wesensgehaltgarantie S. 18; *Schmitt Glaeser*, Mißbrauch S. 104.
[233] *Hutzelmann*, Diss. S. 6.

B. Der den Grundrechten zugrundeliegende Freiheitsbegriff

sem Sinne ist grundrechtliche Freiheit nicht wertneutrale, sondern wertbezogene und wertverwirklichende Freiheit[234].

---

[234] Dieses Verständnis versteht sich selbstverständlich nicht im Gegensatz zur Auffassung, daß die Grundrechte Freiheitschancen i. S. (staatlich) *nicht* determinierter Handlungsmöglichkeiten eröffnen wollen, sondern setzt sie voraus. Unbegründet ist daher das Bedenken *H. H. Kleins* — Der Staat Bd. 10 (1971) S. 144 (165) — die demokratiebezogene Freiheitsinterpretation impliziere „eine rechtliche Steuerung der Motivation individuellen Verhaltens". Ähnlich auch die Bedenken von *E.-W. Böckenförde*, NJW 1974 S. 1529 (1535).

Viertes Kapitel

Vorbehaltsgesetzgebung und Grundrechtsgesetzgebung

Der Freiheitsbegriff der Grundrechte des Grundgesetzes unterscheidet sich quantitativ und qualitativ von dem des überkommenen Vorbehalts des Gesetzes. Geht man — wie hier[1] — davon aus, daß der Eingriffsvorbehalt untrennbar mit der klassischen Freiheits- und Eigentumsformel verknüpft ist, so steht damit gleichzeitig fest, daß sich in den Grundrechten des Grundgesetzes die traditionelle Vorbehaltslehre nicht bruchlos fortgesetzt hat. Die noch ausstehende Untersuchung zu der Frage, inwiefern das „Gesetzeselement" des Vorbehaltsprinzips in den Grundrechten eine Entsprechung findet, kann demnach jetzt kaum noch vorurteilsfrei im eingangs[2] dargelegten Sinne geführt werden. Die Gegenüberstellung von Vorbehaltsgesetzgebung und Grundrechtsgesetzgebung muß daher darauf bedacht sein, die Unterschiedlichkeit zwischen Vorbehaltsprinzip und Grundrechtsnormen aufzuzeigen, um auf diese Weise die Eigenständigkeit und Eigenart der *grundgesetzlichen* Regelung der Beziehung Freiheit — Gesetz herauszuarbeiten.

A. Die traditionelle Funktionsbestimmung der Gesetzgebung im Freiheits- und Eigentumsbereich

I. Gesetzgebung im Sinn des Eingriffsvorbehalts

Pauschal formuliert, war die Gesetzgebung im Freiheits- und Eigentumsbereich nach traditionellem Verständnis durch ihre Eingriffs- und Schrankenfunktion gekennzeichnet. Beschrieb die Freiheits- und Eigentumsformel die — verfassungsrechtlich abgesicherte — ihrer Idee nach prinzipiell unbegrenzte staatsfreie Individualsphäre, so mußte der Gesetzgebung die „negative"[3] Funktion zukommen, diese Freiheit — zugunsten Gemeinschafts- und Drittinteressen — einzuschränken. Der „Ein-Dimensionalität" des Freiheitsbegriffs entsprach eine eindimensionale Funktionsbestimmung der Vorbehaltsgesetzgebung: Gesetzgebung als staatlicher Eingriff in gesellschaftliche Freiräume. Demgemäß wur-

---
[1] Oben S. 17, 45.
[2] S. 15.
[3] *Schaumann*, JZ 1970 S. 48 (49).

A. Traditionelle Funktionsbestimmung

den nach der Lehre vom Vorbehalt des Gesetzes, wie es *Schaumann* treffend charakterisiert hat, „Gesetzgebung und Freiheit... als selbstverständliche Antithesis gesehen"[4]. Es ist zwar zutreffend, daß der Vorbehalt des Gesetzes der Sicherung von Freiheit und Eigentum der Bürger dienen sollte[5], gleichwohl stand das Gesetz selbst nicht im Dienste der Freiheit. Das Vorbehaltsprinzip realisierte den Freiheitsschutz, indem es eigeninitiierte und in diesem Sinne „willkürliche" *Exekutiv*eingriffe in die Individualsphäre verhinderte. Der unumgängliche *Eingriffs*akt sollte dem Gesetzgeber vorbehalten bleiben. Der freiheitsschützende „Effekt" des Vorbehalts des Gesetzes änderte demnach nichts am Charakter der Vorbehaltsgesetzgebung als *Eingriffs*gesetzgebung. Daß Gesetzgebung auch als Freiheitsverwirklichung denkbar sein könne, lag diesem Verständnis fern. Der Vorbehaltsgesetzgebung blieb es überlassen, die Individualsphäre, wenn nötig, einzuschränken. Demgegenüber war eine inhaltlich an der Freiheit ausgerichtete Gesetzgebung in dem Konzept des Vorbehalts des Gesetzes nicht vorgesehen[6].

Dieses Funktionsverständnis der Gesetzgebung im Individualfreiheitsbereich galt auch, soweit die Freiheiten (des status negativus) verfassungsrechtlich durch Grundrechte verbürgt waren. Dies lag in der oben[7] beschriebenen Auffassung begründet, die zwischen den Freiheitsgrundrechten mit den ihnen beigefügten Vorbehalten für die Gesetzgebung und dem allgemeinen Vorbehalt des Gesetzes weitgehende Inhalts- und Funktionsgleichheit annahm. Die Grundrechte waren daher gegenüber der Gesetzgebung „leerlaufend"[8]. Aber auch soweit — für die Weimarer Verfassung — den Grundrechten eine über den Vorbehalt des Gesetzes hinausgehende Bedeutung beigemessen wurde[9] — so insbesondere von *C. Schmitt*[10] — bleibt es bei der „negativen" Funktionsbestimmung der Vorbehaltsgesetzgebung.

Gerade *C. Schmitt* konnte nach seinem Verständnis der bürgerlichen Grundfreiheiten nur zum Eingriffscharakter der Gesetzgebung kommen. Nach ihm sind alle echten Grundrechte absolute Grundrechte, d. h. sie sind nicht „nach Maßgabe der Gesetze" gewährleistet, ihr Inhalt ergibt sich nicht aus dem

---

[4] JZ 1970 S. 48 (49).
[5] *Erichsen*, StaRuVfgbkt I S. 15; *Papier* S. 15. Zur geschichtlichen Entwicklung oben 1. Kap.
[6] *Schaumann*, JZ 1970 S. 48.
[7] S. 21 f., 28 f.
[8] Ausdruck von *Thoma*, Grundrechte und Polizeigewalt S. 183 (194). Dazu auch *Vogel*, VVDStRL 24 (1966) S. 125 (149 f.).
[9] Vgl. *Thoma*, Grundrechte und Polizeigewalt S. 183 (191 f.); ders., in Nipperdey, Grundrechte I S. 1 (33 f.) Zu *Thomas* Lehre von den „verfassungsgesetzkräftigen", „reichsgesetzkräftigen" und „landesgesetzkräftigen" Grundrechten vgl. *C. Schmitt*, Verfassungslehre S. 179 f.
[10] Verfassungslehre S. 177 f.: Er meint, daß die Grundrechte der bürgerlichen Freiheiten gegen völlige Vernichtung durch einfache Gesetzgebung oder Verfassungsrevision geschützt seien.

4. Kap.: Vorbehaltsgesetzgebung und Grundrechtsgesetzgebung

Gesetz. Vielmehr erscheint der „*gesetzliche Eingriff*... als *Ausnahme* und zwar als prinzipiell begrenzte und meßbare, generell geregelte Ausnahme. Es gehört zu dem grundlegenden Verteilungsprinzip des bürgerlichen Rechtsstaates, daß die Freiheit des Einzelnen vorausgesetzt wird und die *staatliche Beschränkung als Ausnahme* erscheint"[11].

Dieses Funktionsverständnis vom Gesetz als „Ausnahme" zur bürgerlichen Freiheit stellt den Vorbehalt des Gesetzes der Freiheit gegenüber und stempelt die als Konkretisierungen des Eingriffsvorbehalts verstandenen Gesetzesvorbehalte der Grundrechte zu Fremdkörpern im verfassungsrechtlichen Freiheitsbereich. Eine Funktionserweiterung der Gesetzgebung i. S. einer Überwindung des Verständnisses von Gesetzgebung als Eingriffsgesetzgebung vermag diese Konzeption ebensowenig zu leisten, wie sie einen inhaltlichen Bezug von Grundrecht und Gesetzesvorbehalt herstellen kann.

II. Vorbehaltsgesetzgebung im Grundrechtsbereich

Die These von der grundgesetzlichen Positivierung des Eingriffsvorbehalts in den Grundrechten kann sich darauf berufen, daß die traditionelle Lehre zur Vorbehaltsgesetzgebung auch heute noch weithin Anerkennung findet[12].

So vertritt etwa *Herzog* in seiner 1971 erschienenen „Allgemeinen Staatslehre"[13] die Auffassung, der dem Grundrecht beigefügte Gesetzesvorbehalt stelle „eine *Durchbrechung* des grundsätzlich auch den Gesetzgeber bindenden Grundrechts dar, indem er diesen ermächtigt, ... eine Einschränkung oder Verdünnung des Grundrechtsschutzes anzuordnen." *Maunz* lehrt auch noch in der jüngsten Auflage seines Studienbuchs[14], daß die einfache Gesetzgebung den Grundrechten „vorgehe", soweit der einzelne Grundrechtsartikel selbst den Vorbehalt des Gesetzes enthalte. Der einem Grundrecht beigefügte „spezielle Gesetzesvorbehalt" ermächtige den Gesetzgeber „in den eigentlichen Inhalt des Grundrechts selbst einzugreifen und durch einen Akt der Gesetzgebung Schranken für die Betätigung des Grundrechts aufzurichten."

Diese Auffassung, die die Beziehung Grundrecht — Gesetz ganz im klassischen Sinne als Regel-Ausnahmeverhältnis begreift[15], bringt die Vorbehaltsgesetzgebung in den traditionellen Gegensatz zu den Grundrechtsbestimmungen[16]. Die Gesetzesvorbehalte der Grundrechte werden

---

[11] Verfassungslehre S. 166. Hervorhebung von *mir*.
[12] Vgl. dazu auch *Häberle*, Wesensgehaltgarantie S. 126 f.; *E. Hesse* S. 90 f.
[13] S. 377.
[14] § 15 I 2 (S. 117).
[15] Vgl. so auch W. *Jellinek*, Deutsche Rechts-Zeitschrift 1946 S. 4 (5).
[16] Wohl auch *Friedrich Müller*, Grundrechte S. 64: „Die Gesetzesvorbehalte der Grundrechte umschreiben ... die gesamte gesetzgeberische Aktivität *grundrechtsverkürzender* Art." Hervorhebung von *mir*.

als „Schwäche"[17] der grundrechtlichen Freiheitsverbürgungen und als partielle Aufhebung ihres Schutzes empfunden: Der Gesetzesvorbehalt sei „geeignet, das von ihm betroffene Grundrecht erheblich abzuschwächen"[18]. Er bedeute „Stärke und Schwäche" der Grundrechte insofern, als er sie zwar vor gesetzlosen Eingriffen der zweiten und dritten Gewalt schütze, sie aber zugleich dem „Ein- und Zugriff des Gesetzgebers" öffne, sie zur „Disposition der ersten Gewalt" stelle[19]. Die „Eingriffsvorbehalte des Staates" sollen eine „gleichsam von ‚außen' herangetragene Einschränkung der an sich noch unbeschränkten Rechte zulassen"[20]. Die freiheitsbeschränkende Vorbehaltsgesetzgebung diene dabei der Durchsetzung von Gemeinschaftsforderungen gegenüber dem einzelnen[21].

Insgesamt läßt sich die überkommene Auffassung im Tenor so kennzeichnen, daß sie den Sinn der Gesetzesvorbehalte der Grundrechte weitgehend[22] nur darin sieht, Eingriffsermächtigungen oder „Kompetenznormen" für den Gesetzgeber zur Einschränkung vorgegebener Individualsphären abzugeben.

B. Grundrechtsgesetzgebung

Die Festlegung der Grundrechtsgesetzgebung auf Eingriff und Schrankensetzung war (und ist) an dem eindimensionalen Freiheitsbegriff des liberalen Rechtsstaates[23] und dem damit verbundenen Grundrechtsverständnis orientiert. Diese dogmatische Konzeption muß demnach in dem Maße „frag-würdig" werden, wie sich das Freiheits- und Grundrechtsverständnis unter der inhaltsbestimmenden Kraft der staatsgestaltenden Grundnormen verändert hat[24]. Inbesondere drängt sich die Frage auf, ob die im Prinzip antinomische Entgegensetzung von Gesetzgebung und Grundrecht unter der Geltung von Verfassungsnormen aufrecht erhalten werden kann, die den von ihnen konstituierten Staat als demokratisch, sozial und rechtsstaatlich kennzeichnen.

---

[17] *Bettermann* S. 4.
[18] W. *Jellinek*, Deutsche Rechts-Zeitschrift 1946, S. 4 (6).
[19] *Bettermann* S. 4. Vom Standpunkt dieser Auffassung aus erscheint es nur konsequent, wenn *Neumann*, ZgesStW Bd. 109 (1953) S. 25 (37) den Freiheitsrechten der amerikanischen Verfassung aufgrund der „Abwesenheit des sog. Vorbehalts des Gesetzes .... einen stärkeren juristischen Schutz als auf dem Kontinent" zuschreibt.
[20] *Hutzelmann*, Diss. S. 10.
[21] Vgl. dazu näher *Häberle*, Wesensgehaltgarantie S. 133 f.
[22] Zu Ausnahmen *Häberle*, ebd. S. 128 f.
[23] Dazu oben 1. Kap. A.
[24] Vgl. auch den kurzen Hinweis von K. *Hesse*, in Festgabe für Smend, 1962 S. 71 (80, Fn. 31) und die Bemerkung *Baduras*, VVDStRL 30 (1972) S. 327 (330): „Der Einfluß von Demokratie und Sozialstaat ... verändert den Begriff des Gesetzes, den Begriff des Gesetzesvorbehalts." Ähnlich auch *Friesenhahn*, 50. DJT (1974) Bd. II G 1 (G 11).

Eine Funktionsbestimmung der Gesetzgebung im Grundrechtsbereich des Grundgesetzes kann indes nicht freischwebend über den positiven Verfassungsnormen erfolgen. Immerhin erscheint es nicht ausgeschlossen, daß die Formulierungen der Grundrechte eine unüberwindliche Schranke für ein — gegenüber vor-grundgesetzlichen Vorstellungen — verändertes Verständnis der Grundrechtsgesetzgebung darstellen. Keine dogmatische Konzeption de constitutione lata darf schließlich mit dem Wortlaut der Verfassungsnormen unvereinbar sein.

I. Die Unterschiedlichkeit der Grundrechtsformulierungen hinsichtlich ihrer Verweisung auf das Gesetz

Wie schon erwähnt[25] argumentieren die Verfechter der liberalen Grundrechtsdoktrin mit den Formulierungen der Grundrechte, die Zeugnis für die Kontinuität der Grundrechtsdogmatik ablegen sollen[26]. Überraschen müßte deshalb, daß sich die überkommene Festlegung der Funktion der Gesetzesvorbehalte der Grundrechte auf Ermächtigungen des Gesetzgebers zu Eingriffen und Schrankensetzung nur begrenzt auf den Wortlaut der Verfassungsbestimmungen berufen kann. Die Gesetzesvorbehalte der Grundrechte beziehen sich nämlich in „terminologisch sehr unterschiedlicher Weise"[27] auf die Aktivität des Gesetzgebers. Vom „Eingriff" des Gesetzgebers ist ausdrücklich nur in Art. 2 Abs. 2 Satz 2 und Art. 13 Abs. 3 GG die Rede. Als vom Wortsinn synonyme Begriffe könnten etwa die Termini „Enteignung" (Art. 14 Abs. 3 Satz 1 GG) oder die Vergesellschaftung des Art. 15 GG[28] angeführt werden.

Zweifelhaft ist jedoch schon die Wortbedeutung der von den Gesetzesvorbehalten häufig verwendeten „Schranken"-Termini[29]. Der Ausdruck „Schranke" ist insofern doppeldeutig, als er eine „von außen" in das Grundrecht „hinein"-getragene, gleichsam „nachträgliche" Schranke[30], d. h. einen echten Eingriff in das als vorgegebene Größe gedachte Grundrecht kennzeichnen[31], aber andererseits auch eine solche „Schranke" meinen kann, die das Grundrecht von vornherein inhaltlich begrenzt[32]. Im letzteren Sinne wird der Ausdruck „Schranke" etwa

---

[25] 3. Kap. B. III. 2.
[26] Vgl. dazu auch E. Hesse S. 98 f. (Fn. 217).
[27] *Bachof*, in Die Grundrechte III/1 S. 155 (207).
[28] Vgl. *Bachof*, ebd. S. 208 und Fn. 203; *Lerche*, Übermaß S. 106.
[29] „Schranke (n)" (Art. 5 Abs. 2, 14 Abs. 1, Satz 2 GG); „Beschränkungen" (Art. 10 Abs. 2, Art. 104 Abs. 1 GG); „beschränkt" (Art. 8 Abs. 2, Art. 104 Abs. 1 GG) oder „eingeschränkt" (Art. 11 Abs. 2, 17 a GG).
[30] So *Hutzelmann*, Diss. S. 10.
[31] So *Bachof*, in Die Grundrechte III/1 S. 155 (208, Fn. 203) für Art. 8 Abs. 2, Art. 10 Satz 2 (scil.: a. F.), 11 Abs. 2, 13 Abs. 3 GG. Ebenso *Lerche*, Übermaß S. 106.
[32] So *Bachof*, ebd. S. 208, Fn. 204 und 205 für Art. 5 Abs. 2 und 14 Abs. 1 GG.

B. Grundrechtsgesetzgebung

im Zusammenhang mit dem Begriff der „immanenten Schranken" verwendet[33].

Weiter verwendet das Grundgesetz auch noch „eingriffs- und schrankenneutrale" Begriffe wie den der gesetzlichen „Regelung"[34], oder „Bestimmung"[35].

Schließlich finden sich auch noch Gesetzesvorbehalte, die ihrem Wortsinn nach die inhaltliche Konkretisierung des Grundrechts durch den Gesetzgeber voraussetzen, wie z. B. deutlich Art. 14 Abs. 1 Satz 2 GG („Inhalt und Schranken werden durch die Gesetze bestimmt")[36]. Aber auch Art. 9 Abs. 2 GG („Vereinigungen deren Zwecke, oder deren Tätigkeit den Strafgesetzen zuwiderlaufen..., sind verboten") könnte hierzu gezählt werden.

Man könnte meinen, daß die höchst differenzierte Gesetzesvorbehaltsterminologie an eine Unterscheidung der Grundrechte wie die zwischen klassischen „liberalen" Freiheitsrechten und „politischen" Freiheitsrechten anknüpft, wie sie etwa *C. Schmitt* vorgenommen hat[37] und gerade darin die Bestätigung der traditionellen Lehre sehen.

C. Schmitt zählt zu den „echten Grundrechten"[38], bei denen das „fundamentale Verteilungsprinzip des bürgerlichen Rechtsstaates" von der prinzipiell unbegrenzten Freiheitssphäre des einzelnen und einer prinzipiell begrenzten staatlichen Eingriffsmöglichkeit gilt[39], nur entweder solche Freiheitsrechte, bei denen „das einzelne Individuum isoliert betrachtet"[40] ist („individualistische Freiheitsrechte")[41], also: „Gewissensfreiheit, persönliche Freiheit (besonders Schutz vor willkürlichen Verhaftungen), Unverletzlichkeit der Wohnung, Briefgeheimnis und Privateigentum", oder „Rechte des Einzelnen in Verbindung mit anderen Einzelnen... solange der Einzelne nicht aus dem unpolitischen Zustand des bloß Gesellschaftlichen heraustritt und nur die freie Konkurrenz und die freie Diskussion der Einzelnen anerkannt werden soll". Zu den letzteren gehören: „Freiheit der Meinungsäußerung mit Redefreiheit und Preßfreiheit, Kultfreiheit, Versammlungsfreiheit, Vereinsfreiheit und Vereinigungsfreiheit"[42].

---

[33] Vgl. *F. Klein*, in v. Mangoldt/Klein, Grundgesetz, Vorbem. B XV 2 a vor Art. 1 (S. 124); *Knies* S. 101; *Scholtissek*, NJW 1952 S. 561 (562); *Graf*, Diss. S. 3 m. w. Nachw.
[34] Art. 4 Abs. 3 Satz 2 GG: „Das Nähere regelt ein Bundesgesetz"; Art. 12 Abs. 1 Satz 2 GG: „... kann durch Gesetz oder aufgrund eines Gesetzes geregelt werden"; Art. 12 a Abs. 2 Satz 3 GG: „Das Nähere regelt ein Gesetz". Zur Ausdeutung der Regelungsbefugnis des Art. 12 Abs. 1 GG ausführlich *Lerche*, Übermaß S. 107 f.: Keine Eingriffsermächtigung, sondern „Prägungsrecht" des Gesetzgebers in Parallele zu Art. 14 Abs. 1 Satz 2 GG.
[35] Art. 38 Abs. 3 GG: „Das Nähere bestimmt ein Bundesgesetz".
[36] Vgl. auch *Lerche*, Übermaß S. 107.
[37] Verfassungslehre S. 164 f. Vgl. kritisch zu dieser Unterscheidung *Ehmke*, Grenzen der Verfassungsänderung S. 39 f.
[38] Verfassungslehre S. 164.
[39] Ebd. S. 164, 166.
[40] Ebd. S. 165.
[41] Ebd.
[42] Ebd.

4. Kap.: Vorbehaltsgesetzgebung und Grundrechtsgesetzgebung

Aber auch bei diesen Grundrechten (des GG), bei denen die Gesetzgebung — da die geschützte Freiheit als eine vorgegebene, prinzipiell unbegrenzte Freiheit gedacht wird — auf eine Eingriffs- und Schrankenfunktion reduziert sein müßte, finden sich Vorbehaltsbestimmungen, die ihrem Wortlaut nach zu gesetzlichen Eingriffen (z. B. Art. 13 Abs. 3 GG) ermächtigen, wie auch solche, die das Grundrecht gesetzlicher Konkretisierung übergeben (Art. 14 Abs. 1; 9 Abs. 2 GG). Von dem Wortlaut ihrer Vorbehaltsbestimmungen her lassen die Grundrechte daher keinesfalls den Schluß auf eine einseitige Eingriffs- und Schrankenfunktion der Gesetzgebung im Grundrechtsbereich zu[43]. Eher deutet die starke Differenzierung in den Formulierungen der Gesetzesvorbehalte auf eine Mehrfunktionalität der Gesetzgebung im Grundrechtsbereich hin.

Der Wortlaut der Vorbehaltsbestimmungen, für sich genommen, läßt damit letztlich die Frage offen, welche Funktion(en) der Gesetzgebung im Grundrechtsbereich zukommt(en). Gerade deshalb ist aber das Ergebnis der Wortlautexegese mehr als die Bestätigung der Erkenntnis der semantischen Mehrdeutigkeit der gesetzgeberischen Sprache[44]. Es bedeutet nämlich, daß die Grundrechte, auch ausweislich der Formulierungen ihrer Gesetzesvorbehalte nicht notwendig in der Tradition liberaler Grundrechtsdogmatik gedeutet werden müssen. Sie sind vielmehr weithin auch gegenüber veränderten dogmatischen Vorstellungen „offen". Damit besteht gleichzeitig der Zwang, auch die Bedeutung der Grundrechtsgesetzgebung „grundgesetzspezifisch" zu ermitteln.

II. Die grundsätzliche Bedeutung der Gesetzgebung für die Grundrechte nach dem Grundgesetz

Gesetzgebung als Grundrechtsverwirklichung und Grundrechtsausführung

Eine in erster Linie nicht an traditionellen Vorstellungen, sondern am Grundgesetz ausgerichtete Sinnermittlung der grundrechtsbezogenen Gesetzgebung kann nicht ignorieren, daß sich das Verständnis grundrechtlicher Freiheit wesentlich verändert hat. War die einseitige Eingriffs- und Schrankenfunktion der Grundrechtsgesetzgebung notwendige Konsequenz des eindimensional-antistaatlich verstandenen Freiheitsbegriffs des liberalen Rechtsstaats, so muß der „neue", vom sozialen (und demokratischen) Rechtsstaat her bestimmte Freiheitsbegriff der grundgesetzlichen Freiheitsrechte das Funktionsverständnis der Gesetzgebung notwendig beeinflussen.

---

[43] Vgl. auch *Bachof*, in Die Grundrechte III/1 S. 155 (208).
[44] Dazu mit umfangreichen Nachw. *Tomuschat* S. 66 f.

B. Grundrechtsgesetzgebung

Bereits oben[45] wurde darauf hingewiesen, daß heute angesichts der *sozialen Wirklichkeit* die Autonomie der individuellen Persönlichkeit nur mit Hilfe des Staates gewahrt werden kann[46]. Die Freiheit des einzelnen bedarf des staatlichen Schutzes sowohl im „klassischen", also im rein gesellschaftlichen Bereich[47] — etwa vor übermächtigen sozialen Gruppen[48] — als auch anderer leistungsstaatlicher Aktivitäten, die in weitem Umfang erst die tatsächlichen Voraussetzungen für reale Freiheitschancen schaffen[49].

Das *Grundgesetz* steht dieser sozialen Wirklichkeit nicht in normativer Neutralität beziehungslos gegenüber. Der soziale Rechtsstaat ist dadurch gekennzeichnet, daß er individuelle Freiheit nicht nur als gesellschaftsautonome Sphäre respektiert, sondern individuelle Freiheit auch als seine Aufgabe versteht[50]. Geht man davon aus, daß die Verfassung als eine materiale Einheit zu verstehen ist, demzufolge auch die grundgesetzlichen Bekenntnisse zum Sozialstaat und zu den Grundrechten als wechselseitig aufeinander bezogene Aussagen aufzufassen sind, dann wachsen die Grundrechte aus ihrer einseitigen Defensivposition heraus. Der Sozialstaatsgrundsatz, der heute praktisch unbestritten als „Staatszielbestimmung"[51] verstanden wird[52], d. h. als staatliche *Pflicht* „für eine gerechte Sozialordnung zu sorgen"[53], wird durch die Grundrechte bereits auf Verfassungsebene konkretisiert. Die Grundrechte füllen — gleichsam als verfassungsrechtliche Determinanten dieses Grundsatzes — den globalen Sozialauftrag der Art. 20 Abs. 1, 28 Abs. 1 GG mit (Verfassungs-) Inhalt. Daher können die Grundrechte im Ergebnis zutreffend als „Gemeinwohlgüter"[54] bezeichnet werden, die als verfassungsrechtliche Sozialaufträge zu staatlicher Aktivität aufrufen[55].

---

[45] 3. Kap. B. III. 2.
[46] Vgl. auch *Häberle*, in Festschrift für G. Küchenhoff S. 453 (466); *Friesenhahn*, 50. DJT (1974) Bd. II G 1 (G 11).
[47] Vgl. auch *Scheuner*, AöR Bd. 95 (1970) S. 353 (402).
[48] Vgl. auch BVerfG E 33 S. 125 (160).
[49] Angesichts der Tatsache, daß der Staat heute einen bedeutenden Teil des Bruttosozialproduktes unmittelbar verwaltet, reichen die Aussagen des Bundesverfassungsgerichts E 33 S. 303 (330 f.); 34 S. 79 (115) über den Hochschulbereich hinaus.
[50] Vgl. oben 3. Kap. B. III. 2. und *Friauf*, DVBl. 1971 S. 674 (676 f.); *Häberle*, DÖV 1972 S. 729 f.; *E. Hesse* S. 75 f.
[51] Zum Begriff insbesondere *Scheuner*, in Festschrift für Forsthoff S. 325 (330 f.).
[52] Vgl. *Scheuner*, ebd. S. 328 f.; *Achterberg*, DÖV 1973 S. 289 (298); *Erichsen*, StaRuVfgbkt I S. 72 m. w. Nachw.
[53] BVerfG E 22 S. 180 und S. 204; ebenso schon BVerfG E 1 S. 97 (105). Vgl. auch *Menzel*, DÖV 1972 S. 537 (542); *Martens*, VVDStRL 30 (1972) S. 7 (31); *Ossenbühl*, Verwaltungsvorschriften S. 234 f. m. w. Nachw.
[54] *Häberle*, AöR Bd. 95 (1970) S. 86 (112).
[55] Grundrechte als „Direktiven für die Sozialgestaltung": *Häberle*, in Festschrift für G. Küchenhoff S. 453 (456). Vgl. dens., Öffentliches Interesse S. 356: Grundrechte als „'Staats'zielbestimmungen".

Sie entfalten das staatlich zu erfüllende Sozialprogramm. Angesichts dieser Verfassungssituation ist die vom Staat bewahrte oder erst geschaffene Freiheit nicht etwa Geschenk eines sich sozial gebärdenden Staates, sondern in Erfüllung sozialstaatlicher Verpflichtungen geleistete grundrechtliche Freiheit.

Gibt der vom Grundgesetz konstituierte Staat als sozialer Rechtsstaat seine einseitige Frontstellung gegen die Freiheit auf, so muß sich diese Erkenntnis in der Funktionsbestimmung der Grundrechtsgesetzgebung niederschlagen. Die grundrechtlichen Gesetzesvorbehalte vertrauen dem Gesetzgeber nicht die grundrechtliche Freiheit an, damit dieser sie „abschwäche" oder „verkürze", vielmehr teilt sich die sozialstaatliche „Grundrechtspflicht" dem Gesetzgeber über die Gesetzesvorbehalte mit[56]. Sie enthalten die Bestimmungen, die die Grundrechtsnormen als soziale Verfassungsaufträge in kompetenzrechtlicher Hinsicht ergänzen[57]. Sie ermächtigen den Gesetzgeber, die Grundrechte sozialstaatlich zu verwirklichen[58]. Wenn demnach der Gesetzgeber, in Erfüllung der grundrechtlichen Verfassungsaufträge und gestützt auf die in den Gesetzesvorbehalten der Grundrechte enthaltenen Ermächtigungen im Grundrechtsbereich tätig wird, so kann diese Gesetzgebung nicht als prinzipiell anti-freiheitlich beschrieben werden. Vielmehr erhält die Grundrechtsgesetzgebung *von der Verfassung* eine prinzipiell freiheitserhaltende und -schaffende, eine „grundrechtseffektivierende" Bedeutung. Gesetzgebung im Grundrechtsbereich hat eine „positive" Funktion[59]: die der Grundrechtsverwirklichung[60].

Ein Grundrechtsverständnis, das die in den Grundrechten gewährte Freiheit nicht prinzipiell antistaatlich und der von den Grundrechten

---

[56] Vgl. jetzt auch in erfreulicher Klarheit BVerfG E 33 S. 125 (160): „Solche Gefahren, die der Freiheit des Einzelnen durch die Macht gesellschaftlicher Gruppen drohen, vorzubeugen und die Interessen von Minderheiten und zugleich der Allgemeinheit zu wahren, gehört mit *zu den Funktionen des Gesetzesvorbehalts*" (Hervorhebung von *mir*). Unter diesem Aspekt zustimmend *Häberle*, DVBl. 1972 S. 909 (912).

[57] Vgl. auch *Häberle*, in Festschrift für *G. Küchenhoff* S. 453 (456): „Gesetzesvorbehalt als verfahrensrechtlicher Leistungsvorbehalt."

[58] Vgl. demgegenüber *Martens*, VVDStRL 30 (1972) S. 7 (39/40 Leitsatz 6): „Die den betroffenen Freiheitsrechten (Art. 2, 12, 14 GG) beigefügten Gesetzesvorbehalte erlauben dem Gesetzgeber, seine gesellschafts-, wirtschafts-, und sozialpolitischen Ziele auch durch Regelungen im Grundrechtsbereich zu verfolgen. Dabei kommt dem Sozialstaatsprinzip eine besondere Bedeutung als Vehikel legitimer öffentlicher Interessen zu". Die so vorgetragene Auffassung ist zumindest falsch akzentuiert. Sie verkennt einerseits, daß die Grundrechte selbst verfassungsrechtlich normierte soziale Aufträge an den Staat enthalten und andererseits, daß die Gesetzesvorbehalte zunächst im Dienste der betreffenden Grundrechte selbst stehen.

[59] Vgl. auch *K. Hesse*, Verfassungsrecht S. 127.

[60] Vgl. auch *Rupp*, AöR Bd. 92 (1967) S. 212 (227).

B. Grundrechtsgesetzgebung

ausweislich ihrer Gesetzesvorbehalte vorausgesetzten oder sogar geforderten Grundrechtsgesetzgebung prinzipiell grundrechtsverwirklichende Funktion zuschreibt, muß sich mit dem Vorwurf auseinandersetzen, den Sinn der geltenden Verfassungsordnung zu verfehlen[61]. Die Einsicht, daß „ohne Staat und Gesetz keine reale Freiheit existieren kann", so wird vorgetragen, dürfe „nicht den Blick dafür verdunkeln, daß Freiheit und Gesetz auch *gegen*einander stehen"[62] könnten. Die Bedrohung der Freiheit durch die Macht der Gesetzgeber sei „eine vom Grundgesetz erkannte und in Rechnung gestellte Realität des parlamentarisch regierten Parteienstaates"[63]. Das zeige sich in der vor Art. 1 Abs. 3, 20 Abs. 3 GG normierten Bindung des Gesetzgebers an die verfassungsmäßige Ordnung, in der Anerkennung eines allgemeinen richterlichen Prüfungsrechts, und in der Normenkontrollbefugnis des Bundesverfassungsgerichts. Die „rechtsstaatliche Skepsis des GG gegenüber dem Gesetzgeber" begründe die „Notwendigkeit eines Denkens, das sich auch der Antinomien jener Beziehung bewußt bleibt"[64]. Immerhin gehöre das grundrechtswidrige Gesetz in gewissem Sinn zur „Normalität" des heutigen Rechtsstaates[65]. Gerade das Eingriffsdenken gewähre daher den optimalen Freiheitsschutz[66].

An dieser Auffassung ist sicher richtig, daß die Grundrechte Freiheit auch *gegen* einen — vor allem wegen historischer Erfahrungen[67] — potentiell freiheitsgefährdenden Gesetzgeber sichern sollen. Daher bieten die Grundrechte als subjektive öffentliche Rechte von unmittelbarer Geltungskraft (Art. 1 Abs. 3 GG) dem Bürger Abwehransprüche, die er — insbesondere aufgrund der Rechtsschutzgarantien der Art. 19 Abs. 4 und 93 Abs. 1 Ziff. 4 a GG — gegen grundrechtsverletzende Akte der öffentlichen Gewalt und auch gegen den Gesetzgeber geltend machen und durchsetzen kann.

Daß das grundrechtsverletzende, also verfassungswidrige Gesetz in denkbar krassem Widerspruch zur verfassungsrechtlich gewährleisteten Freiheit steht, ist nicht zu leugnen. Fraglich ist indes, ob sich die Betrachtung der Grundrechtsgesetzgebung in diesem Aspekt erschöpfen darf. *K. Hesse* hat darauf aufmerksam gemacht, daß die optimale Entfaltung der normativen Kraft der Verfassung einer vom „Willen zur

---

[61] Vgl. *Knies* S. 36 f., der im Verlaufe seiner Kritik an Häberle zur Beachtung des „geltenden Verfassungsrechts" aufruft (S. 49).
[62] *Knies* S. 45.
[63] *Knies* S. 46. Ähnlich auch *H. H. Klein*, Grundrechte im demokratischen Staat S. 64.
[64] *Knies* S. 46/47.
[65] *Knies* S. 48.
[66] *Graf*, Diss. S. 55.
[67] Vgl. dazu *Rupp*, AöR Bd. 92 (1967) S. 212 (225/226); *Häberle*, Wesensgehaltgarantie S. 163, 204.

Verfassung" getragenen Verfassungspraxis bedarf[68]. Aus dieser Sicht muß die auf die Grundrechte bezogene Gesetzgebung betrachtet werden. Um ihrer selbst willen bedürfen die Grundrechte einer *verfassungsmäßigen* Normverwirklichung. Da sich die Gesetzesvorbehalte der Grundrechte durchaus auf die grundrechtsgemäße Gesetzgebung beziehen, vermag ein „positives" Funktionsverständnis der Grundrechtsgesetzgebung einen Widerspruch zum Sinn der Verfassungsordnung nicht begründen.

Gewiß ist es zutreffend, daß die Grundrechte und auch die ihnen beigefügten Gesetzesvorbehalte eine rechtsstaatliche Bindung und Begrenzung des (der) parlamentarischen Gesetzgeber(s) bezwecken wollen. Gegenüber der herkömmlichen Grundrechtsauffassung, die in dieser die wesentliche, wenn nicht die einzige Funktion der Grundrechtsbestimmungen erblickt[69], verlieren die Grundrechte jedoch nicht dadurch an Bindungswirkung, daß man sie als Sozialaufträge an den Gesetzgeber begreift und die grundrechtlichen Gesetzesvorbehalte — bei notwendiger Differenzierung — als entsprechende Ermächtigungen an den Gesetzgeber. Gerade auf die erläuterte Funktion der Gesetzgebung als Grundrechtsverwirklichung sind die Grundrechte in so hohem Maße angewiesen[70], daß es schlechthin ausgeschlossen erscheint, das — von der Verfassung statuierte — Verhältnis von Gesetzgebung und grundrechtlicher Freiheit als prinzipiell antinomisch, Gesetzgebung als grundsätzlich freiheitsgefährdend oder freiheitsmindernd anzusehen. Darüber hinaus erscheint es angesichts der notwendigen Zusammenschau der Grundrechte mit den Verfassungsfestlegungen auf den Sozial- und Rechtsstaat unzulässig, den Grundrechten die Funktion absprechen zu wollen, die Leerformel des Sozialstaats inhaltlich aufzufüllen und damit (rechtsstaatlich) meßbar zu machen.

Die Auffassung von der grundrechtsbezogenen Gesetzgebung als Eingriffs- und Schrankengesetzgebung ist nicht nur Ausfluß der Freiheitsauffassung, die grundrechtliche Freiheit als prinzipiell unbegrenzte und allumfassende Freiheit „vom" Staat, sondern darüber hinaus auch als „natürliche" i. S. von autonomer, gleichsam „fertiger" Freiheit versteht, die grundsätzlich keiner staatlichen Organisation mehr bedarf, um wirksam zu sein[71]. Der bereits angesprochene Glaube an die Autarkie der freien gesellschaftlichen Kräfte findet in dieser Auffassung seine unmittelbare grundrechtsdogmatische Ausprägung. Die Formulierung:

---

[68] Die normative Kraft der Verfassung S. 14.
[69] So auch wohl *Knies* S. 45 f., 48/49.
[70] Vgl. auch *Häberle*, Wesensgehaltgarantie S. 185.
[71] Von dieser Auffassung sind wohl auch die Äußerungen H. H. *Kleins*, Grundrechte im demokratischen Staat S. 70 beeinflußt.

B. Grundrechtsgesetzgebung

„Die Freiheit braucht nun einmal keine ‚Ausführungsgesetze'"[72], ist die prägnante und repräsentative Beschreibung jener Meinung, die eine gesetzliche inhaltliche Gestaltung der Grundrechte nicht nur für nicht notwendig, sondern auch als eher abträglich für grundrechtliche Freiheit hält[73]. Die Vorstellung von der Freiheit als ein tatsächliches gesellschaftliches und dem Staat vorgegebenes Phänomen muß einerseits staatliche Abstinenz im grundrechtlichen Bereich als freiheitsfördernd und andererseits gesetzliche Ausführung der Grundrechte als wesensfremd für die Freiheit empfinden. Gerade wegen dieses vorgegegebenen „fertigen" Charakters der Freiheit sollen die Grundrechte „Abwehr"-rechte gegen staatliche, d. h. auch gesetzgeberische Gestaltung dieser Freiheit sein. Die Gesetzesvorbehalte müssen demnach konsequent dahin verstanden werden, die — zugunsten des „Gemeinwohls" — noch zugestandenen staatlichen Handlungen im grundrechtlichen Freiheitsbereich auf das Unumgängliche zu begrenzen, indem man sie an ausdrückliche gesetzliche Ermächtigungen bindet.

Nur vordergründig spricht für diese dogmatische Konzeption Art. 1 Abs. 3 GG, nach dem die Grundrechte alle staatliche Gewalt „binden" und „unmittelbar geltendes Recht" sind[74]. Mit dieser Vorschrift ist allerdings unbestreitbar ausgesprochen, daß die Grundrechte für den Gesetzgeber verbindlich sind und auch ohne „ausführende" Gesetze unmittelbar in Anspruch genommen werden können[75]. Der Bürger kann die grundrechtlichen (Abwehr-)Ansprüche geltend machen, auch ohne daß es dazu vorgängiger gesetzgeberischer Akte bedürfte und er kann sich auf diese Ansprüche u. U. mit Hilfe der Verfassungsbeschwerde auch gegen grundrechtsausführende Gesetzgebung berufen und damit die Bindung der Gesetzgebung an die Verfassung überprüfen lassen[76].

Eine andere Frage ist aber, ob Art. 1 Abs. 3 GG Ausdruck eines Grundrechtsverständnisses ist, das grundrechtliche Freiheit nur noch als umgrenzungs- nicht aber mehr als durch staatliche Handlungen gestaltungs- und entwicklungsfähig versteht und daher gegen eine „Realisation" der Grundrechte durch den Gesetzgeber, d. h. gegen die gesetzgeberische Umsetzung der Grundrechte in die soziale Wirklichkeit spricht.

---

[72] *Dürig*, in Maunz/Dürig/Herzog, Grundgesetz Art. 2 I Rdnr. 5 Fn. 1 (S. 6). Soweit *D.* damit (auch) zum Ausdruck bringen will, daß das in Art. 2 Abs. 1 GG enthaltene Abwehrrecht auch ohne gesetzliche Ausgestaltung den Charakter eines subjektiven öff. Rechts haben kann, ist ihm zuzustimmen.
[73] In diesem Sinne etwa *H. H. Klein*, Grundrechte im demokratischen Staat S. 71 f.
[74] Vgl. auch *Schaumann*, in Mélanges Marcel Bridel S. 491 (493).
[75] Insofern zutreffend *F. Klein*, in v. Mangoldt/Klein, Grundgesetz Vorbem. B VII 2 vor Art. 1 (S. 102).
[76] Vgl. auch *Häberle*, Wesensgehaltgarantie S. 202.

4. Kap.: Vorbehaltsgesetzgebung und Grundrechtsgesetzgebung

Mit der von Art. 1 Abs. 3 GG apostrophierten „unmittelbaren Geltung" der Grundrechte ist zunächst — wie nicht näher erörtert werden braucht — ihr rechtstechnischer Anspruchscharakter angesprochen und ihre Abhebung von den (teilweise) „Nur-Programmsätzen" der Weimarer Reichsverfassung betont. Berücksichtigt man aber darüber hinaus, daß die Grundrechte sich nicht darin erschöpfen, Abwehrrechte gegen einen potentiell freiheitsgefährdenden Staat zu liefern, so ist zu bedenken, ob nicht auch die von Art. 1 Abs. 3 GG hervorgehobene „Geltung"[77] der Grundrechte mehr als nur deren Anspruchscharakter meint und allgemeiner das grundsätzliche Problem der normativen Wirksamkeit dieser grundgesetzlichen Vorschriften angesprochen ist[78]. Geht man davon aus, daß die Geltung von Verfassungsnormen die Umsetzung des von ihnen normierten Zustandes in die soziale Wirklichkeit intendiert[79], und daß die von den Grundrechten gemeinte Freiheit nicht als utopische „natürliche" Freiheit[80], sondern als tatsächliche Lebens- und Freiheitschance gewollt ist[81] und die Grundrechte (auch) als Konkretisierungen des Sozialstaatsgebots aufzufassen sind, so kann ihre Geltung kaum durch weitestmögliche Abstinenz des Staates im Grundrechtsbereich erreicht werden.

K. Hesse[82] hat überzeugend deutlich gemacht, daß die von den Grundrechten gewollte „reale" Freiheit nur als rechtliche Freiheit, d. h. in den Grenzen des Rechts gewährte und durch das Recht geschützte Freiheit denkbar ist. Freiheit hat nur „als etwas rechtlich Begrenztes, aber in diesen Grenzen Geschütztes, die Chance ... wirklich zu werden"[83]. „Freiheitliches" Recht wird damit zum Garant und zur Bedingung der grundrechtlichen Freiheit i. S. individueller Lebens- und Freiheitschancen[84]. Das bedeutet: Grundrechtliche Freiheit ist abhängig von der Existenz rechtlich verfaßter und durch das Recht freiheitlich geordneter Lebensbereiche, die die Möglichkeit zur individuellen Selbstgestaltung und -entfaltung bieten[85]. Nur durch die Erstellung einer freiheitlichen Gesamtordnung kann der Rechtsstaat letztlich die Gewähr für die Entfal-

---

[77] Zum rechtstheoretischen „Geltungs-"Problem vgl. etwa *Larenz* S. 178 f. Insbesondere zur Frage der juristischen Geltung von Verfassungsprinzipien *Göldner* S. 30 f. m. Nachw.
[78] Vgl. ähnlich *Häberle*, Wesensgehaltgarantie S. 109.
[79] *K. Hesse*, Die normative Kraft der Verfassung S. 8 f.
[80] Vgl. *K. Hesse*, in Festgabe für Smend, 1962 S. 71 (85).
[81] *Häberle*, DÖV 1972 S. 729 (731): „Grundrechte sind Normierungen nicht nur rechtlichen Dürfens, sondern auch *tatsächlichen Handeln-Könnens*".
[82] In Festgabe für Smend, 1962 S. 71 (85 f.). Dagegen *H. H. Klein*, Grundrechte im demokratischen Staat S. 61.
[83] *K. Hesse*, in Festgabe für Smend, 1962 S. 85.
[84] Vgl. auch *Rupp*, AöR Bd. 92 (1967) S. 212 (230).
[85] Vgl. auch *Wintrich*, in Festschrift für Laforet S. 227 (232) und *Rupp*, ebd. S. 232.

B. Grundrechtsgesetzgebung

tung persönlicher Freiheit bieten[86]. Freiheitliche rechtliche Regelungen sind damit die wesentliche Voraussetzung zur Erfüllung des normativen Auftrags der Grundrechte und damit letztlich für ihre „Geltung". Häberle hat diesen Zusammenhang mit der instruktiven Formel beschrieben, daß „Freiheit und Recht ... zwei Begriffe (sind), die *ineinanderstehen*". Recht sei im freiheitlichen Sozialstaat freiheitliches Recht, sei Voraussetzung und Erscheinungsform der Freiheit zugleich[87].

Die Grundrechte selbst können die Errichtung einer freiheitlichen Rechtsordnung als Voraussetzung individueller Freiheit nur begrenzt leisten[88]. Als Verfassungsnormen mit notwendiger begrifflicher Weite und Offenheit[89] sind sie nicht nur verbindliche Festlegungen des Verfassungsgebers, sondern gleichzeitig immer auch „Entwurf" einer erst (und stets neu) zu verwirklichenden Ordnung[90]. Entgegen der immer wieder im Zusammenhang mit der Deutung des Art. 1 Abs. 3 GG geäußerten Auffassung[91], sind Grundrechte daher nicht ausschließlich „Programmsätze" oder „aktuell geltendes Recht", sondern stets beides gleichzeitig[92]. Als — allerdings verbindliche — „Programmsätze" bedürfen die Grundrechte der Konkretisierung[93] und „Ausführung" durch rechtliche Regelungen, die das Freiheitsprogramm der Grundrechte realisieren[94]. Der die Grundrechte ausgestaltende Gesetzgeber gibt diesen nicht nur „die in einer sozialen Rechtsgemeinschaft erforderliche Konturenschärfe"[95], sondern schafft auch die Normenkomplexe, die die Lebensform der rechtlich verfaßten Freiheit darstellen. Ohne die rechtlichen Detailregelungen, die als rechtlicher „Unterbau"[96] den Grundrechten erst zu ihrer Geltung als oberste Leitsätze einer einheitlichen Gesamtordnung verhelfen, blieben diese Verfassungsnormen letztlich „in einer ‚Idealhöhe' nur formaler Geltung"[97]. Sie wären außerstande auf die soziale Wirklichkeit einzuwirken — und insofern zu „gelten".

Das Gesetz, das in diesem Sinne das Ingeltungsetzen der Grundrechte bewirkt, kann nach alledem nicht als der grundrechtlichen Freiheit

---

[86] Vgl. K. *Hesse*, in Festgabe für Smend, 1962 S. 87 f.
[87] Wesensgehaltgarantie S. 225 (Hervorhebung von *mir*).
[88] A. A. H. H. *Klein*, Grundrechte im demokratischen Staat S. 70.
[89] Vgl. K. *Hesse*, Verfassungsrecht S. 11 f., 16 f.
[90] Vgl. auch v. *Pestalozza*, Der Staat Bd. 2 (1963) S. 425 (426 f.).
[91] Vgl. etwa F. *Klein*, in v. Mangoldt/Klein, Grundgesetz, Vorbem. B VII 2 vor Art. 1 (S. 102); *Kempf*, JuS 1972 S. 701 (706); v. *Mutius*, VerwArch Bd. 64 (1973) S. 183 (193). H. H. *Klein*, Grundrechte im demokratischen Staat S. 65. Zu dieser Auffassung (kritisch) *Rupp*, AöR Bd. 92 (1967) S. 212 (213 f.).
[92] Vgl. auch *Wintrich*, in Festschrift in Laforet S. 227 (229); *Göldner* S. 31.
[93] Vgl. auch *Majewski* S. 42; *Grabitz*, DVBl. 1973 S. 675 (682).
[94] Vgl. dazu auch *Wintrich*, in Festschrift f. Laforet S. 227 (229); *Häberle*, Wesensgehaltgarantie S. 184 f.; E.-W. *Böckenförde*, NJW 1974 S. 1529 (1534).
[95] H. H. *Rupp*, AöR Bd. 92 (1967) S. 212 (227).
[96] *Häberle*, Wesensgehaltgarantie S. 184.
[97] *Häberle*, ebd. S. 185.

wesensfremd und als „von außen" an das Grundrecht herangetragener Eingriff, sondern muß vielmehr als *Ausführung* der durch die Grundrechte strukturierten Verfassungsrechtsordnung verstanden werden[98]. Die Gesetze, die die Aufgabe der erforderlichen Verdichtung der grundrechtlichen Entwürfe zu freiheitsschaffenden, -schützenden und -erhaltenden Normbereichen übernehmen, stehen „im Dienst" der jeweils betroffenen Grundrechte. Grundrechtsausführung ist eine für die Grundrechte *notwendige* Funktion der Grundrechtsgesetzgebung.

Gegen das Verständnis der rechtlichen Regelungen als Existenzform grundrechtlicher Freiheit und der Grundrechtsgesetzgebung als Grundrechtsausführung wird jedoch geltend gemacht, daß das Grundgesetz mit seinen spezifizierten Gesetzesvorbehalten sein Mißtrauen gegenüber dem parlamentarischen Gesetzgeber zum Ausdruck gebracht habe[99] und es sich deshalb verbiete, das Verhältnis von Gesetz und grundrechtlicher Freiheit als „wesensmäßige *Zuordnung*" zu denken[100]. In den abgestuften Gesetzesvorbehalten habe sich der bewußte Versuch des Verfassungsgebers niedergeschlagen, der gesetzgebenden Tätigkeit Maß und Form zu geben und sie dadurch zu mäßigen. „Generalisierende und einseitig harmonisierende Formeln zum Problemkreis Freiheit und Gesetz, Grundrecht und Gesetzesvorbehalt verhindern, daß die Teleologie differenzierter Gesetzesvorbehalte wirksam wird; sie heben die mäßigende Wirkung der Form auf"[101]. Die differenzierte Vorbehaltssystematik des Grundgesetzes spreche gegen die Beseitigung des Eingriffsdenkens[102].

Der Vorwurf, die hier vertretene Ansicht ließe eine Berücksichtigung der Differenziertheit der grundrechtlichen Gesetzesvorbehalte nicht zu, kann im Grunde nur zurückgegeben werden[103]. Was den Wortlaut der Bestimmungen angeht, so wurde schon oben festgestellt, daß gerade ein einseitiges Eingriffs- und Schrankendenken sich nicht uneingeschränkt auf den Wortlaut der Gesetzesvorbehalte der Grundrechte berufen kann. Demgegenüber wertet eine Befreiung der Gesetzgebung im Grundrechtsbereich von der (ausschließlichen) Eingriffs- und Schrankenfunktion das Institut des Gesetzesvorbehalts in der Weise auf[104], daß auch die Gesetzgebung, die inhaltlich nur als Grundrechtsverwirklichung und -ausführung zu verstehen ist, als „Vorbehaltsgesetzgebung" begreifbar wird und damit den Gesetzesvorbehalten mit ihren differenzierten Bestimmungen zugeordnet werden kann. Damit gewinnt gerade

---
[98] *H. H. Rupp*, AöR Bd. 92 (1967) S. 212 (225). Vgl. auch *Göldner* S. 89.
[99] *Knies* S. 48 mit Berufung auf *Jesch* S. 134.
[100] *Knies* S. 47.
[101] *Knies* S. 49. Ähnlich auch *Papier* S. 38 insbes. Fn. 50.
[102] *Graf*, Diss. S. 54.
[103] Gegen diese Kritik auch *E. Hesse* S. 98 f.
[104] Vgl. auch *Häberle*, Wesensgehaltgarantie S. 202 f.

mit der Erweiterung der verfassungsrechtlichen Funktion der Grundrechtsgesetzgebung die Teleologie der grundrechtlichen Gesetzesvorbehalte an Bedeutung[105]. Sie erhalten die Funktion von Ermächtigungen, die den Gesetzgeber dazu befähigen, die einzelnen Freiheitsrechte entsprechend ihrer jeweiligen Bedeutung in die Gesamtordnung der Verfassungsrechtsgüter einzuordnen. Eben „weil sich Struktur und Funktion der einzelnen Grundrechte sehr erheblich unterscheiden"[106], kann die Grundrechtsgesetzgebung nicht auf eine Eingriffs- und Schrankengesetzgebung reduziert werden. Sie ist in ihrer Vielgestaltigkeit nur vollständig erfaßbar, wenn man sie als auf die Eigenart des jeweils betroffenen Grundrechts bezogene *Grundrechtsverwirklichung* und *-ausführung* versteht.

III. Die Funktionsbreite der Grundrechtsgesetzgebung

Wie bereits mehrfach hervorgehoben, ist grundrechtliche Freiheit nicht eindimensionale Freiheit „vom Staat", sondern darüber hinaus auch als Freiheit „zum" und „durch den" Staat zu verstehen. Ebenso sind die Grundrechtsbestimmungen des Grundgesetzes nicht nur einseitige Abwehransprüche im Verhältnis Bürger — Staat, sondern durchaus mehrfunktionale Verfassungsnormen: Grundrechte sind subjektive öffentliche Rechte und objektive Rechtsnormen; sie gewährleisten individuelle Freiheiten und enthalten objektive Garantien; sie gewähren Abwehransprüche, (derivative) Teilhaberechte[107] und möglicherweise auch (originäre) positive Leistungsansprüche[108]; sie enthalten Gesetzgebungsaufträge und elementare Grundentscheidungen.

Die Bestimmung der Gesetzgebungsfunktion im Grundrechtsbereich muß der Mehrdimensionalität des grundrechtlichen Freiheitsbegriffs ebenso gerecht werden wie der Mehrfunktionalität der Grundrechtsbestimmungen. Gerade die Erkenntnis des „Aufeinanderbezogenseins" von Grundrecht und Gesetzgebung und die damit verbundene einheitliche Sicht von Grundrecht und Gesetzesvorbehalt zwingt bei Beachtung der Mehrfunktionalität der Grundrechte zu einer differenzierten Funktionsbestimmung der Vorbehaltsgesetzgebung. Diese einseitig unter dem Blickwinkel von Eingriff und Schrankensetzung erfassen zu wollen, ist daher schon im Ansatz verfehlt.

Angesichts der differenzierten Gesetzesvorbehalte der Grundrechte hat es nicht an Überlegungen gefehlt, wie die verschiedenen Funktionen, die die Gesetzgebung im Grundrechtsbereich haben kann, kate-

---

[105] Vgl. dazu auch *E. Hesse* S. 99.
[106] *Knies* S. 49.
[107] Dazu unten S. 90 f.
[108] Dazu unten S. 90 und ebd. Fn. 162.

gorisiert werden könnten[109]. So stellte etwa *Bachof* fest, daß die grundrechtlichen Verweisungen auf das Gesetz „nur zum Teil zu *echten Einschränkungen* ermächtigen, zu einem anderen Teil dagegen lediglich auf *verdeutlichende Konkretisierung* abgestellt und in einigen Fällen schließlich von der Vorstellung getragen sind, daß das betreffende Grundrecht selbst im gewissen Maße der *inhaltlichen Ausgestaltung und Begrenzung* (nicht: Einschränkung) zugänglich oder sogar bedürftig sei"[110]. *Lerche* teilt die gesetzgeberischen Regelung im Grundrechtsbereich verschiedenen Kategorien zu[111]. Er nennt zuerst die Gruppe der „eingreifenden Normen", worunter er solche versteht, die „auf Grund verfassungsgesetzlicher Ermächtigung in den mit Substanz gefüllten, abgegrenzten Wirkungsbereich eines Grundrechts" entweder „zielgerichtet" — als „unmittelbar grundrechtseingreifende Normen"[112] oder „mittelbar" hineinschneiden — „mittelbar grundrechtseingreifende Normen"[113]. Demgegenüber schnitten die *„verdeutlichenden"* Normen"[114] nicht in einen Grundrechtsbereich hinein, sondern erhellten nur die schon gezogenen Grenzen, indem sie diese auf konkretere Lebenstatbestände ausbreiteten[115]. Auch die *„grundrechtsprägenden"* Normen" schnitten nicht in einen schon gestalteten Grundrechtsbereich hinein, interpretierten aber auch nicht nur dessen Grenzen, sondern bauten ihn erst auf[116]. Das könne — wie etwa typischerweise in Art. 14 Abs. 1 Satz 2 GG — dadurch geschehen, daß der Gesetzgeber zur „unmittelbaren Substanzausfüllung" ermächtigt werde — „unmittelbar grundrechtsprägende Normen"[117] — aber auch — wie etwa in Art. 5 Abs. 2 GG durch Verweisung auf externe Normengefüge, die gerade nicht mit unmittelbarer Blickrichtung auf das Grundrecht geschaffen seien, aber gleichsam „mittelbar" die Grenzen der Grundrechte festlegten — „mittelbare Grundrechtsprägungen"[118]. Darüber hinaus unterscheidet *Lerche* noch Normen zur *Mißbrauchswehr*[119], d. h. solche, die die Verhängung von Rechtsfolgen wegen mißbräuchlicher Ausübung eines Grundrechts ermöglichten, und *konkurrenzlösende Normen*[120], die dadurch erforderlich werden könnten, daß aus dem „unmittelbaren Zusammenprall mehrerer Grundrechtssphären ein Kraftfeld entsteht, das dem Gesetzgeber

---

[109] Vgl. z. B. den Überblick bei *Lerche*, Übermaß S. 100 f.
[110] In Die Grundrechte III/1 S. 155 (208); (Hervorhebung von *mir*).
[111] Übermaß S. 106 f.
[112] Sie fänden sich etwa im Rahmen der Art. 2 Abs. 2 Satz 3, 8 Abs. 2, 10 Satz 2, 11 Abs. 2, 13 Abs. 3 und 14 Abs. 3 GG.
[113] Ebd. S. 106.
[114] Sie besäßen keine ausdrückliche Ermächtigung im GG.
[115] Ebd. S. 106 f.
[116] Ebd. S. 107.
[117] Ebd.
[118] Ebd. S. 112 f.
[119] Ebd. S. 117 f.; *L.* nennt (S. 124) als Modellfälle Art. 6 Abs. 3 und 9 Abs. 2 GG.
[120] Ebd. S. 125 f.

B. Grundrechtsgesetzgebung

einen Spielraum ... zur eigenständigen Konfliktsschlichtung" eröffne[121]. Wo die Verfassung den Kreis ihrer eigenen Bemessungen abgeschlossen habe, übertrage sie die Entscheidung dem Gesetzgeber zur grundsätzlich eigenverantwortlichen Konfliktsschlichtung[122].

Häberle, der in jüngerer Zeit wohl am eindringlichsten die überkommene Verhältnisbestimmung von Grundrechten und Gesetzgebung in Frage gestellt und das traditionelle Eingriffs- und Schrankendenken im Grundrechtsbereich rigoros abgelehnt hat, unterscheidet zwei grundsätzliche Kategorien gesetzgeberischer Funktionen im Grundrechtsbereich: die der Grundrechtsbegrenzung und die der Grundrechtsausgestaltung[123]. Entsprechend unterscheidet er die grundrechtlichen Gesetzesvorbehalte in solche, „die dem Gesetzgeber den Weg eröffnen, das Grundrecht gegen kollidierende gleich- und höherwertige Rechtsgüter abzugrenzen" — „Begrenzungs- oder Güterabwägungsvorbehalte" — und solche Gesetzesvorbehalte, „die den Gesetzgeber zu (leitbildgerechter) inhaltlicher Ausgestaltung von Grundrechten ermächtigen — Ausgestaltungsvorbehalte. Hierher gehören die Maßgabe —, Inhalts- und Regelungsvorbehalte"[124]. Häberle betont, daß dem Gesetzgeber sowohl zur Begrenzung als auch zur Ausgestaltung der Grundrechte eine „verfassungsrechtliche Funktion" zukomme, durch die „die Gesetzgebung und die Verfassung im Grundrechtsbereich in ein inneres Verhältnis zueinander" gebracht würden[125].

Die hier knapp referierten Systematisierungsversuche[126] unterstreichen nicht nur die Notwendigkeit einer gegenüber der traditionellen

---

[121] Ebd. S. 130.
[122] Ebd. S. 130, 131.
[123] Wesensgehaltgarantie S. 180 f.
[124] Ebd. S. 141.
[125] Ebd. S. 181.
[126] Vgl. weiter etwa *Scheuner*, VVDStRL 22 (1965) S. 1 (59 f.), der — im Anschluß an *Häberle* — ausführt, daß „die Beziehung der Grundrechte zum Gesetz sich nicht in der Frage erschöpft, inwieweit Vorbehalte dem Gesetzgeber *einschränkende Regelungen* gestatten. Dem Gesetzgeber fällt vielmehr auch die Aufgabe zu, das Grundrecht *auszugestalten, auszuführen* und überhaupt erst *der praktischen Realisierung zuzuführen*" (Hervorhebung von mir). Ähnlich unterscheidet *Schaumann*, in Mélanges Marcel Bridel S. 491 (496 f.) Regelungs- und Ausgestaltungsvorbehalte, die den Gesetzgeber ganz allgemein anweisen, „das Grundrecht seinem Inhalt nach näher zu formulieren oder überhaupt erst seinen Inhalt auszugestalten" und Beschränkungsvorbehalte, die den Gesetzgeber ermächtigen, das Grundrecht zu beschränken oder in das Grundrecht einzugreifen. Vgl. dens. auch JZ 1970 S. 48 f. Ähnlich wie *Häberle* auch K. *Hesse*, Verfassungsrecht S. 127 f.: Ausgestaltung und Begrenzung. *Pietzner*, JA 1973 ÖR S. 89 (91): „... gehen die den Grundrechten beigefügten Gesetzesvorbehalte gegenständlich zum Teil weit über das hinaus, was der an Eingriff in Freiheit und Eigentum ausgerichtete Allgemeinvorbehalt üblicherweise bisher umriß, nämlich insoweit, als sie dem Gesetzgeber nicht nur die Entscheidung über Eingriffe, sondern auch die Verantwortung für die *Ausgestaltung, Prägung und Entfaltung der Grundrechte* zuweisen".

Sicht erweiterten Funktionsbestimmung der Grundrechtsgesetzgebung, sondern lassen auch die spezifischen Schwierigkeiten einer solchen Aufgabe erkennen. Diese ergeben sich in erster Linie daraus, daß die Grundrechte keinesfalls gleichförmig strukturiert sind und wird dadurch verstärkt, daß sich verschiedene Funktionen der Grundrechte nicht nur der jeweils unterschiedlichen Struktur *bestimmter* Grundrechte des Grundrechtskataloges zuordnen lassen, sondern vor allem dadurch, daß jeweils *eine einzelne* Grundrechtsbestimmung *mehrere* Funktionen in sich vereinigen kann. So enthält Art. 5 Abs. 1 S. 2 GG ein Individualgrundrecht auf Pressefreiheit ebenso wie die objektive Gewährleistung der freien Presse als Institut[127]. Die Pressefreiheit ist ebenso als „private" Freiheit wie auch als Freiheit mit hochgradig gemeinschaftsbezogenen „öffentlichen" Elementen geschützt[128]. Art. 5 Abs. 1 S. 2 GG enthält die elementare verfassungsrechtliche Grundentscheidung für eine freie Presse und läßt sich (daher!) interpretieren als Auftrag an den Staat, die Pressefreiheit etwa — horizontal — gegen private Meinungsmonopolbildungen abzusichern.

Hat die Gesetzgebung im Grundrechtsbereich schon im Hinblick auf die verschiedenen und unterschiedlichen normativen Aussagen der Grundrechte je verschiedene Funktionen, so kommt hinzu, daß ein- und dasselbe Gesetz im Hinblick auf ein- und dasselbe Grundrecht mehrere Funktionen erfüllen kann. Wenn etwa, um im Beispiel der Pressefreiheit zu bleiben, der Gesetzgeber eine Regelung trifft, die inhaltliche Voraussetzungen von Redaktionsstatuten normiert[129], so könnte diese Regelung — ihre Verfassungsmäßigkeit einmal angenommen[130] — sowohl die (Individual-) Pressefreiheit des Verlegers begrenzen als auch die (Individual-) Pressefreiheit des einzelnen im Unternehmen tätigen Journalisten stärken oder sichern. Gleichzeitig konkretisierte eine solche Regelung die Pressefreiheit des Art. 5 Abs. 1 S. 2 GG als Institut und verwirklichte damit die Grundentscheidung der Verfassung für eine „freie" Presse[131]. Ein solches Gesetz ausschließlich unter dem Gesichtswinkel der Beschränkung der Pressefreiheit des Verlegers betrachten, hieße, die vielgestaltige Funktion einer solchen Regelung ebenso verkennen, wie den normativen Gehalt des Art. 5 Abs. 1 S. 2 GG in unvertretbarer Weise auf die Gewährung eines negatorischen Abwehranspruchs zu reduzieren.

---

[127] Vgl. statt vieler *Scheuner*, VVDStRL 22 S. 1 (62 f.).
[128] Vgl. auch *Scheuner*, ebd. S. 68 f.
[129] Hierzu vgl. *Werner Weber* S. 17 f.; *H. Weber*, NJW 1973 S. 1953 f.
[130] Zur verfassungsrechtlichen Problematik „der inneren Pressefreiheit" *Kübler*, 49. DJT (1972) Bd. I (Gutachten) D 35 f.; *Mallmann*, 49. DJT (1972) Bd. II (Sitzungsberichte) N 13 f.; *Werner Weber* S. 43 f. Vgl. auch die Darstellung des Meinungsstandes bei *Papier*, Der Staat Bd. 13 (1974) S. 399 f. Kritisch *Friesenhahn*, 50. DJT (1974) Bd. II G 1 (G 28 f.).
[131] Vgl. auch *Schaumann*, JZ 1970 S. 48 (50).

B. Grundrechtsgesetzgebung

Müßte eine erschöpfende und ins Detail gehende Darstellung der Gesetzgebungsfunktionen im Grundrechtsbereich eine Funktionsanalyse jeder einzelnen Grundrechtsnorm und der darauf bezogenen Gesetzgebung vornehmen, so kann sich die hier aufgeworfene Fragestellung mit der Darstellung der wesentlichen Funktionen der Grundrechtsgesetzgebung begnügen. Der hier zu beschreibende — und schon als grundsätzlich herausgestellte — Unterschied zwischen traditioneller Vorbehaltsgesetzgebung und Grundrechtsgesetzgebung wird dabei am ehesten deutlich, wenn man dem überkommenen einseitigen Funktionsverständnis den Umfang des Funktionsbereichs gegenüberstellt, der nach dem Grundgesetz der Gesetzgebung für die Grundrechte zukommt.

Unter diesem Aspekt stellt sich zunächst die Frage, ob Grundrechtsgesetzgebung überhaupt noch — entsprechend dem traditionellen Verständnis — *Eingriffs- und Schrankengesetzgebung* sein kann. Wenn insofern in unseren bisherigen Überlegungen versucht worden ist, daß traditionelle „Eingriffs- und Schrankendenken" als durch die heutige Verfassungsrechtslage überholt zu kennzeichnen, so ist damit indes nicht ausgesprochen, daß unter der Geltung des Grundgesetzes eine Eingriffs- und Schrankenfunktion überhaupt keine Funktion der Grundrechtsgesetzgebung mehr sein könne. Schon oben[132] wurde darauf hingewiesen, daß der Wortlaut einiger Grundrechtsbestimmungen expressis verbis (Art. 2 Abs. 2 S. 2 und Art. 13 Abs. 3 GG), oder der Sache nach (Art. 14 Abs. 3 S. 1, Art. 15 GG) auf „eingreifende" Gesetze verweist. Darüber wird sich keine Grundrechtsdogmatik de constitutione lata hinwegsetzen können.

Nun hat allerdings *Häberle* die „klassischen Gesetzesvorbehalte... ihrem Wortlaut und der Sache nach als eine staatsrechtliche Reminiszenz" bezeichnet, die einem Verfassungstypus angehörten, welcher nicht der des freiheitlichen Sozialstaates sei[133]. Er meint, daß man sich von der Fassung der Gesetzesvorbehalte, deren rechtstechnische Formulierungen zu sehr der verworfenen Eingriffs- und Schrankenlehre entsprächen „bei der sachlichen Würdigung dieses Instituts freizumachen" habe. Eine solche Auffassung entspricht seiner These, daß es „keine rechtmäßigen Eingriffe" gebe: „Die Gesetzesvorbehalte ermächtigen niemals zu Eingriffen in den ‚eigentlichen Inhalt' der Grundrechte"[134].

Eine derartig gründliche „Befreiung der Gesetzgebung im Grundrechtsbereich vom traditionellen Eingriffselement"[135] erscheint — je nach dem, was *Häberle* als den „eigentlichen Inhalt" der Grundrechte

---
[132] S. 70.
[133] Wesensgehaltgarantie S. 229/230. Dagegen *Friedrich Müller*, Grundrechte S. 18.
[134] Ebd. S. 223.
[135] *Häberle*, ebd. S. 222.

ansieht[136] — zumindest als mißverständlich. Zwar kann mit Häberle davon ausgegangen werden, daß nicht jede „Schranken-" Formulierung in den Gesetzesvorbehalten der Grundrechte notwendig auf ein Eingriffsgesetz hinweist[137], andererseits wird sich aber kaum hinwegdiskutieren lassen, daß etwa eine Enteignung i. S. des Art. 14 Abs. 3 GG ein „zielgerichtetes" Hineinschneiden in den „mit Substanz gefüllten... Wirkungsbereich" des Grundrechts[138], d. h. einen „Eingriff" bedeutet. Zu diesem Schluß zwingt die systematische Interpretation bei einer Gegenüberstellung von Art. 14 Abs. 3 mit Art. 14 Abs. 1 S. 2 GG. Wenn Art. 14 Abs. 1 S. 2 GG dem Gesetzgeber Inhalt und Schranken des Eigentums anvertraut und ihn damit — nach *Lerche*[139] — „zur unmittelbaren Substanzausfüllung ermächtigt", so kann die Ermächtigung des Art. 14 *Abs. 3 S. 2* GG, will sie überhaupt von der des Art. 14 *Abs. 1 S. 2* GG dogmatisch unterscheidbar sein, eben nicht darin bestehen, dem Gesetzgeber die von *Häberle* zugestandene[140] Ausgestaltungs- und Begrenzungsfunktion zuzuweisen. Vielmehr besteht die Wirkung eines Enteignungsgesetzes gerade darin, in den Schutzbereich des Art. 14 Abs. 1 GG, wie er vom Gesetzgeber (in anderen Gesetzen) festgelegt worden ist, einzugreifen. Deshalb muß auch ein solches Gesetz ein Äquivalent — die Enteignungsentschädigung — vorsehen[141].

Aus dem Beispiel des Art. 14 Abs. 3 GG läßt sich folgern, daß das Grundrechtsverständnis des Grundgesetzes auch den — zulässigen — Grundrechtseingriff durch den Gesetzgeber mitumfaßt. Ohne überzeugende Gegenargumente wird man daher Gesetze, die durch die Ermächtigung etwa des Art. 2 Abs. 2 S. 3 oder des Art. 13 Abs. 2 GG gedeckt sind, als „Eingriffsgesetze" ansehen müssen.

Eine solche Einsicht darf aber nicht davon ablenken, daß auch die Gesetze, bei denen die „äußere Form... die Beschränkung und der Eingriff ist... nicht ausschließlich unter dem negativen Aspekt der Freiheitsverengung gesehen werden"[142] dürfen. Das will sagen, daß sich auch die Funktion von Eingriffsnormen nicht auf den Eingriff beschränkt; ihre verfassungsrechtliche Bedeutung besteht nicht ausschließlich in einer Freiheitsverkürzung. So sind z. B. die Bestimmungen des Strafgesetzbuches nicht nur Ermächtigungen zum Freiheitsentzug — und insofern unbestreitbar Eingriffsnormen[143]. Die in den Straftatbe-

---

[136] Vgl. dazu auch unten S. 99.
[137] Vgl. auch oben 4. Kap. B. I.
[138] So die Eingriffsdefinition *Lerches*, Übermaß S. 106.
[139] Übermaß S. 107.
[140] Vgl. oben S. 83.
[141] Vgl. auch BVerfG E 4 S. 219 (235).
[142] *Schaumann*, JZ 1970 S. 48 (52).
[143] *Lerche*, Übermaß S. 119 fragt im Zusammenhang mit seiner Untersuchung der Normen zur „Mißbrauchswehr" — dazu hier im Text oben

B. Grundrechtsgesetzgebung

ständen implicite enthaltenen Verbote stellen gleichzeitig Grundrechtsbegrenzungen und damit auch Inhaltsumschreibungen dar[144], auf die die Grundrechte z. T. ausdrücklich — wie in Art. 9 Abs. 2 GG — Bezug nehmen. Schließlich dienen die Strafbestimmungen wesentlich dem Schutz von Individualrechtsgütern und haben dergestalt eine — notwendige — freiheitssichernde Funktion[145], die keinesfalls nur als „Reflex" der Eingriffsfunktion erfaßt werden kann. Die Mehrfunktionalität von Eingriffsnormen wird auch etwa am Beispiel des Impfgesetzes[146] deutlich, das insofern eine Eingriffsfunktion besitzt, als es zur unmittelbaren Beeinträchtigung der Körperintegrität ermächtigt. Unbezweifelbar besitzt dieses Gesetz aber auch eine freiheitssichernde Funktion und zwar gerade im Hinblick auf das Individualfreiheitsgrundrecht des betroffenen Grundrechtsträgers[147]. Selbst am Beispiel „klassischer" Eingriffsnormen erweist sich damit, daß die Gesetzgebung nach grundgesetzlichem Verständnis eben um der Verwirklichung grundrechtlicher Freiheiten willen — und nicht etwa wegen anonymer Gemeinschaftsinteressen — in grundrechtliche Freiheit eingreift. Erst „dieses Paradoxon holt juristisch die Wahrheit ein"[148].

Immerhin bleibt somit die Eingriffsfunktion der Gesetzgebung eine grundrechtliche Realität[149], wenn auch die Grundrechte seltener als vielfach geglaubt auf sie Bezug nehmen. Dabei stellt sich bei einer zusammenschauenden Analyse von Grundrecht und Gesetzesvorbehalt heraus, daß die vom Grundgesetz für den jeweiligen Gesetzesvorbehalt gewählte Formulierung keineswegs zufällig ist. Die klassische Eingriffsformulierung findet sich nur in Art. 2 Abs. 2 und in Art. 13 Abs. 3 GG und damit bei Grundrechten, deren geschützter Freiheitsbereich noch am weitesten der Vorstellung einer vorgegebenen „absoluten" Freiheit des status negativus entgegenkommt. Leben, körperliche Unversehrtheit und Freiheit der Person sowie die Wohnung bezeichnen innerhalb des Grundrechtskataloges die Freiheiten, die als relativ festumschriebene Größen noch im geringsten Umfang inhaltlicher Konkretisierung durch den Gesetzgeber fähig und bedürftig sind[150]. Auf sie bezogene ge-

---

S. 82 f. — zu Recht, ob nicht „derjenige, der sicherheitshalber ‚verwahrt' wird, von vornherein kein Recht zur freien Bewegung haben" soll.
[144] A. A. *H. H. Klein*, Grundrechte im demokratischen Staat S. 63, Fn. 59, der etwa das Diebstahlsverbot als *Eingriff* in grundrechtliche Freiheit wertet.
[145] Vgl. dazu auch *Häberle*, Wesensgehaltgarantie S. 25.
[146] Vom 8. April 1874 — RGBl. S. 31.
[147] Deshalb hat das BVerwG, E 9 S. 78 (80 f.) zu Recht ein subjektives Recht auf Impfschutz angenommen. Vgl. *Rupp*, Grundfragen S. 269 f.
[148] So die treffende Formulierung *Häberles*, JuS 1969 S. 265 (269) im Zusammenhang mit der Erörterung zulässiger Glaubenswerbung in Sonderstatusverhältnissen (BVerwG E 30 S. 29): „Trotz *und* wegen Art. 4 und seine religiöse Neutralität greift der Staat begrenzend in die Glaubensfreiheit ein".
[149] Vgl. auch *Lerche*, DÖV 1965 S. 212 (214).
[150] Gleichwohl bedarf auch Art. 13 GG gesetzlicher Verwirklichung. Vgl.

4. Kap.: Vorbehaltsgesetzgebung und Grundrechtsgesetzgebung

setzliche Regelungen sind daher vom (subjektiven) Abwehrfreiheitsrecht her in aller Regel nur als „Eingriffe" vorstellbar[151].

Demgegenüber finden sich solche Vorbehaltsformulierungen, die den Gesetzgeber ihrem Wortlaut nach weitgehend zu Begrenzungen, inhaltlichen Festlegungen und Konkretisierungen ermächtigen, bei solchen Grundrechten, deren Freiheitsgewährleistung auf dynamische Freiheitsbetätigung hin angelegt ist, oder deren Freiheitsbereich kaum als absolut vorgegeben, sondern eher als „offen" bezeichnet werden muß — etwa Art. 8 Abs. 2, 9 Abs. 2, 12 Abs. 1 S. 2, 14 Abs. 1 S. 2 GG. Innerhalb dieser Kategorie weist wiederum der „Regelungsvorbehalt" des Art. 12 Abs. 1 S. 2 GG und der „Inhalts- und Schrankenvorbehalt" des Art. 14 Abs. 1 S. 2 GG am deutlichsten auf die Ausgestaltungs- und Konkretisierungsfunktion der Gesetzgebung hin[152], was darauf hindeuten kann, daß dem Verfassungsgeber diese Freiheitsbereiche am wenigsten bereits durch Verfassungsnorm festgeschrieben erschienen[153].

Ist damit die gesetzgeberische Ausgestaltungs- und Konkretisierungskompetenz eine Funktion der jeweils geschützten Freiheit, so drängt sich der Bezug zu der schon angesprochenen[154] Einteilung der Grundrechte durch C. Schmitt auf, wonach „private", „echte", „absolute" Grundrechte der Gesetzgebung vorgegeben sind und die Notwendigkeit gesetzgeberischer „Regelung und Normierung" davon abhängig ist, ob Grundrechte „soziale Betätigungen" enthalten und, bzw. oder ob „der Punkt des Politischen" erreicht ist[155]. Dem ist jedoch entgegenzuhalten, daß nach den oben[156] getroffenen Feststellungen der grundrechtliche Freiheitsbegriff mehrdimensional ist, d. h., daß sich eine bestimmte grundrechtliche Freiheit nicht einseitig charakterisieren läßt. Grundrechtlich geschützte Betätigungen entziehen sich gerade einer ausschließlichen Kategorisierung als Verwirklichung „nur" privater, „nur" sozialer, „nur" demokratischer oder „nur" politischer Freiheit. Fest steht, daß die eine oder andere Komponente grundrechtlicher Freiheit bei verschiedenen Grundrechten stärker in den Vordergrund oder weiter in den Hintergrund rücken kann. Ebenso kann sich das Gebrauchmachen

---

Häberle, in Festschrift für G. Küchenhoff S. 453 (456/457): Wohngeld als Effektivierung des Art. 13 GG.

[151] Ebenso kann das „Eigentum" i. S. des Art. 14 Abs. 1 S. 1 GG, nachdem sein Inhalt durch gesetzliche Konkretisierung — Art. 14 Abs. 1 S. 2 GG — festgelegt ist, nur noch „enteignet" werden, ist also die gesetzliche Regelung i. S. des Art. 14 Abs. 3 GG nur noch als „Eingriff" denkbar. Vgl. oben S. 86.

[152] Hinsichtl. Art. 12 Abs. 1 S. 2 GG vgl. auch Ipsen, DVBl. 1956 S. 358 (360).

[153] Vgl. auch Schmidt-Aßmann S. 95: „Wenn das Eigentum unter gesetzlicher Bestimmung nicht nur der Schranken, sondern auch des Inhalts gewährleistet wird, dann kann der Inhalt nicht statisch und autonom vorgegeben sein".

[154] S. 71.
[155] Verfassungslehre S. 165 f.
[156] S. 57 f., 62 f.

einer bestimmten grundrechtlich gewährleisteten Freiheit eher als private Freiheitsbetätigung oder mehr als sozial- oder öffentlichkeitsbezogene Freiheitsbetätigung darstellen.

Im Hinblick auf die Beziehung grundrechtliche Freiheit — Gesetzgebungsfunktion wird man eine *stufenlose Funktionsskala* vom gesetzlichen Eingriff bis hin zur gesetzlichen inhaltlichen Festlegung und Konkretisierung annehmen müssen, wobei davon auszugehen ist, daß die Begrenzungs-, Ausgestaltungs- und Konkretisierungsfunktion der Gesetzgebung umso mehr an Bedeutung gewinnt, je intensiver der „Sozialbezug" der betreffenden Freiheit ist[157] und je „offener" das jeweilige Grundrecht von der Verfassung ausformuliert worden ist. Das heißt, daß in dem Maße, in dem der Öffentlichkeitsbezug grundrechtlicher Freiheit zunimmt, die Begrenzungs- und Ausgestaltungsfunktion der Gesetzgebung in den Vordergrund rückt; das bedeutet auch, daß, je privater (öffentlichkeitsbezugloser) die grundrechtliche Freiheit wird, desto eher die Gesetzgebung eine Eingriffsfunktion besitzen kann. Die den Grundrechten beigefügten Gesetzesvorbehalte enthalten insofern eine *Indizwirkung:* Sie weisen daraufhin, „welche Art von Freiheit" die Grundstruktur des Grundrechts bestimmt und führen dergestalt zu der Einsicht, daß erst die Zusammenschau von Grundrecht *und* Gesetzesvorbehalt den vollständigen Inhalt des jeweiligen Grundrechts erschließt. Dergestalt liefern sie wichtige Kriterien für die gesetzgeberische Grundrechtskonkretisierung.

Insgesamt erstreckt sich der Funktionsbereich der Grundrechtsgesetzgebung im Hinblick auf die Individualfreiheitsgrundrechte vom Eingriff im grundrechtlich geschützte Freiheiten bis zur inhaltlichen Festlegung von Grundrechtsinhalten. Dabei kommt der Gesetzgebung in allen Hinsichten die oben beschriebene „positive" Funktion der Grundrechtsausführung zu. Die Gesetzgebung bewirkt durch Eingriff, Begrenzung, inhaltliche Ausgestaltung und Konkretisierung die notwendige Einbettung grundrechtlicher Freiheit, die nur als rechtlich verfaßte Freiheit vorstellbar ist, in die gesamte Rechtsordnung.

Die Erkenntnis, daß die Gesetzesvorbehalte korrelative Bestandteile des Grundrechts sind, daß Grundrechtsgesetzgebung Verwirklichung, Ausführung und Aktualisierung der Grundrechte bedeutet, und die Auffassung, daß die Grundrechte insoweit auf die Gesetzgebung angewiesen sind, ist im Hinblick auf die klassischen Individualfreiheiten des status negativus relativ neu und letztlich Konsequenz des veränderten

---

[157] Vgl. auch *Häberle,* Wesensgehaltgarantie S. 182 f., *ders.* auch gegen C. Schmitt S. 183, Fn. 354. Zu dieser Ansicht auch *Friedrich Müller,* Grundrechte S. 83 f.

4. Kap.: Vorbehaltsgesetzgebung und Grundrechtsgesetzgebung

Freiheits- und Grundrechtsverständnisses. Demgegenüber scheint die Notwendigkeit der Aktualisierung von Grundrechten durch den Gesetzgeber, soweit sie auf staatliche Leistungen zielen, stets anerkannt worden zu sein und auch heute noch praktisch außer Diskussion zu stehen[158]. Die Realisierungsbedürftigkeit verfassungsrechtlicher Leistungsrechte durch den Gesetzgeber, die sich — wie in Art. 101 Abs. 1 S. 2 GG[159] — z. T. ausdrücklich aus dem Grundgesetz ergibt, wurde gerade auch von den Verteidigern der traditionellen Staatsrechtslehre betont[160].

Soweit es um die heute aktuelle Frage geht, inwieweit Grundrechten die Eigenschaft von *Leistungs-* und *Teilhabeansprüchen* zuerkannt werden kann[161], besteht, bis auf wenige (sachliche) Ausnahmen[162], weitgehend Einigkeit zumindest in dem praktischen Ergebnis, daß die „Verdichtung" bestimmter Grundrechtsinteressen zu (einklagbaren) Individualansprüchen erst vom Gesetzgeber vorgenommen werden muß[163]. Im Mittelpunkt der Diskussion steht heute vielmehr die davor liegende Frage, ob die Grundrechte überhaupt, und wenn, in welchem Umfang „den status negativus" verlassen „und ... in den status positivus hinüberwandern"[164]. Es geht darum, ob die Grundrechte über ihre klassische Abwehrfunktion hinaus positive Leistungsverpflichtungen des Staates gegenüber den Grundrechtsträgern normieren, die diesen verpflichten, die tatsächlichen Voraussetzungen für die Inanspruchnahme der grundrechtlichen Freiheiten zu erstellen[165].

Eine solche Fragestellung[166] stellt eine traditionelle Grundrechtsdogmatik, die die Freiheitsgrundrechte in isolierender Interpretation als

---

[158] Vgl. zum Diskussionsstand den Überblick von *v. Mutius*, VerwArch Bd. 64 (1973) S. 183 f. Auf der Meinungsskala vgl. etwa *Martens*, VVDStRL 30 (1972) S. 7 (42 These 16) einerseits und *Häberle*, VVDStRL 30 (1972) S. 43 (110, 112) andererseits.
[159] Vgl. *Forsthoff*, in Forsthoff, Rechtsstaatlichkeit und Sozialstaatlichkeit S. 165 (168); *Schaumann*, JZ 1970 S. 48 (51); *Korinek*, in Festschrift für Merkl S. 171 (174).
[160] *Forsthoff*, ebd. S. 179/180. Vgl. auch *Dürig*, in Maunz/Dürig/Herzog, Grundgesetz, Art. 1 Abs. III, Rdnr. 95.
[161] Vgl. dazu die Referate von *Martens* und *Häberle*, VVDStRL 30 (1972) S. 7 f., 43 f.
[162] z. B. im Hinblick auf den Anspruch auf Fürsorge. Vgl. die bekannte Entscheidung des BVerwG E 1 S. 59 und die umfangreiche Nachw. bei *Kloepfer* S. 3 f. Zum Anspruch auf Privatschulsubventionen BVerwG E 23 S. 347; 27 S. 360; dazu umfangreiche Nachw. bei *Kloepfer* S. 3 f. (Fußnoten 13 f.); *Erichsen*, StaRuVfgbkt I S. 55 f. Beispiele — angenommener — originärer grundrechtlicher Leistungsansprüche auch bei *Martens*, VVDStRL 30 (1972) S. 7 (26 f. m. Nachw.).
[163] Vgl. *Häberle*, VVDStRL 30 (1972) S. 43 (110); *Martens*, VVDStRL 30 (1972) S. 7 (35 f.); *v. Mutius*, VerwArch Bd. 64 (1973) S. 183 (186); *Korinek*, in Festschrift für Merkl S. 171 (175); *Wiegand*, DVBl. 1974 S. 657 (663).
[164] *Martens*, VVDStRL 30 (1972) S. 7 (21).
[165] Vgl. *v. Mutius*, VerwArch, Bd. 64 (1973) S. 183 (184 f.).
[166] Angesichts jüngerer Darstellungen erübrigt es sich hier, die Entwicklung der Diskussion im einzelnen nachzuzeichnen. Vgl. insofern *Martens*,

B. Grundrechtsgesetzgebung

Rezeptionsnormen liberal-rechtsstaatlicher Freiheit versteht, vor kaum überwindbare Schwierigkeiten. Demgegenüber müssen nach der hier schon begründeten Auffassung die Grundrechtsinhalte vom Boden des Grundgesetzes aus unter Berücksichtigung der Verfassung als einer materialen Einheit entwickelt werden. Danach sind die Grundrechte nicht isoliert interpretierbar, sondern nur innerhalb des Gesamtsystems der Verfassung verständlich[167]. Unter dem Gesichtspunkt der Einheit der Verfassung sind die Verfassungsrechtsgüter, und dazu zählen auch die Grundrechtsgüter, aufeinander bezogene Wertentscheidungen des Grundgesetzes. Daher darf der Freiheitsbegriff der Grundrechte nicht in Antinomie, sondern muß in engem Zusammenhang mit den grundlegenden Verfassungsentscheidungen bestimmt werden. Der soziale Rechtsstaat, der einen Bruch mit der Tradition des liberalen Rechtsstaates bedeutet[168], versteht grundrechtliche Freiheit nicht als Ausgrenzung einer staatsfreien Sphäre, sondern, insbesondere angesichts des eingetretenen Verlustes der Autonomie der Einzelpersönlichkeit, (auch) als Aufgabe zur Bewahrung, Sicherung und Schaffung individueller realer Freiheitschancen[169]. Grundrechtliche Freiheit im sozialen Rechtsstaat läßt sich demnach insgesamt umschreiben als Freiheit „vom" Staat, „im" Staat und „durch den" Staat[170]. Angesichts dieses gewandelten Freiheitsbegriffs, der die Freiheit im Sinne realer Freiheitschancen auch auf die durch den Staat selbst geschaffenen Freiheitsmöglichkeiten ausweitet, und des aufeinander Bezogenseins von Grundrecht und Sozialstaatsauftrag verbietet es sich, diesen Bestimmungen der Grundrechte ausschließlich die Funktion von Rechten des status negativus zuzuerkennen.

Die Grundrechte haben über ihre Bedeutung als Abwehransprüche hinaus die wesentlichen — objektive — Funktion, den verfassungsrechtlichen Grundsatz des Sozialstaates mit normativen Inhalt aufzufüllen und zu konkretisieren[171]. Die Bestimmungen des Grundrechtskataloges normieren ein „Sozialprogramm", das dem Staat als Aufgabe zugewiesen ist. Sie begründen damit in der Tat positive Leistungsverpflichtungen des Staates. Daß sie unter diesem Aspekt in aller Regel

---

VVDStRL 30 (1972) S. 21 f. und *Kloepfer* S. 2 f. mit umfangreichen Nachw. aus Rspr. und Lit. und die knappe Skizze des Diskussionsverlaufs bei *Friauf*, DVBl. 1971 S. 675 f. und *v. Mutius*, VerwArch Bd. 64 (1973) S. 184 f.

[167] Oben 3. Kap. B. III. 1.
[168] Oben 3. Kap. B. III. 2.
[169] Im Ergebnis ähnlich *Friauf*, DVBl. 1971 S. 674 (676).
[170] In diesem Zusammenhang hat auch das Bundesverfassungsgericht durch die numerus-clausus-Entscheidung deutliche Akzente gesetzt. Vgl. E 33 S. 303 (330). Zu dieser Entscheidung, die nicht immer durch dogmatische Klarheit besticht (vgl. insofern die Kritik von *v. Mutius*, VerwArch Bd. 64 (1973) S. 183 (186 f.)), *Häberle*, DÖV 1972 S. 729 f. Kritisch *Friesenhahn*, 50. DJT (1974) Bd. II G 1 (G 29 f.).
[171] Vgl. oben S. 73 f. und *Häberle*, DÖV 1972 S. 729, 731.

nicht unmittelbar einklagbare Individualansprüche liefern[172], sondern — allerdings verbindliche — Programmsätze[173] darstellen, steht — wie ausgeführt[174] — mit Art. 1 Abs. 3 GG nicht in Widerspruch[175].

Die oben[176] für den gesamten Normbereich der Grundrechte reklamierte Ausführungs- und Verwirklichungsbedürftigkeit wird spätestens in dem Zeitpunkt evident, in dem die Grundrechte ausschließlich in ihrer Eigenschaft als Sozialaufträge betrachtet werden[177]. Der normative Aussagegehalt der Grundrechte ist zu vage, um für sich genommen bereits Leistungsverpflichtungen des Staates zu ganz bestimmten Einzel-Leistungen zu begründen. Ebensowenig können sich die Grundrechte schon auf Verfassungsebene zu konkreten, einklagbaren subjektiven Ansprüchen verdichten[178]. Die Grundrechte sind insoweit notwendig „leges inperfectae..., die der Konkretisierung und Aktualisierung durch den Gesetzgeber bedürfen."[179]. Sobald staatliche Leistungen (neue) Freiheitschancen eröffnen, wird deutlich, daß grundrechtliche Freiheit, und zwar *in allen ihren Ausprägungen* — wenn auch nicht in stets gleicher Intensität —, in hohem Maße staatlich zu organisierende und zu verwirklichende Freiheit ist[180]. Das bedeutet, daß insoweit, als die Grundrechte diese Aufgabe nicht selbst leisten können, grundrechtliche „Leistungs-" Gesetzgebung die Funktion erhält, Begrenzung[181] und inhaltliche Ausgestaltung der Freiheit vorzunehmen und dadurch die Freiheitsprinzipien der Grundrechte in die soziale Wirklichkeit umzusetzen. Grundrechtliche Freiheit bedarf als „Freiheit durch den Staat" der Normenkomplexe, die diese Freiheit als rechtlich verfaßte Freiheit „wirklich" macht[182]. Die Grundrechtsgesetzgebung erfüllt damit hin-

---

[172] Vgl. auch *Rupp*, JZ 1971 S. 401 (402).
[173] Vgl. auch *Korinek*, in Festschrift für Merkl S. 171 (175 f.).
[174] Oben S. 77 f.
[175] A. M. *v. Mutius*, VerwArch Bd. 64 (1973) S. 183 (193); *H. H. Klein*, Grundrechte im demokratischen Staat S. 65 f.
[176] 4. Kap. B. II.
[177] Dabei übersieht die h. M., daß die Grundrechte in allen ihren Ausprägungen (auch) Sozialaufträge sind.
[178] Vgl. *Häberle*, VVDStRL 30 (1972) S. 43 (110, 112).
[179] *Martens*, VVDStRL 30 (1972) S. 7 (42, These 16).
[180] Vgl. *Häberle*, in Festschrift für G. Küchenhoff S. 453 (465 f.).
[181] Daß grundrechtliche Freiheit, soweit sie auf staatliche Leistungen zielt, nicht unbegrenzt sein kann, ist — im Gegensatz zu der von der h. M. immer noch anerkannten „natürlichen" Handlungsfreiheit — evident. Die üblicherweise dafür gegebene, durchaus schlüssige, Begründung durch den Hinweis auf die „Knappheit der Ressourcen" (*Martens*, VVDStRL 30 (1972) S. 7 (35)), lenkt aber m. E. von dem entscheidenden dogmatischen Gesichtspunkt, nämlich dem der notwendigen Begrenztheit aller individuellen Freiheit in einem sozialen Gemeinwesen, ab. Da die durch staatliche Leistung erreichte Freiheit nur ein Teilaspekt der Freiheit ist, teilt sie schon aus diesem Grund ihren Charakter als von vornherein begrenzte Freiheit. Richtig dagegen BVerfG E 33 S. 303 (334/335).
[182] Vgl. auch insofern BVerfG E 33 S. 303 (334).

B. Grundrechtsgesetzgebung

sichtlich der Grundrechte als Leistungsrechte eine doppelte Funktion: die der Aktualisierung sowie Konkretisierung der Grundrechtsaufträge in konkrete Leistungsverpflichtungen des Staates, zum anderen die der „Verdichtung" grundrechtlicher Freiheitsinteressen in subjektive (Teilhabe-) Ansprüche des einzelnen.

Eine solche Gesetzgebungsfunktion läßt sich freilich nicht von einer Grundrechtsdogmatik erklären, die die Bedeutung dieser Verfassungsnormen allein vom Schema individuelle Freiheit — Schranken der individuellen Freiheit einfangen will. In der eindimensionalen Relation Individuum — Staat[183] wird nur der (Abwehr-) Anspruchscharakter der Grundrechte sichtbar, nicht aber ihre *objektivrechtliche Ausprägung*. Wie aber gerade unter dem leistungsrechtlichen Aspekt deutlich wird, kann die Totalität der grundrechtlichen Freiheitsverbürgung nur in der Betrachtung sowohl der subjektiv- als auch der objektiv-rechtlichen Seite der Grundrechte erfaßt werden. In jedem Grundrecht kommt auch die Verfassungsentscheidung zum Ausdruck, daß die von den Grundrechten angesprochenen Lebensbereiche entsprechend dem Verfassungsprinzip „Freiheit"[184] rechtlich geordnet sein sollen. Nicht nur für die aufgrund staatlichen Leistungsangebots eröffnete, sondern für jede Form von Freiheit gilt, daß sie nur innerhalb freiheitlich gestalteter Lebensbereiche real sein kann[185]. Die Grundrechte selbst können in abstrakter Verfassungshöhe insofern nur Freiheitsprinzipien oder „Leitgrundsätze"[186] sein, nicht aber schon die notwendige Einzelgestaltung vornehmen. In dieser Hinsicht bleibt der Gesetzgebung die unumgängliche Aufgabe, die Normenkomplexe zu schaffen, die den „positiven Verfassungsauftrag"[187] der Grundrechte aufnehmen und ihnen „zu der von ihnen intendierten sozialen Wirklichkeit"[188] verhelfen. Der Sinn der Grundrechte, freiheitliche Lebensprozesse zu verbürgen[189], kann erst dann erfüllt werden, wenn die Grundrechte zu verfassungsrechtlichen Fixpunkten jeweils an ihnen ausgerichteter Normbereiche werden. Die „objektive Wertordnung", die sich nach Auffassung des Bundesverfassungsgerichts[190] in den Grundrechten verkörpert, setzt notwendig eine auf diese Ordnung bezogene Rechtsordnung „unterhalb der Verfas-

---

[183] *Häberle*, Wesensgehaltgarantie S. 70.
[184] *Grabitz*, DVBl. 1973 S. 675 (681).
[185] Vgl. dazu oben S. 78 f. und auch *Scheuner*, in Festschrift für Forsthoff S. 325 (328).
[186] *Schaumann*, JZ 1970 S. 48 (49).
[187] *Schaumann*, ebd. Für Art. 14 Abs. 1 GG vgl. auch *Zacher*, VVDStRL 24 (1966) S. 234 (236).
[188] *Häberle*, Wesensgehaltgarantie S. 165.
[189] *Friauf*, DVBl. 1971 S. 674 (677).
[190] Vgl. zuletzt etwa BVerfG E 33 S. 303 (330); 35 S. 79 (114) m. w. Nachw.

sung" voraus. Grundrechtsgesetzgebung hat damit die Funktion, die Grundrechte als objektive Verfassungsnormen zu „vollziehen"[191, 192].

IV. Die Bindung der Grundrechtsgesetzgebung an die Verfassung

Eine Auffassung, die der Grundrechtsgesetzgebung einen umfassenden Funktionsbereich zuweist, muß sich fragen, ob sie nicht die von *Leisner*[193] so eindringlich beschworene Gefahr des Umschlagens von einer „Verfassungsmäßigkeit der Gesetze" in eine „Gesetzmäßigkeit der Verfassung" übersieht. Insbesondere stellt sich die Frage, ob nicht der „Selbstand" verfassungsrechtlicher Begrifflichkeit (*Leisner*[194]) dadurch geopfert wird, daß dem Gesetz nicht nur die Funktion zugesprochen wird, Eingriffe und Schranken in grundrechtlich fixierte Freiheitsbereiche zu setzen, sondern auch etwa Grundrechtsinhalte auszugestalten[195] und Grundrechte als objektive Verfassungsprinzipien auszuführen und auszuformen[196]. Man könnte schließlich befürchten, daß mit zu weitgehender Überantwortung der Grundrechte in die Regelungskompetenz des Gesetzgebers die von Art. 1 Abs. 3 GG gewollte Grundrechtsbindung überspielt[197] und bei ständiger „Unterwanderung der Verfassung"[198] durch das Gesetz die Grenze zwischen einfacher und verfassungsändernder Gesetzgebung verwischt würde[199]. Insofern sind auch die Stimmen nicht selten, die im Problemzusammenhang Grundrechte — Gesetzgebung die „Rigidität" der Verfassung, die Art. 1 Abs. 3 GG zum Ausdruck bringe, besonders hervorheben[200]. Art. 1 Abs. 3 GG sei die

---

[191] Vgl. auch *Häberle*, Wesensgehaltgarantie S. 165.
[192] Mit den im Text getroffenen Feststellungen ist die Funktion der Gesetzgebung für die Grundrechte als objektive Normen von der hier verfolgten Konzeption aus in der Sache hinreichend umrissen, ohne daß es einer weiteren Hervorhebung der sog. „institutionellen" Seite der Grundrechte bedürfte. Der Begriff des Grundrechts als „Institut" scheint inzwischen ohnehin eher geeignet, die Diskussion zu verwirren, als zur Klarstellung beizutragen. *Martens* (VVDStRL 30 (1972) S. 7 (32)) hat sicher Recht, wenn er feststellt, daß heute „nicht mehr als der Name" die unterschiedlichsten Theorien der von *C. Schmitt* bis *Häberle* reichenden Skala verbindet. Vgl. etwa die Darstellung von *Abel*, Die Bedeutung der Lehre von den Einrichtungsgarantien für die Auslegung des Bonner Grundgesetzes S. 17 f., der allerdings die Auffassung *Häberles*, Wesensgehaltgarantie S. 70 f. u. passim noch nicht hinreichend berücksichtigt hat.
[193] Die Gesetzmäßigkeit der Verfassung, JZ 1964 S. 201 f.; ders., Von der Verfassungsmäßigkeit der Gesetze zur Gesetzmäßigkeit der Verfassung, 1964. Dazu: *Majewski* S. 13 f.
[194] Verfassungsmäßigkeit S. 5 und passim.
[195] So die Kritik *Hutzelmanns*, Diss. S. 21.
[196] *Leisner* sieht gerade in der „Ausweitung der Gesetzesvorbehalte" (Verfassungsmäßigkeit S. 40 f.) und in dem institutionellem Verständnis der Grundrechte (ebd. S. 48 f. u. JZ 1964 S. 201 (204)), „Einbruchstellen niederrangiger Begrifflichkeit" und damit Gefahren für den „Verfassungsselbstand".
[197] Vgl. die Kritik *W. Schmidts*, AöR Bd. 91 (1966) S. 42 (58 f.) an *Häberle*.
[198] *Lerche*, in Festgabe für Maunz S. 285 (286).
[199] Dazu *Lerche*, ebd. S. 287 f.
[200] *Knies* S. 49; *Friedrich Müller*, Grundrechte S. 17 f., 19.

B. Grundrechtsgesetzgebung

Konsequenz aus der Tatsache, „daß auch der parlamentarische Gesetzgeber nicht immer der beste Anwalt der Grundrechte" sei[201]. Wer das in zentralen Verfassungsnormen institutionalisierte Mißtrauen gegenüber der Legislative verharmlose, verharmlose den politischen Entscheidungsgehalt der Grundrechte[202]. Art. 1 Abs. 3 GG mache deutlich, daß im Gegensatz zur früheren Verfassungssituation, wo Grundrechte nur im Rahmen der Gesetze gegolten hätten, nach dem Grundgesetz Gesetze nur im Rahmen der Grundrechte gelten könnten[203].

Tatsächlich ist unbestreitbar, daß angesichts der Art. 1 Abs. 3, 20 Abs. 3 und 79 GG Grundrechtskonkretisierung durch Gesetz nicht auf eine unbemerkte rangnivellierende Rezeption von Unterverfassungsrecht auf Verfassungsebene hinauslaufen darf[204]. Indes ist durch eine Beschwörung des Übergeordnetseins der Verfassung über das Gesetz allein nicht das Problem gelöst, *wie* denn die von Art. 1 Abs. 3 GG unbezweifelbar beabsichtigte Bindung der Gesetzgebung an die Grundrechte zu erreichen ist. Art. 1 Abs. 3 GG läßt sich zwar unschwer entnehmen, daß die Grundrechte nicht dem Belieben des Gesetzgebers preisgegeben werden dürfen; „wie" die Bindung des Gesetzgebers aber aussehen soll, sagt diese Bestimmung nicht[205]. Der ganze Umfang der damit aufgeworfenen Problematik wird spätestens dann sichtbar, wenn man sich der Erkenntnis nicht verschließt, daß Grundrechte nicht nur unmittelbar vollziehbare Individualansprüche normieren[206], sondern auch Verfassungsprinzipien und verbindliche Programmsätze von teilweise generalklauselartiger Weite[207] enthalten, die notwendig der gesetzlichen Konkretisierung bedürfen. Muß aber bei Vagheit und Offenheit von Grundrechtsbestimmungen die Gesetzgebung auch die Aufgabe übernehmen, dem jeweiligen Grundrecht die erforderliche Konturenschärfe zu geben[208], so kann ein dem Gesetzgeber zur Verfügung stehender Konkretisierungsspielraum nicht mehr auszuschließen sein[209].

---

[201] *Herzog* S. 376. Ähnlich *Dürig*, in Maunz/Dürig/Herzog, Grundgesetz Art. 1, Rdnr. 103.
[202] *Friedrich Müller*, Grundrechte S. 20.
[203] *Dürig*, in Maunz/Dürig/Herzog, Grundgesetz Art. 1 Rdnr. 104.
[204] Vgl. auch *Göldner* S. 128.
[205] *Rupp*, AöR Bd. 92 (1967) S. 212 (213).
[206] So aber die Forderung von *H. H. Klein*, Grundrechte im demokratischen Staat S. 65 f.
[207] *Friedrich Müller*, Grundrechte S. 79 zieht aus dem generalklauselartigen Charakter der Art. 2 Abs. 1 und 3 Abs. 1 GG die Konsequenz, diesen Verfassungsbestimmungen „mangels Dichte und Sachhaltigkeit ihrer Normbereiche" die Qualität von Grundrechten in dem von ihm entwickelten Sinn abzusprechen. Seine Auffassung läßt insofern Parallelen zur These *Friedrich Kleins*, in v. Mangoldt/Klein, Grundgesetz, Art. 2 Anm. III 4 b, von der Freiheitsrechtsleitsatzqualität des Art. 2 Abs. 1 GG erkennen. M. E. unterscheidet sich Art. 2 Abs. 1 GG hinsichtlich der Offenheit seiner Formulierungen nicht *qualitativ*, sondern allenfalls *quantitativ* von den anderen Grundrechten.
[208] Dazu oben S. 79.

4. Kap.: Vorbehaltsgesetzgebung und Grundrechtsgesetzgebung

Das — wenn auch von Grundrecht zu Grundrecht unterschiedliche — „Offensein" dieser Verfassungsnormen für gesetzliche Ausgestaltung[210] ergibt sich damit schon aus ihrer Normstruktur und ungeachtet der hier entworfenen Funktionsbestimmung der Grundrechtsgesetzgebung. Das Problem der Grundrechtsbindung des Gesetzgebers ist daher in erster Linie grundsätzlicher Natur und weniger das eines speziellen Grundrechts- und Gesetzesverständnisses.

Gleichwohl ist zu erwägen, ob nicht *nur* ein Verständnis von antinomischer Entgegensetzung von grundrechtlicher Freiheit und gesetzgeberischer Aktion im Grundrechtsbereich dem von Art. 1 Abs. 3 GG aufgegebenen Problem der Grundrechtsbindung des Gesetzgebers gerecht werden kann[211], oder anders formuliert: Läßt sich die Bindung der Grundrechte nur dann optimal verwirklichen, wenn man die Grundrechtsgesetzgebung ausschließlich als Eingriffs- und Schrankengesetzgebung begreift, also staatliche Gesetzgebung in harten Gegensatz zu der von den Grundrechten (angeblich) gewährleisteten individuellen Willkür setzt[212]?

Einer solchen Konsequenz begegnet allerdings schon im Ansatz Bedenken. Nicht nur, daß das in dieser Auffassung implizierte Freiheitsverständnis schon aus grundsätzlichen verfassungsrechtlichen Erwägungen abzulehnen ist[213], sondern vielmehr auch deshalb, weil sie für die Problemlösung selbst keine besonderen Hilfen erkennen läßt. Für die Frage der Grundrechtsbindung der Gesetzgebung ist mit der traditionellen Inhaltsbestimmung der Grundrechte nur wenig gewonnen: Eine Auffassung, die grundrechtliche Freiheit als umfassende, „natürliche" Handlungsfreiheit versteht und eine dementsprechend extensive Schutzbereichsinterpretation der Grundrechte vornimmt, sieht sich der Aufgabe gegenüber, die zunächst extensiv interpretierte Freiheit in einem komplizierten System von Eingrenzungen und Schrankenziehungen gewissermaßen nachträglich wieder einzuschränken[214]. Daß sich eine solche „Schrankensystematik" als wenig förderlich für die hier zu suchende Problemlösung erwiesen hat, ist daher von *Rupp*[215] zu Recht konstatiert worden[216]. Darüber hinaus hat *Scheuner* zutreffend darauf hingewiesen,

---

[209] Vgl. dazu ausführlich *Göldner* S. 143 f. Vgl. auch *Scheuner*, DÖV 1971 S. 505 (510).
[210] Vgl. auch *Scheuner*, in Festschrift für Forsthoff S. 325 (335).
[211] Darauf läuft die Auffassung H. H. *Kleins*, Grundrechte im demokratischen Staat S. 63 f. hinaus.
[212] In diesem Sinne bejahend H. H. *Klein*, ebd.; *Graf*, Diss. S. 55.
[213] Siehe oben 3. Kap. B. III.
[214] In diesem Sinne zu Recht kritisch *Ehmke*, VVDStRL 20 (1963) S. 53 (85). Vgl. auch oben S. 47.
[215] AöR Bd. 92 (1967) S. 212 (216).
[216] Daß die Einschränkung einer so vestandenen Freiheit Schwierigkeiten macht, sieht auch H. H. *Klein*, Grundrechte im demokratischen Staat S. 63.

B. Grundrechtsgesetzgebung

daß eine extensive Grundrechtsinterpretation im Sinne des traditionellen Freiheitsverständnisses „nur eine Kollision der Grundrechte unter sich erreicht"[217], die letztlich wiederum nur durch den Gesetzgeber aufgelöst werden kann[218]. Wie unter diesem Aspekt gerade die traditionelle Grundrechtsdogmatik den Grundrechten eine erhöhte Bindungskraft gegenüber dem Gesetzgeber zukommen lassen will[219], ist nicht recht verständlich.

Keine Grundrechtsdogmatik kann an der (schlichten) Erkenntnis vorbei argumentieren, daß dem verfassungskonkretisierenden Organ dann ein Konkretisierungsspielraum zustehen muß, wenn die Verfassung den „Kreis ihrer eigenen Bemessungen"[220] abschließt[221]. Wo der „politische Entscheidungsgehalt der Grundrechtsgarantien"[222] erschöpft ist, muß die „Rigidität" der Verfassung zurücktreten. Daher kann eine Auffassung, die sich nicht auch die Funktion der Grundrechtsgesetzgebung als Konkretisierung, inhaltliche Ausgestaltung und Fixierung von Grundrechtsinhalten bewußt macht, das Problem der Bindungskraft der Grundrechte allenfalls verschleiern, nicht aber lösen.

Damit ist allerdings nicht gesagt, daß dem Gesetzgeber in jedem Falle tatsächlich ein Spielraum zur Verfügung steht. Ob und inwieweit die Grundrechte für eine weitere Konkretisierung offen sind, bleibt jedoch eine Frage des Einzelproblems[223]. Insofern muß es der Einzelanalyse der Grundrechtsnormen überlassen bleiben, den Normgehalt zu ermitteln, der der Gestaltung durch die (einfache) Gesetzgebung entzogen ist[224]. Daß bei dieser Aufgabe gerade die Gesetzesvorbehalte der Grundrechte — oder ihrer Abwesenheit — wesentliche Hinweise für die Sach- und Rechtsstruktur der Grundrechte liefern, wurde oben[225] schon hervorgehoben. Wo sich allerdings mit Hilfe der juristischen Erkenntnismethoden ein dem Gesetzgeber vorgegebener Norminhalt nicht mehr ermitteln läßt, bleiben die Grundrechte Programm[226], das dem zur Kon-

---

[217] VVDStRL 22 (1965) S. 1 (54).
[218] Vgl. zu diesem Problem *Lerche*, Übermaß S. 130 f.
[219] Folgt man *Lerche*, ebd. nach dem „beim Zusammenprall mehrerer Grundrechtssphären" dem Gesetzgeber ein Spielraum zur eigenständigen Konfliktschlichtung zugestanden werden muß, so wird bei einer Zunahme von Grundrechtskollisionen der gesetzgeberische Spielraum zwangsläufig erweitert.
[220] *Lerche*, ebd.
[221] Vgl. auch BVerfG E 6 S. 55 (76).
[222] *Friedrich Müller*, Grundrechte S. 20.
[223] Vgl. auch *Göldner* S. 145.
[224] Vgl. dazu schon die — grundsätzlichen — Überlegungen *Leisners*, Verfassungsmäßigkeit S. 64 f. (kritisch dazu *Majewski* S. 20) und *Friedrich Müller*, Grundrechte. Einer solchen Analyse kann auch der von *Majewski* S. 86 f. unternommene „Versuch einer auf den Grad der Einbeziehung des einfachen Gesetzesrechts abgestimmten Typologisierung von Grundrechten" dienen.
[225] S. 87 f.
[226] *Rupp*, AöR Bd. 92 (1967) S. 212 (214).

kretisierung berufenen Organ anvertraut bleibt. Ein darüber hinausgehendes Behaupten von grundrechtlichen Entscheidungsgehalten würde diese Bestimmungen letztlich einem irrationalen Dezisionismus des Interpreten preisgeben[227].

Da das Anerkenntnis eines Konkretisierungsspielraumes notwendig bedeutet, daß es mehrere gleichwertige (zulässige) Konkretisierungsmöglichkeiten geben muß[228], läßt sich dann, wenn die Grundrechte präzis formulierte Entscheidungsinhalte vermissen lassen, nicht mehr mit apriorischer Eindeutigkeit bestimmen, ob ein bestimmter Konkretisierungsakt der einzig verfassungsmäßige ist.

Das gilt auch dann, wenn mit scheinbar objektivierbaren Bewertungsmaßstäben versucht wird, eine gesetzliche Regelung „am" Grundrecht zu messen. Wie hoch man auch immer das Verdienst des Bundesverfassungsgerichts einschätzen mag, mit Hilfe einer „Stufenlehre"[229] eine Bindung des Gesetzgebers bei berufsregelnden Vorschriften an Art. 12 Abs. 1 GG zu bewirken, so hat es doch keinesfalls objektive Bewertungskriterien geschaffen, wenn es gesetzgeberische „Eingriffe" in eine prinzipiell weit gedachte[230] grundrechtliche Berufsfreiheit abgestuft den Begriffen „Berufswahl", „Berufsausübung", „objektive-subjektive Zulassungsvoraussetzungen" zuordnet[231]. Da diese Begriffe keineswegs eindeutig feststehende Inhalte haben, sondern im Gegenteil weitgehend interpretatorischem Belieben ausgesetzt sind[232], läuft im Grunde die ganze Stufenlehre auf die — von Rupp hinsichtlich ihres erkenntnistheoretischen Wertes zu Recht „Kompensationsformel" genannte[233] — Überlegung hinaus, daß „diese Freiheit (scil.: die Berufsfreiheit) nur so weit eingeschränkt werden darf, als es zum gemeinen Wohl unerläßlich ist"[234]. Daß zumindest mit Hilfe des Kriteriums „gemeines Wohl", zumal dann, wenn es nicht näher verfassungsrechtlich legitimiert und konkretisiert wird[235], dem verfassungskonkretisierenden

---

[227] Gegen eine „Überinterpretation" der Grundrechte auch *Scheuner*, VVDStRL 22 (1965) S. 1 (37 f.).
[228] *Göldner* S. 144.
[229] Grundlegend BVerfG E 7 S. 377 (397 f.). Vgl. im übrigen die Darstellung von *Erichsen*, StaRuVfgbkt I S. 33 f. und *Grabitz*, AöR Bd. 98 (1973) S. 568 (592 f.) mit umfangreichen Nachw.
[230] BVerfG E 7 S. 377 (397).
[231] Vgl. dazu die Kritik von *Rupp*, AöR Bd. 92 (1967) S. 212 (232 f.). Kritisch auch *Ehmke*, VVDStRL 20 (1963), S. 53 (94 f.).
[232] Vgl. *Rupp*, AöR Bd. 92 (1967) S. 212 (234 f.). Die Abgrenzung Berufswahl -ausübung steht und fällt mit der Enge oder Weite eines bestimmten Berufsbildes. Die Abgrenzung „subjektive-objektive Zulassungsvoraussetzung" hängt davon ab, was man als individuell beeinflußbar ansieht.
[233] AöR Bd. 92 (1967) S. 212 (233).
[234] BVerfG E 7 S. 377 (405); vgl. auch BVerfG E 16 S. 147 (187); 17 S. 232 (242); 30 S. 292 (316/317).
[235] Vgl. die Kritik von *Rupp*, AöR Bd. 92 (1967) S. 212 (237).

B. Grundrechtsgesetzgebung

Organ ein denkbar weiter Spielraum eröffnet wird, braucht nicht näher erörtert zu werden[236].

Es wäre indes falsch zu folgern, daß die Bindungswirkung der Grundrechte an der Grenze ihrer als unveränderlich vorgegeben interpretierbaren — „rigiden" — Normbereiche endet[237]. Auch jenseits dieser Grenze, die nicht im Sinne einer räumlich fixierbaren (Grenz-) Linie verläuft, sondern im jeweiligen Verfassungsrechtsbegriff selbst angelegt ist, gelten die Grundrechte nicht nach „Maßgabe der Gesetze", sondern ist die grundrechtskonkretisierende Gesetzgebung an die Grundrechte gebunden[238]. Nach Art. 19 Abs. 2 GG darf keine Grundrechtsausführung den Wesensgehalt eines Grundrechts antasten und in diesem Sinne kann die oben[239] kritisch beurteilte Formulierung *Häberles* — „Die Gesetzesvorbehalte ermächtigen niemals zu Eingriffen in den ‚eigentlichen Inhalt' der Grundrechte"[240] — als durchaus adäquate Ausdeutung dieser Verfassungsbestimmung gewertet werden. *Was* allerdings den „Wesensgehalt" eines Grundrechts ausmacht, ist im Grundsätzlichen nur schwer andeutbar[241]. Daß sich hier nur vage Formulierungen finden, wie: der Gesetzgeber sei an den „sozialen Sinn"[242] der Grundrechte, an die „verfassungsrechtlich(en) Determinanten"[243], an den „sachlichen Gehalt" des Grundrechts gebunden, d. h. an „seinen natürlichen, sich aus rationaler Sinnerschließung ergebenden Geltungsbereich"[244], kann daher nicht verwundern. Da sich der Wesensgehalt eines Grundrechts erst in einer Einzeldiskussion erschließen kann[245], läuft die Frage der Grundrechtsbindung auf das Problem der Zulässigkeit der Methode hinaus, die das grundrechtliche „Leitbild"[246], das dem Gesetzgeber immer unantastbar vorgegeben ist, sichtbar machen soll[247].

---

[236] Entsprechend daher BVerfG E 29 S. 221 (235): „Im sozial- und gesellschaftspolitischen Bereich hat der Gesetzgeber einen weiten Raum zur freien (sic!) Gestaltung".
[237] Daß bis zu dieser Grenze eine „strenge" Grundrechtsbindung Platz greift, ist unbezweifelbar. Insofern zutreffend BVerfG E 12 S. 45 (53).
[238] Vgl. BVerfG E 7 S. 377 (404).
[239] S. 85 f.
[240] Wesensgehaltgarantie S. 223.
[241] Das gilt auch dann, wenn man — in fragwürdig verräumlichender Denkweise — einer „absoluten" Wesensgehaltstheorie folgt, die von einem — praktisch nicht ermittelbaren — unantastbaren Grundrechts„kern" ausgeht. So etwa *F. Klein*, in v. Mangoldt/Klein, Grundgesetz, Art. 19 Anm. V 4 d; *Huber*, DÖV 1956 S. 135 (142); w. Nachw. bei *Häberle*, Wesensgehaltgarantie S. 1 f. und *Friedrich Müller*, Normstruktur S. 207 Fn. 596.
[242] *Hamel*, Staatsrecht I S. 85.
[243] *Rupp*, AöR Bd. 92 (1967) S. 212 (218, 224).
[244] BVerfG E 7 S. 377 (404).
[245] Vgl. auch BVerfG E 22 S. 180 (219); 30 S. 47 (53).
[246] So der entsprechende Terminus von *Häberle*, Wesensgehaltgarantie S. 148 und passim.
[247] Zur Begrenztheit des Erkenntniswertes der der Grundrechtskonkretisierung hierfür zur Verfügung stehenden Methoden insbesondere *v. Pestalozza*, Der Staat Bd. 2 (1963) S. 425 f.

Hinsichtlich der Ermittlung dieses sachlichen Gehalts der einzelnen Grundrechte gewinnt die oben dargelegte Auffassung von der Verfassung als einer materialen Einheit, wie sie auch schon zur Gewinnung des Freiheitsverständnisses des Grundgesetzes herangezogen worden ist[248], entscheidende Bedeutung. Das Eingebundensein der Grundrechte in die Gesamtordnung der Verfassung bedeutet kein Anerkenntnis eines geschlossenen Wertsystems[249], aus dem sich im Wege der Deduktion fallgerechte Einzellösungen ableiten ließen[250], sondern verlangt nach „ganzheitlicher" Betrachtung der Verfassung[251], die Inhalt und Grenzen der Grundrechte mit Hilfe einer „differenzierten gedanklichen Operation"[252] durch Zuordnung der einzelnen von der Verfassung anerkannten Rechtsgüter erschließt. Eine solche Grundrechtskonkretisierung, die den Stellenwert des jeweiligen Grundrechts im Koordinatensystem der gesamten Wertordnung der Verfassung zu analysieren hat[253], kann letztlich nur durch „Güterabwägung auf Verfassungsebene"[254] erfolgen. Dabei darf die „Einheit der Verfassung" nicht im Sinne einer starr vorgegebenen Werthierarchie mißverstanden und „Güterabwägung" als abstrakte Wertabwägung zur Realisierung eines Rechtsgutes auf Kosten eines anderen mißverstanden werden[255]. Erst recht darf im Hilfsmittel der Güterabwägung keine Methode gesehen werden, grundrechtliche Freiheiten durch anonyme Gemeinwohlinteressen, deren verfassungsrechtliche Anerkennung weder nachgewiesen, noch deren Stellenwert im Gesamtsystem der Verfassung ermittelt wird, zu beschränken[256]. Vielmehr verlangt die gebotene „Optimierung" der Verfassungsrechtsgüter ihre jeweils *verhältnismäßige* Begrenzung[257] durch gegenseitige Abwägung. In diesem Sinne muß Verfassungskonkretisierung die jeweils beteiligten Normgehalte zueinander in Beziehung setzen[258] und durch „harmonisierende Auslegung"[259] die Einheit der Verfassung vollziehen.

Die Schwächen einer so verstandenen Güterabwägung sind ebenso bekannt[260], wie diese letztlich als Prinzip der Verfassungskonkretisie-

---

[248] 3. Kap. B. III. Dort auch die entsprechenden Nachw.
[249] Dazu oben 3. Kap. B. III. 1.
[250] Vgl. auch *Friedrich Müller*, Normstruktur S. 213.
[251] *Häberle*, Wesensgehaltgarantie S. 38.
[252] *Häberle*, ebd. S. 35.
[253] Vgl. dazu auch *Friedrich Müller*, Normstruktur S. 209 f.
[254] *Häberle*, Wesensgehaltgarantie S. 31 f. Vgl. auch *Friedrich Müller*, Normstruktur S. 209 f.; *E. Hesse* S. 102 f. Zur Güterabwägungslehre, vgl. *v. Pestalozza*, Der Staat, Bd. 2 (1963) S. 425 (446 f.) und die bei *Friedrich Müller*, ebd. S. 209 Fn. 600 Angegebenen.
[255] *K. Hesse*, Verfassungsrecht S. 28.
[256] Vgl. insofern die zutreffende Kritik von *Friedrich Müller*, Normstruktur S. 210.
[257] *K. Hesse*, Verfassungsrecht S. 28 f.: „praktische Konkordanz".
[258] Vgl. *Friedrich Müller*, Normstruktur S. 213.
[259] *Scheuner*, VVDStRL 20 (1963) S. 125; ders., VVDStRL 22 (1965) S. 1 (53).

B. Grundrechtsgesetzgebung

rung unentbehrlich ist[260]. Das Prinzip der Güterabwägung ist auch nicht in der Lage, festzustellen, ob eine bestimmte Verfassungskonkretisierung die „einzig richtige" ist. Es kann allenfalls den Rahmen bestimmen, innerhalb dessen „Verfassungskonkretisierung" noch „verfassungsmäßig" ist.

Mit Anerkenntnis eines solchen Konkretisierungsspielraumes wandelt sich das Problem der zulässigen Verfassungskonkretisierung im wesentlichen zu einem Problem der Konkretisierungszuständigkeit[262].

---

[260] Vgl. insbesondere *v. Pestalozza*, Der Staat Bd. 2 (1963) S. 25 (446 f.); *Lerche*, Übermaß S. 129, 150, 158, 224, 244 f.; *E. Hesse* S. 104 f.; *Friedrich Müller*, Normstruktur S. 209 f. m. w. Nachw. in Fn. 600.

[261] Vgl. auch *Friedrich Müller*, ebd. S. 215. *Häberle*, Wesensgehaltgarantie S. 31, nennt dieses Prinzip „verfassungsimmanent". Das Bundesverfassungsgericht ist deutlich dem Prinzip der Güterabwägung gefolgt: vgl. etwa E 7 S. 198 (208 f.); 7 S. 377 (397 f., insbesondere S. 404 f.); 24 S. 367 (406); 25 S. 112 (117 f.); 27 S. 344 (351 f.); 28 S. 243 (261); 29 S. 221 (235); 30 S. 1 (19 f.); 33 S. 1 (11); 33 S. 303 (333 f.); 36 S. 79 (115, 122 f.); Beschluß v. 18. 7. 1973, 1 BvR 23 u. 155/73, NJW 1974 S. 227 u. 229.

[262] Vgl. auch *Göldner* S. 148; *Lerche*, DÖV 1965 S. 212 (213). Vgl. *Göldner* S. 149 f. auch zur Abgrenzung der richterlichen zur gesetzgeberischen Konkretisierungszuständigkeit (S. 208: im Ergebnis Subsidiarität richterlicher Verfassungskonkretisierung).

Fünftes Kapitel

Die Bedeutung der Gesetzesvorbehalte der Grundrechte als Zuständigkeitsregelungen

Mit der Feststellung, daß die Gesetzesvorbehalte der Grundrechte dem Gesetzgeber zur Grundrechtsausführung und -verwirklichung ermächtigen, ist die Kompetenzproblematik noch nicht erschöpft. Unbeantwortet ist bisher noch die Frage nach der *Ausschließlichkeit* dieser Kompetenzzuweisung, d. h. die Frage, ob nach der Bestimmung der Grundrechte und ihren Gesetzesvorbehalten allein dem Gesetzgeber die Kompetenz zugewiesen ist, von sich aus im Grundrechtsbereich aktiv zu werden und der Exekutive[1] insofern eine eigenständige Regelungsbefugnis versagt bleibt. Bei Annahme einer solchen Exklusivität der Zuständigkeitszuweisung wäre der Verwaltung zwar wegen der Delegationsbefugnis des Gesetzgebers nicht jegliche, zumindest aber eine originäre, also eigeninitiative Grundrechtsausführung verwehrt.

A. Die Lehren von der Erweiterung und/oder Neubestimmung des traditionellen Vorbehaltsbereichs der Gesetzgebung

Das überkommene Vorbehaltsprinzip traf in kompetenzrechtlicher Hinsicht grundsätzlich eine eindeutige Aussage. Es enthielt schon per definitionem[2] die Bestimmung, daß die von ihm erfaßten Regelungen (originär) nur vom Gesetzgeber getroffen werden durften und einschlägige Verwaltungsmaßnahmen einer (formell-) gesetzlichen Ermächtigung bedurften. Der Umfang dieser Kompetenzzuweisung war allerdings entscheidend begrenzt: Die Geltung des traditionellen Vorbehaltsprinzips beschränkte sich auf *Eingriffe* des Staates in Freiheit und Eigentum *im allgemeinen Gewaltverhältnis*[3].

Der so doppelt begrenzte Geltungsumfang des Vorbehalts des Gesetzes gehört zu den meistdiskutierten Gegenständen der Staatsrechtslehre

---

[1] Die Frage der Abgrenzung der Grundrechtskonkretisierungskompetenz zwischen Legislative und Judikative gehört nicht zur Vorbehaltsproblematik im engeren Sinne und bleibt deshalb in dieser Untersuchung ausgeklammert. Vgl. zu diesem Problem die Nachw. oben 4. Kap. Fn. 262.

[2] Vgl. oben Einleitung und auch die Definition von *Jesch* S. 1.

[3] Dazu statt vieler *Jesch* S. 206 f. und *Erichsen*, in Festschrift für Hans J. Wolff S. 219 (220 f.).

A. Neubestimmungen des traditionellen Vorbehaltsbereichs

der jüngeren Vergangenheit[4]. Die bis heute kontroverse Diskussion ist weitgehend durch das Bemühen gekennzeichnet, den Vorbehaltsbereich der Gesetzgebung aus seiner traditionellen Begrenzung zu lösen und ihn funktionsgemäß zu erweitern. Ohne hier den Streitstand in extenso nachzuzeichnen[5], kann festgestellt werden, daß sich die unterschiedlichen Auffassungen hinsichtlich ihres methodischen Vorgehens, grob sortiert, in folgende Gruppen einteilen lassen[6]:

Die ganz überwiegende Lehre und Rechtsprechung[7] geht vom traditionellen Vorbehalt des Gesetzes — also dem Eingriffsvorbehalt[8] — aus, und argumentiert für eine der heutigen Verfassungslage angemessene Erweiterung dieses Bereiches[9]. In diese Gruppe fallen ebenso die Versuche, den Außenrechtsbereich, also „das allgemeine Gewaltverhältnis" neu abzustecken, wie die Bemühungen, den Begriff des „Eingriffs" neu zu definieren, so daß nicht nur gezielte, unmittelbare Eingriffe des Staates in die geschützte Individualssphäre dem Vorbehaltsbereich des Gesetzgebers unterfallen, sondern auch indirekte, mittelbare Interventionen, die zunehmend das Arsenal leistungsstaatlicher Maßnahmen bestimmen[10].

Eine — gemessen am traditionellen Geltungsumfang — recht radikale Ausdehnung des Eingriffsvorbehalts fordert *Rupp*[11], wenn er nach ausdrücklichem Bekenntnis zur Weitergeltung des traditionellen Grund-

---

[4] Umfassende Nachw. bei *Ossenbühl*, Verwaltungsvorschriften S. 211, Fn. 121.
[5] Verwiesen sei insofern auf die ausgezeichnete Darstellung von *Ossenbühl*, Verwaltungsvorschriften S. 210 f. m. w. Nachw. Ferner *Rupp*, Grundfragen S. 113 f.; *Jesch* S. 175 f.; *Starck*, Gesetzesbegriff S. 281; *Selmer*, JuS 1968 S. 489 (492 f.); *Kleiser*, Diss. S. 34 f.; *Baedeker*, Diss. S. 97 f. Auch für die Schweiz: *Thieme*, Diss. S. 8 f., 75 f. Insbesondere hinsichtlich des Fragenkreises: Vorbehalt des Gesetzes und Subventionen, *Friauf*, DVBl. 1966 S. 729 (733 f.).
[6] Vgl. auch die Einteilung bei *Ossenbühl*, Verwaltungsvorschriften S. 210. Die Lehren finden sich auch kombiniert.
[7] Nachw. bei *Ossenbühl*, Verwaltungsvorschriften S. 220; *Kleiser*, Diss. S. 34 f.
[8] Die Einwände *Ossenbühls*, Verwaltungsvorschriften S. 220 gegen den Terminus „Eingriffsvorbehalt" gehen fehl. Wenn er gegen diese Kennzeichnung geltend macht, daß die Verwaltung spätestens seit der Weimarer Zeit selständig keine Sozialleistungssysteme mehr schaffen konnte, so verkennt er, daß der Vorbehalt des Gesetzes, wie im historischen Abriß ausgeführt, nie den Anspruch erhoben hatte, den alleinigen, sondern allenfalls den Hauptanwendungsbereich der Gesetzgebung zu beschreiben. Wenn O. weiter meint, die Gesetzgebung hätte auch in der konstitutionellen Zeit schon mehr geregelt als nur Eingriffe in Freiheit und Eigentum, so läßt er außer acht, daß der Vorbehalt des Gesetzes nicht den tatsächlichen, sondern den notwendigen Gesetzgebungsbereich umschreibt. Vgl. insoweit auch *E.-W. Böckenförde*, Organisationsgewalt S. 90 und ebd. Fn. 5.
[9] Vgl. auch *Starck*, Gesetzesbegriff S. 286 m. Nachw.
[10] Vgl. etwa *Vogel*, VVDStRL 24 (1966) S. 125 (151 f.). Dazu auch *Kleiser*, Diss. S. 99 f. m. Nachw.; *Starck*, Gesetzesbegriff S. 283 f.
[11] Grundfragen S. 138 f.

5. Kap.: Gesetzesvorbehalte als Zuständigkeitsregelungen

satzes[12] dessen Erweiterung auf den gesamten Bereich des Bürger-Staat Verhältnisses annimmt[13]. Methodisch gewinnt er dieses Ergebnis — nach eigener Meinung „ohne Schwierigkeiten"[14] — mit Hilfe einer Umdeutung[15] des „Freiheits- und Eigentumsbegriffs" der klassischen Vorbehaltsklausel: „Bedeutete Freiheit i. S. des ursprünglichen Eingriffsvorbehalts eine autonome Eigensphäre, die nur durch das Gesetz *beschränkbar* war, so hat der Freiheitsgedanke heute die Zielrichtung, an Stelle der verlorenen Autonomie eine ideelle, nämlich rechtliche Unabhängigkeit des einzelnen gegenüber der Verwaltung zu schaffen, die ... nur durch das Recht, durch das Gesetz *begründbar* ist"[16].

Von anderen Autoren wird der traditionelle Vorbehaltsbereich punktuell, sachgegenständlich erweitert, indem etwa argumentiert wird, „daß die Verwaltung nicht aus eigener Initiative und nach eigenen Vorstellungen und Zwecksetzungen ganze Leistungssysteme schaffen darf, sondern daß diese Aufgabe dem Gesetzgeber vorbehalten ist"[17].

In diesem Zusammenhang werden auch Argumente geltend gemacht, nach denen die „politisch bedeutsamen Entscheidungen" dem Gesetzgeber, dem die Aufgabe des „unmittelbaren Verfassungsvollzuges"[18] zukomme, vorbehalten seien[19].

Der von der h. M. eingeschlagene Weg der „Erweiterung des Gesetzesvorbehalts"[20], der „vernünftige(n) und praktikable(n) Ausdehnung des klassischen Gesetzesvorbehalts"[21] und der „konsequente(n) Anpassung des tradierten Eingriffsvorbehalts an die Verfassungslage im sozialen Rechtsstaat"[22] ist methodisch überaus fragwürdig. Wie eingangs unserer Überlegungen konstatiert werden mußte, ist schon die grundsätzliche Frage des „Ob" der verfassungsrechtlichen Rezeption des Eingriffsvorbehalts, wenn sie überhaupt untersucht wurde, bisher nicht zufriedenstellend beantwortet[23]. Der bisher am meisten erörterte Versuch

---

[12] Ebd. S. 138, 140, 141.
[13] Ebd. S. 143.
[14] Ebd. S. 142.
[15] Gegen die Zulässigkeit einer solchen Umdeutung *Jesch* S. 204; *Ossenbühl*, Verwaltungsvorschriften S. 216; *Schwan*, Diss. S. 27 f.
[16] *Rupp*, Grundfragen S. 142. Ähnlich wie er auch *Baedeker*, Diss. S. 83 f. Kritisch dazu *Jesch* S. 203 f.; *Ossenbühl*, Verwaltungsvorschriften S. 214 f. *Schwan*, Diss. S. 25 f.
[17] *Ossenbühl*, Verwaltungsvorschriften S. 240; ähnlich auch *Starck*, Gesetzesbegriff S. 286, vgl. *dens.* auch S. 283 f. hinsichtlich der Zusammenstellung der Argumente für eine Erweiterung des traditionellen Vorbehaltsbereiches.
[18] *Ossenbühl*, Verwaltungsvorschriften S. 240.
[19] So etwa *Ossenbühl*, ebd. S. 240 f. m. Nachw., S. 249; *Starck*, Gesetzesbegriff S. 286.
[20] *Rupp*, Grundfragen S. 140.
[21] *Starck*, Gesetzesbegriff S. 286.
[22] *Baedeker*, Diss. S. 102, der, S. 98 f., einen Totalvorbehalt für den gesamten Außenbereich annimmt.
[23] Oben Einleitung.

A. Neubestimmungen des traditionellen Vorbehaltsbereichs

der verfassungsrechtlichen Verortung des Vorbehaltsprinzips, nämlich der seiner Niederlegung in den Grundrechten des Grundgesetzes, muß nach der hier angestellten Untersuchung als gescheitert angesehen werden. Ohne zufriedenstellende Antwort auf die Frage nach der Art und Weise der verfassungsrechtlichen Aufnahme des Eingriffsvorbehalts kann das nachfolgende Problem der Modifikation dieses Prinzips aber letztlich nicht überzeugend gelöst werden. Jede Argumentation, die sich über die Frage des verfassungsrechtlichen Standortes des Vorbehaltsprinzips keine präzise Rechenschaft ablegt, wird hinsichtlich des Problems der Erweiterung oder Änderung dieses Grundsatzes den notwendigen verfassungsrechtlichen, das meint auch verfassungstextlichen Bezug, vermissen lassen. So übersieht denn auch die h. M. in aller Regel schon die von *Jesch* zu Recht aufgeworfene — und verneinte — Frage, ob das traditionelle Vorbehaltsprinzip überhaupt einer Modifikation fähig ist, oder ob es — wenn überhaupt — nur als „fertig(es) Prinzip", nicht aber als „anpassungsfähiger Text" rezipiert ist[24]. Gerade diese entscheidende Frage kann nur dann beantwortet werden, wenn über das Problem der grundsätzlichen verfassungsrechtlichen Weitergeltung des klassischen Prinzips Klarheit herrscht. Sie ist interessanterweise von der „Gewohnheitsrechtssatztheorie" bisher verneint worden[25]. Die von der h. M. vorgetragene Lehre von der Entwicklung und Erweiterung des Eingriffsvorbehalts ist daher in wesentlichen Punkten argumentativ lückenhaft.

Teilweise[26] unabhängig von der Weitergeltung des traditionellen Eingriffsvorhalts entwickelt eine andere Auffassung einen umfassenden Vorbehalt für den Gesetzgeber. Diese in Deutschland insbesondere von *Jesch*[27] in den Mittelpunkt der Diskussion gerückte Lehre vom Totalvorbehalt[28] stellt die These auf, daß die Exekutive — zumindest im staatlichen Außenbereich — ausschließlich gesetzesabhängig tätig werden dürfe. Die Vertreter dieser Ansicht berufen sich in aller Regel auf eine gegenüber den konstitutionellen Verfassungen gewandelte Verfassungsstruktur, die eine neue Verhältnisbestimmung zwischen Bürger und Staat und insbesondere zwischen Exekutive und Legislative erfordere, nach der sich eine gesetzesfrei operierende Verwaltung verbiete.

---

[24] S. 62 f. Dazu (kritisch) *Rupp*, Grundfragen S. 136 f. *Jesch* entwickelt deshalb seine Vorbehaltslehre konsequent unabhängig von einem, nach seiner Auffassung weitergeltenden klassischen Eingriffsvorbehalt.
[25] Insbesondere *Schwan*, Diss. S. 29 f.; *Jesch* S. 62 f.
[26] *Baedeker*, Diss. S. 98 f., 102/103 versteht den von ihm vertretenen Totalvorbehalt als Entwicklung des tradierten Eingriffsvorbehalts.
[27] S. 171 f.
[28] Dazu die Darstellung und Kritik von *Ossenbühl*, Verwaltungsvorschriften S. 211 f.; *Kleiser*, Diss. S. 34 f. Nach Auskunft *Ossenbühls* ist diese Lehre in Deutschland schon wieder im Aussterben begriffen. Anders z. T. in Österreich und in der Schweiz. Dazu *Ossenbühl* S. 211 und *Thieme*, Diss. S. 75 f.

5. Kap.: Gesetzesvorbehalte als Zuständigkeitsregelungen

Das Demokratieprinzip und die daraus abgeleitete Führungsrolle des Parlaments ist die wesentliche argumentative Ausgangsbasis dieser Auffassung[29].

Die mangelnde Durchsetzungskraft der so begründeten Lehre kann nicht nur dem retardierenden Effekt der Verhaftung in traditionellen Denkvorstellungen angelastet werden[30]. Allein der Hinweis auf die von Art. 20 Abs. 2 GG prinzipiell konstituierte demokratische Verfassungsstruktur stellt noch keine schlüssige Argumentation zum Nachweis eines grundgesetzlichen Totalvorbehalts für den Gesetzgeber dar. Vielmehr läßt die — heute praktisch unbestrittene[31] — demokratische Legitimation auch der Exekutive, wie sie ebenfalls in Art. 20 Abs. 2 GG zum Ausdruck gebracht ist, die Frage nach der Zuständigkeitsverteilung zwischen den Gewalten durchaus offen[32]. Die unmittelbare Deduktion aus grundlegenden Verfassungsnormen erweist sich insgesamt als zu vorschnell, um rational überzeugen zu können[33]. Der nähere Inhalt des Demokratieprinzips erschließt sich im wesentlichen erst aus seinen vielfachen grundgesetzlichen Einzelkonkretisierungen, die freilich ihrerseits im Hinblick auf diese grundlegende Verfassungsentscheidung eine besondere Bedeutung erhalten können. Vor der interpretatorischen Erschöpfung dieser Einzelbestimmungen, zu denen auch die Grundrechte und die ihnen beigefügten Gesetzesvorbehalte gehören, ist jedoch ein unmittelbarer Rückgriff auf den allgemeinen Grundsatz unzulässig[34].

Neben der Erweiterung des klassischen oder der Entwicklung eines neuen (demokratischen, totalen) Vorbehalt des Gesetzes lassen sich auch

---

[29] Vgl. *Jesch* S. 205; *Baedeker*, Diss. S. 95 f.; *Roos*, Zeitschrift des Bernischen Juristenvereins, Bd. 91 bis S. 117 (130 f.); *Mallmann*, VVDStRL 19 (1961) S. 165 (185 f.).

[30] Zur Kritik vgl. im übrigen *Ossenbühl*, Verwaltungsvorschriften S. 212 f.; *E.-W. Böckenförde*, Organisationsgewalt S. 79 f.; *ders.* und *Grawert*, AöR Bd. 95 (1970) S. 1 (25 f.); *Schwan*, Diss. S. 50 f.; *Starck*, Gesetzesbegriff S. 282 f.; *Friauf*, DVBl. 1966 S. 729 (736); *Rupp*, Grundfragen S. 131 f.: zu *Jesch*. Kritisch zur Vorbehaltungslehre *Rupps*, die R. selbst nicht als Lehre eines Totalvorbehalts verstanden wissen will (vgl. seinen Hinweis in VVDStRL 30 (1972) S. 339), *Ossenbühl*, ebd. S. 214 f.; *Schwan*, Diss. S. 25 f., 28 f., 31 f.

[31] Vgl. *E.-W. Böckenförde*, Organisationsgewalt S. 79; *ders.* und *Grawert*, AöR Bd. 95 (1970) S. 1 (25 f.); *Papier* S. 34; *Schwan*, Diss. S. 52 m. w. Nachw. in Fn. 52.

[32] Im Ergebnis auch *Schwan*, Diss. S. 52 f.

[33] Zu polemisch *Starck*, Gesetzesbegriff S. 282, der gegen *Jesch* meint feststellen zu sollen: „Beruft sich der Interpret auf solche allgemeinen und erst im einzelnen ausfüllungsbedürftigen Grundsätze wie das Demokratieprinzip oder die Gewaltenteilung, so verläßt er die Grundlage jeder rechtsdogmatischen Arbeit und sein irrationaler Beitrag als Deuter wird übermächtig." Diese Erkenntnis hat ihn selbst, ebd. S. 281, immerhin nicht davon abgehalten, den Eingriffsvorbehalt als „unmittelbare(n) Ausfluß des Rechtsstaatsprinzips" anzusehen.

[34] Vgl. auch *E.-W. Böckenförde*, Organisationsgewalt S. 91.

A. Neubestimmungen des traditionellen Vorbehaltsbereichs

Bemühungen registrieren, den Vorbehaltsbereich der Gesetzgebung — prinzipiell unabhängig von der Weitergeltung des Eingriffsvorbehalts — mit Hilfe von Art. 80 GG über die traditionellen Grenzen hinaus auszudehnen[35]. Nach dieser Auffassung soll Art. 80 Abs. 1 GG nicht nur Bestimmtheitserfordernisse für gesetzliche Delegationsnormen aufstellen, sondern darüber hinaus einen materiellen Rechtssatzvorbehalt enthalten, demzufolge jeder Erlaß von (Außen-) Rechtssätzen durch die Exekutive von einer formell-gesetzlichen Ermächtigung abhinge, der Erlaß von Rechtssätzen also grundsätzlich dem Gesetzgeber vorbehalten sei.

Die Brauchbarkeit eines solchen „Außenrechtssatzvorbehaltes"[36] muß skeptisch beurteilt werden. Selbst wenn man von dem angesichts des Wortlauts von Art. 80 Abs. 1 GG beachtlichen Einwand absieht, daß diese Vorschrift nur Voraussetzungen für den Erlaß von Rechtsverordnungen normiert, selbst aber offen läßt, in welchen Fällen eine Rechtsverordnung erforderlich sei[37], kann diese Lehre von praktischem Wert nur dann sein, wenn es ihr gelingt, einen überzeugenden Rechtssatzbegriff zu entwickeln. Der nun inzwischen hundertjährige[38] Streit um den materiellen Gesetzesbegriff läßt insofern wenig Hoffnung aufkommen. Insbesondere gibt der traditionelle Rechtssatzbegriff, nach dem alle abstrakt-generellen Regelungen Rechtssätze sein sollen[39], wohl eher Probleme auf, als er sie löst. Abgesehen davon, daß die Annahme einer Rezeption eines Rechtssatzbegriffes, der nicht auf dem Boden des geltenden Verfassungsrechts entwickelt ist, eines besonderen Nachweises bedürfte, wird mit dem Kriterium der „Allgemeinheit" eines Staatsaktes gerade einer der problematischsten Begriffe des Staatsrechts[40] für maßgeblich erklärt. Es ist nicht nur bis heute die Frage letztlich unbeantwortet, worin denn die „Allgemeinheit" eines Hoheitsaktes zu sehen sei[41], sondern auch das Problem ungelöst, ob man in der „Allgemein-

---

[35] In jüngerer Zeit insbesondere *Schwan*, Diss. S. 66 f., 76 f. Vgl. aber auch *Jesch* S. 154 f.; *Rupp*, Grundfragen S. 115 f., 134; *E.-W. Böckenförde/Grawert*, AöR Bd. 95 (1970) S. 1 (27); *Erichsen*, StaRuVfgbkt II S. 96 f.; *ders.*, in Festschrift für Hans J. Wolff S. 219 (245), dort m. w. Nachw.
[36] *Schwan*, Diss. S. 74.
[37] So vor allem *Vogel*, VVDStRL 24 (1966) S. 125 (163 f.); *Kleiser*, Diss. S. 127. Vgl. auch *Ossenbühl*, Verwaltungsvorschriften S. 510. Hiergegen argumentiert *Schwan*, Diss. S. 76, daß Abs. 2 des Art. 80 GG Materien der Leistungsverwaltung benenne, die keinem außerhalb von Art. 80 Abs. 1 GG niedergelegten Gesetzesvorbehalt unterfielen. Diese These wird aber weitgehend hinfällig, wenn man die Gesetzesvorbehalte der Grundrechte auch auf staatliche Leistungsmaßnahmen bezieht. Dazu unten 5. Kap. B. I.
[38] *Labands* „Budgetrecht" erschien 1871.
[39] Etwa *Schwan*, Diss. S. 69 f.; *Erichsen*, StaRuVfgbkt II S. 97; *ders.*, in Festschrift für Hans J. Wolff S. 219 (245); *Forsthoff*, in Forsthoff, Rechtsstaatlichkeit und Sozialstaatlichkeit S. 165 (177, 179).
[40] Vgl. dazu auch *Ehmke*, Wirtschaft und Verfassung S. 63 f.
[41] Vgl. *Volkmar*, Allgemeiner Rechtssatz und Einzelakt, 1962 und die bei *Hans J. Wolff/Bachof*, Verwaltungsrecht I § 46 VI und VIII angegebene Lite-

heit" überhaupt das Essentiale eines Rechtssatzes sehen kann[42]. Zumindest kann eine Allgemeinheitsdefinition, die auf die (formale) Bestimmtheit oder Unbestimmtheit der betroffenen Adressaten und geregelten Fälle abstellt, kaum für sich in Anspruch nehmen, ein am geltenden Verfassungsrecht ausgerichtetes, *inhaltliches* Abgrenzungskriterium geschaffen zu haben. Der dem Art. 80 Abs. 1 GG entnommene Rechtssatzvorbehalt ist angesichts seiner formalen Definitionsmerkmale weniger ein materieller Rechtssatzvorbehalt, als ein Vorbehalt bestimmter Handlungsformen mit einer bestimmten rechtstheoretischen Struktur.

In jüngerer Zeit mehren sich die Stimmen, die den Vorbehaltsbereich der Legislative an der Funktion des Parlaments ausrichten wollen. Nach der dem Parlament zukommenden politischen Führungsrolle blieben dem Gesetzgeber *alle* politisch bedeutsamen Entscheidungen vorbehalten[43]. Der allgemeine Vorbehalt des Gesetzes sei ein Vorbehalt der Entscheidung grundlegender, einer Normierung im Gesetzgebungsverfahren zugänglicher Fragen durch den Gesetzgeber[44]. Dieser habe im demokratischen Rechtsstaat das Wesentliche selbst zu normieren, und dieses Gesetz sei ein „Gesetz im materiellen Sinne"[45].

So sehr auch der mit diesem „materiellen" Gesetzesbegriff verfolgte Ansatz, den Vorbehaltsbereich der Legislative nach der Funktion des Gesetzgebers in einer Demokratie zu bestimmen, zu faszinieren vermag, so muß doch die Verwendbarkeit einer solchen Formel differenziert beurteilt werden. Ein materieller Gesetzesbegriff kann grundsätzlich zwei — einander entsprechende, aber voneinander zu unterscheidende — Funktionen haben: Er kann zum einen den Vorbehaltsbereich der Gesetzgebung in dem Sinne abschließend beschreiben[46], daß die Exekutive befugt ist, alle „übrigen" Regelungen auch aus eigener Initiative zu ergreifen. So gesehen hätte der materielle Gesetzesbegriff

---

ratur. Kritisch insbesondere *Abelein*, in Festschrift für G. Küchenhoff S. 419 (423 f.). Vgl. allg. auch *Starck*, Gesetzesbegriff S. 195 f.

[42] Bereits *Laband*, Budgetrecht S. 3 f. hatte die „Allgemeinheit" als Essentiale des materiellen Gesetzesbegriffs aufgegeben. Ebenso G. *Jellinek*, Gesetz und Verordnung S. 239. Ablehnend dann insbesondere *Heller* in seinem bekannten Referat, VVDStRL 4 (1928) S. 98 (107 f.). In jüngerer Zeit kritisch besonders *Abelein*, in Festschrift für G. Küchenhoff S. 419 (423 f.); *Achterberg*, DÖV 1973 S. 289 (293 f.). Vgl. auch *Rupp*, Grundfragen S. 116, Fn. 30.

[43] *Ossenbühl*, Verwaltungsvorschriften S. 249; ähnlich *Starck*, Gesetzesbegriff S. 286. Vgl. auch *Ehmke*, Wirtschaft und Verfassung S. 77. Nachweise bei *Ossenbühl*, ebd. S. 240 f.; *Erichsen*, in Festschrift für Hans J. Wolff S. 219 (244, Fn. 163).

[44] K. *Hesse*, Verfassungsrecht S. 205, vgl. auch ebd. Fn. 9 und S. 202 f.

[45] *Häberle*, DÖV 1965 S. 369 (374).

[46] Das heißt den notwendigen, nicht den fakultativen Gesetzgebungsbereich. Kraft legislativen Zugriffsrechtes kann der Gesetzgeber auch weitere Gegenstände gesetzlich regeln. Vgl. E.-W. *Böckenförde*, Organisationsgewalt S. 84, 90.

A. Neubestimmungen des traditionellen Vorbehaltsbereichs

die Funktion, den Zuständigkeitsbereich der Exekutive von dem der Legislative grundsätzlich zu trennen. Ihm käme also in dieser Hinsicht eine dem traditionellen Vorbehaltsprinzip entsprechende Funktion zu. Indes wäre er von geringerer Regelungsintensität: Während der traditionelle Vorbehalt des Gesetzes für seinen Bereich *alle* „Eingriffe", unabhängig von Quantität oder Qualität, der originären Regelungsbefugnis der Exekutive entzog, soll nach dem „politischen Gesetzesbegriff" nur der Erlaß näher qualifizierter Maßnahmen der Verwaltung grundsätzlich entzogen sein[47]. Will der „materielle Gesetzesbegriff" eine solche Funktion erfüllen, so wird er sich angesichts seiner vagen Definition dem Vorwurf stellen müssen, ob er „überhaupt jemals das gebotene Maß präziser Abgrenzung wird leisten können"[48].

Wegen seiner unter rechtsstaatlichem Aspekt unzureichenden Präzision darf also diesem Gesetzesbegriff nicht die Aufgabe zugesprochen werden, die grundsätzliche Trennungslinie zwischen Legislativ- und Exekutivgewalt zu ziehen. Bedeutung kann er allerdings in anderer Hinsicht gewinnen: Mit einer — wie auch immer zu bestimmenden — grundsätzlichen Vorbehaltsklausel wird nur der Bereich abgesteckt, in dem der Exekutive eine originäre Regelungsbefugnis versagt ist. Demgegenüber bleibt der Exekutive grundsätzlich die Möglichkeit, auch in diesem Bereich — per gesetzlicher Ermächtigung — aktiv zu werden, womit keineswegs ein automatenhafter Gesetzesvollzug verbunden sein muß[49]. Es bleibt damit zu entscheiden, wie die Materien zu bestimmen sind, die notwendig vom Gesetzgeber geregelt werden müssen, und *in keinem Fall* von der Exekutive geregelt werden dürfen[50]. Damit wird eine Formel erforderlich, die die *delegationsfeindlichen Gegenstände* umreißen kann. Hier kann der materielle Gesetzesbegriff tatsächlich eine wesentliche Funktion erfüllen: Er wird dergestalt zu einem „Parlamentsvorbehalt"[51]. Dabei ist die Generalklausel dieses Vorbehalts im Einzelfalle des jeweils einschlägigen grundgesetzlichen Gesetzesvorbehalts zu konkretisieren und gegebenenfalls mit Hilfe der vom Gesetzesvorbehalt selbst vorgegebenen Konkretisierungskriterien zu präzisieren[52]. Daß der „Parlamentsvorbehalt" die für seine richtig verstandene

---

[47] Die Weitergeltung des traditionellen Vorbehaltsprinzips wird daher (?) von den Vertretern dieser Ansicht nicht bestritten.
[48] *Erichsen*, in Festschrift für Hans J. Wolff S. 219 (244). Vgl. auch *Baedeker*, Diss. S. 99.
[49] Vgl. *Starck*, Gesetzesbegriff S. 275 f.
[50] Vgl. auch *Ehmke*, VVDStRL 24 (1966) S. 230 (231): „Die Frage lautet: Was muß im parlamentarischen demokratischen Staat vom Gesetzgeber geregelt werden? Welcher ‚Gesetzesbegriff' gilt heute?"
[51] In diesem Sinne *Ehmke*, Wirtschaft und Verfassung S. 75 f. und wohl auch *K. Hesse*, Verfassungsrecht S. 202 f.; *Häberle*, DVBl. 1972 S. 909 (911 f. und Fn. 50). Im Ergebnis wie hier BVerfG E 33 S. 303 (345/346).
[52] Vgl. auch *Starck*, Gesetzesbegriff S. 173.

5. Kap.: Gesetzesvorbehalte als Zuständigkeitsregelungen

Funktion notwendige Konturenschärfe erreichen kann, hat sich in der jüngeren Rechtsprechung des Bundesverfassungsgerichts erwiesen[53].

B. Die Gesetzesvorbehalte der Grundrechte als Zuständigkeitsnormen für grundrechtsausführende und grundrechtsverwirklichende staatliche Maßnahmen

Hat die Grundrechtsgesetzgebung nach unseren Feststellungen entsprechend dem geänderten Grundrechtsverständnis eine qualitative und quantitative Funktionsveränderung erfahren, so drängt sich die Konsequenz auf, daß auch *der von den Gesetzesvorbehalten der Grundrechte beschriebene Vorbehaltsbereich* neu bestimmt werden muß. Mit diesem Ansatz eröffnet sich die Möglichkeit, mit Hilfe der bisher gewonnenen Ergebnisse zu einer, gemessen an traditionellen Vorstellungen, neuen, gegenüber manchen „modernen" Versuchen, verfassungstextorientierten Bestimmung des Zuständigkeitsbereich der Gesetzgebung beizutragen. Dabei kann zunächst von folgendem ausgegangen werden:

Nach insoweit noch unbestrittener Erkenntnis *Jeschs*[54] hat der Übergang vom konstitutionellen zum demokratischen Rechtsstaat die verfassungsrechtliche Stellung der Exekutive nicht unverändert belassen. Das Verhältnis der einst in der Person des Monarchen verkörperten Exekutive zum Parlament hat sich geändert. Ihre Führungsrolle, die sich auch in einer prinzipiell allumfassenden Kompetenz niederschlug — Verfassung und Gesetz begründeten nicht, sondern beschränkten ihre Zuständigkeit[55] — hat sie verloren. Nach heutigem Verfassungsrecht beschränkt das Grundgesetz nicht nur, sondern konstituiert „alle Staatsgewalt". Damit ist die „Kompetenzpräsumtion" zugunsten der Exekutive entfallen. Alle Befugnisse und Kompetenzen empfängt sie entweder unmittelbar aus der Verfassung selbst, oder vom Parlament[56]. Daher, und weil Art. 20 Abs. 2 GG eine „*durchgehende* demokratische Legitimation der *gesamten* Staatsgewalt"[57] enthält, kann es keine grundsätzliche Kompetenzvermutung für irgendeine Gewalt geben. Ebensowenig wie — entgegen *Jesch*[58] — eine Kompetenzvermutung zugunsten der Legislative streitet, kann sich andererseits die Exekutive auf eine Vermutung für ihre Befugnisse berufen. Da sie auf die ihr vom

---

[53] BVerfG E 33 S. 125 (158 f.). Zu diesem Aspekt der Entscheidung die Anm. von *Häberle*, DVBl. 1972 S. 909 (911 f.). Vgl. auch BVerfG E 33 S. 303 (345 f.) Im Anschluß an BVerfG E 33 S. 125, BVerwG, Urteil vom 12. Dez. 1972 I C 30.69, DÖV 1973 S. 311 f.
[54] S. 171 f. Dazu auch *Ossenbühl*, Verwaltungsvorschriften S. 212 f.
[55] Vgl. *E.-W. Böckenförde*, Organisationsgewalt S. 81 m. w. Nachw.
[56] *Ossenbühl*, Verwaltungsvorschriften S. 212 unter Bezugnahme auf *Jesch*.
[57] *Ossenbühl*, Verwaltungsvorschriften S. 228.
[58] S. 171. Ablehnend die wohl h. M. Statt vieler: *Ossenbühl*, ebd. S. 213 f., 228.

B. Zuständigkeit für Grundrechtsausführung und -verwirklichung

Grundgesetz zugewiesenen und darüberhinaus von der Legislative eingeräumten Kompetenzen beschränkt ist[59], wird aber auch eine „Komplementärfunktion" der Verwaltung fragwürdig[60], soweit sie auf eben diese Kompetenzvermutung hinauslaufen würde.

Eine Vermutung setzt ein non liquet voraus. Ob es hinsichtlich der Kompetenzverteilung in einem Rechtsstaat überhaupt ein verfassungsrechtliches non liquet geben kann, erscheint überaus zweifelhaft und es spricht alles dafür, sich alle Kompetenz — im Prinzip — als auf Verfassungsebene lückenlos verteilt vorzustellen. Zumindest aber berechtigt eine fehlende ausdrückliche Zuständigkeitsregelung noch zu keiner Annahme eines kompetenzrechtlichen non liquet[61]. Da der Verfassungswortlaut aber die Kompetenzverteilung zwischen den Gewalten durchaus lückenhaft regelt, ist es nicht nur gerechtfertigt, sondern geboten, einschlägige geschriebene Regelungen interpretatorisch auszuschöpfen und gegebenenfalls nichtgeschriebene, aber dem Verfassungstext gleichwohl schlüssig zu entnehmende Kompetenzzuweisungen aufzusuchen.

Schon aus diesen Überlegungen kann gefolgert werden, daß die Kompetenzzuweisung, die die Gesetzesvorbehalte der Grundrechte zugunsten der Legislative enthalten, eine in dem eingangs dieses Abschnitts[62] bezeichneten Sinne ausschließliche ist, d. h. daß die Gesetzesvorbehalte der Grundrechte für ihren Geltungsbereich eine originäre Regelung der Verwaltung verbieten.

Gleichwohl ist der Exekutive nicht in jedem Fall ein Tätigwerden schlechthin verwehrt[63]. Soweit der Gesetzesvorbehalt etwa eine Delegation zuläßt, kann die Verwaltung — bis zur Grenze des „Parlamentsvorbehalts" — eine Regelungsbefugnis erhalten. Diese muß dann aber immer vom Gesetz abgeleitet sein.

Diese Auffassung befände sich in Übereinstimmung mit der ganz h. M.[64], wenn sie die Gesetzesvorbehalte i. S. von Eingriffs- und Schrankenvorbehalte verstünde. Aber selbst von dieser Auffassung, nach der

---
[59] *Reuss*, in Staatsbürger und Staatsgewalt II, S. 255 (274); *Menger*, in Demokratie und Verwaltung S. 299 (312).
[60] Dafür *Ossenbühl*, Verwaltungsvorschriften S. 249; *E.-W. Böckenförde/Grawert*, AöR Bd. 95 (1970) S. 1 (24); *E.-W. Böckenförde*, Organisationsgewalt S. 81 f.
[61] Vgl. auch *Ossenbühl*, Verwaltungsvorschriften S. 214.
[62] S. 102.
[63] Vgl. oben S. 109 f. Zum bekannten Problem der Grundrechtsregelung „durch" und „aufgrund" Gesetz insbesondere *Lerche*, DVBl. 1958 S. 524 f.; *K. Hesse*, Verfassungsrecht S. 131; *Papier* S. 29 f.
[64] Die Auffassung, Grundrechtseinschränkungen dürfe (originär) nur der Gesetzgeber vornehmen und die Gesetzesvorbehalte seien solche zugunsten des formellen Gesetzes, ist praktisch unbestritten. Vgl. etwa *Lerche*, DVBl. 1958 S. 524 (525, 526); *Hutzelmann*, Diss. S. 13 f.; *Starck*, Gesetzesbegriff S. 173, 288; *Schaumann*, in Mélanges Marcel Bridel S. 491 (499); *Karl Zeidler*, Diss. S. 46 f., 92; vgl. auch BVerfG E 33 S. 1 (9).

die Gesetzesvorbehalte, sofern sie zu Eingriff und Schrankensetzung ermächtigen, auf das formelle Gesetz verweisen[65], werden Ausnahmen gemacht[66]. So sollen nach mehrfach geäußerter, jüngst von *Papier* wieder vorgetragener Ansicht, Art. 2 Abs. 1 und 14 Abs. 1 GG nur einen „schlichten Rechtssatzvorbehalt" enthalten, die von diesen Grundrechten geschützten Freiheiten also auch durch eine „Rechtsnorm im materiellen Sinne", die nicht notwendig der Gesetzgeber erlassen haben muß, verkürzt werden dürfen[67]. Eine solche Auffassung setzt sich indes, wie schon *Jesch*[68] nachgewiesen hat, in Gegensatz zur allgemein unterstützten[69] Vorbehaltslehre. Da gerade Art. 2 Abs. 1 GG und Art. 14 Abs. 1 GG in der Interpretation der h. M. den gesamten Bereich „von Freiheit und Eigentum" i. S. des Eingriffsvorbehalts umschreiben, dieser aber als Vorbehalt des förmlichen Gesetzes anerkannt ist, müßte auch die „natürliche Handlungsfreiheit" des Art. 2 Abs. 1 GG und die — zumindest in privatrechtlicher Hinsicht — als umfassend verstandene Eigentumsfreiheit des Art. 14 Abs. 1 GG nur auf formell-gesetzlicher Grundlage eingeschränkt werden dürfen[70]. Konsequent vertritt daher E. *Stein* die Ansicht, daß der klassische Vorbehalt des Gesetzes nur noch die Funktion habe, klarzustellen, daß die Grundrechte mit dem Begriff „Gesetz" ein förmliches Gesetz meinen[71]. Soweit die Auffassung vom „Rechtssatzvorbehalt" daher nicht schon in sich unschlüssig vorgetragen wird, kann sie auch nicht mit dem Argument gehalten werden, das Grundgesetz schütze die Freiheitssphäre vor allem durch *„materielle* Gehalte", so daß diese durchaus „in gewissen Bereichen auf das *formale* Schutzinstrument einer Einschaltung der Volksvertretung verzichten" könne[72]. Schließlich sei auch die Exekutive demokratisch legitimiert und vor allem *jede* Normsetzung an die Grundrechte gebunden[73]. Dieser

---

[65] So auch schon *Walter Jellinek*, Deutsche Rechts-Zeitschrift, 1946 S. 4 (5, 6) im Hinblick auf (damals) künftige Verfassungen.

[66] Vgl. in diesem Zusammenhang auch die — bislang nicht näher begründete — Auffassung des Bundesverfassungsgerichts, daß auch vorkonstitutionelles Gewohnheitsrecht als Ermächtigungsgrundlage für Eingriffe (in die Berufsfreiheit) ausreiche. Vgl. E 15 S. 226 (233); 22 S. 114 (121); 34 S. 293 (303). Dazu kritisch *Menger*, VerwArch Bd. 64 (1973) S. 423 f.; vgl. auch *Tomuschat* S. 81 f., 87 f.

[67] *Papier* S. 31 f. dort auch w. Nachw.

[68] S. 138; ebenso jetzt *Schwan* S. 14 f.

[69] *Papier* S. 29, 30 vertritt allerdings die Auffassung, die Frage der gesetzesförmlichen oder nur rechtssatzmäßigen Ermächtigung sei abschließend im Grundrechtsteil geregelt.

[70] *Jesch* S. 138; *Schwan*, Diss. S. 14 f. Bei Anerkennung des traditionellen Vorbehaltsprinzips ist daher Art. 2 Abs. 1 GG auch ohne ausdrücklichen Gesetzesvorbehalt gegen gesetzlose eingreifende Einzelakte geschützt. Daher hält *M. Hoffmann* S. 44, Fn. 7 — entgegen *Vogel*, VVDStRL 24 (1966) S. 125 (149 f.) den traditionellen Eingriffsvorbehalt neben den Grundrechten nicht für entbehrlich. Ebenso *Schwan*, Diss. S. 16.

[71] § 14 IV (S. 101). Kritisch dazu *Schwan*, Diss. S. 16.

[72] *Papier* S. 36 und 40.

[73] *Papier* S. 36.

B. Zuständigkeit für Grundrechtsausführung und -verwirklichung

Einwand erklärt allerdings keineswegs, warum das Grundgesetz entgegen dem rechtsstaatlichen Gebot klarer Kompetenzregelungen, wenn es — wie in Art. 14 Abs. 1 Satz 2[74] — „Gesetz" sagt, nicht auch „Gesetz"[75], sondern stattdessen einen materiellen *Rechtssatzbegriff* meinen soll, der im übrigen verfassungsrechtlich erst legitimiert werden müßte[76]. Zum anderen steht — wie oben ausgeführt[77] — das Problem der Bindungswirkung der Grundrechte in unlöslichem Zusammenhang sowohl mit der Frage ihres vorgegebenen Norminhalts als auch (deshalb!) mit der Frage der Konkretisierungskompetenz. Daß insofern die besonders vage formulierten Freiheiten des Art. 2 Abs. 1 und 14 Abs. 1 GG als Beispiele benannt werden, die mit Hilfe ihrer „materiellen Gehalte" einen solchen Eigenschutz entfalten sollen, daß ausnahmsweise das „formale" Schutzinstrument des parlamentarischen Gesetzes entfallen könne, muß geradezu befremden.

Das hier verfolgte Konzept, nach dem die (Freiheits-) Grundrechte über ihre Gesetzesvorbehalte ausschließlich auf die Kompetenz des parlamentarischen Gesetzgebers verweisen, findet von der überkommenen Lehre bereits dann aber keine ungeteilte Zustimmung mehr, wenn es nicht mehr nur um die Zuständigkeit für Einschränkungen der Grundrechte i. S. von „echten" Grundrechtseingriffen geht, sondern um die Konkretisierungskompetenz für sog. immanente Grundrechtsschranken. Da nach überkommener Auffassung Vorbehaltsgesetzgebung „echte Einschränkung der Freiheit" bedeutet, „welche die Schranken mit konstitutiver Wirkung weiter in den Freiheitsbereich hineinverlegt, als sie von der Verfassung selbst und unmittelbar gezogen sind"[78], muß dieser Meinung die gesetzgeberische Konkretisierung von immanenten Schranken, die allgemein als „inhärente"[79], also dem Grundrecht auch schon ohne gesetzlichen Akt „von Verfassungs wegen innewohnende"[80]

---

[74] Zum Problem des fehlenden grundrechtlichen Gesetzesvorbehalts — wie in Art. 2 Abs. 1 GG — anschließend unten S. 116 f.
[75] Vgl. dazu *Achterberg*, DÖV 1973 S. 289 (297): Das Regelungsverfahren stelle das einzige, aber auch hinreichende Kriterium des Gesetzesbegriffs unter dem Grundgesetz dar. Die Bedeutung des „qualifizierten Verfahrens" für den Gesetzesbegriff hebt auch *Starck*, Gesetzesbegriff S. 157 f. besonders hervor. Vgl. auch *seine* Definition S. 269.
[76] Gewiß geht auch das Grundgesetz von einem vorkonstitutionellen Normbestand aus. Dazu insbesondere *Häberle*, Wesensgehaltgarantie S. 167 f. Inwieweit diese Normen den grundrechtlichen Voraussetzungen genügen, ist aber ein Problem der Art. 123 f. GG und nicht das eines *grundgesetzlichen* Gesetzesbegriffs.
[77] 4. Kap. B. IV.
[78] *Bachof*, in Die Grundrechte III/1 S. 155 (208). Ebenso ausdrücklich *Maunz*, Staatsrecht § 15 I 2, S. 118.
[79] *F. Klein*, in v. Mangoldt/Klein, Grundgesetz, Vorbem. B XV 2 a vor Art. 1 (S. 124).
[80] *Maunz*, Staatsrecht § 15 I 2, S. 118. Vgl. auch *Graf*, Diss. S. 3 und *Knies* S. 101 jeweils m. w. Nachw.

Schranken verstanden werden, als etwas wesensmäßig anderes empfinden[81]. Indem immanente Grundrechtsschranken (richtiger: Grundrechts*grenzen*[82]) in verräumlichender Denkweise[83] als dem Grundrecht a priori beigefügt gedacht werden, soll sich die entsprechende Tätigkeit des Gesetzgebers hier, im Gegensatz zur Vorbehaltsgesetzgebung, nur auf ein „Sichtbarmachen und Verdeutlichen"[84], d. h. auf eine deklaratorische Interpretation verfassungsmäßig bereits bestehender Freiheitsschranken beschränken. In Konsequenz dieser Auffassung wird die gesetzgeberische Gestaltung immanenter Schranken nicht mehr als Ausnutzung der in den Gesetzesvorbehalten der Grundrechte enthaltenen Ermächtigungen verstanden[85]. Durch Reduzierung der Schrankenziehung auf ein Interpretationsproblem[86] wird für solche gesetzgeberische Betätigung „ein besonderer Gesetzesvorbehalt entbehrlich"[87]. Da Interpretation keiner besonderen Ermächtigung bedürfe, ist damit aber auch gleichzeitig dem Gesetzgeber prinzipiell die Prärogative in dieser Frage entzogen[88]. Es scheint demnach nur folgerichtig, wenn die Notwendigkeit eines förmlichen Gesetzes zur Sichtbarmachung der „schon vorhandenen" immanenten Schranken der Grundrechte verneint wird[89, 90].

Bei näherem Hinsehen erweist sich jedoch, daß die h. M. durch die dogmatische Trennung von konstitutiver Grundrechtseinschränkung und deklaratorischer Bestimmung immanenter Grundrechts„schranken" den im Ansatz richtigen Immanenzgedanken in seiner Bedeutung unzulässig herunterspielt und dadurch die Kompetenzfunktion der grundrechtlichen Gesetzesvorbehalte verkennt[91]. Die Formel von den immanenten Grundrechtsgrenzen beschreibt nichts anderes als die auch hier wiederholt vorgetragene Auffassung von der notwendigen Begrenztheit aller Freiheiten in einer sozialen (Rechts-) Gemeinschaft[92]. Das Einge-

---

[81] So wohl auch *Friedrich Müller*, Grundrechte S. 82.
[82] Vgl. auch die Terminologie *Häberles*, Wesensgehaltgarantie S. 51 f.
[83] Vgl. die Skizze von *Maunz*, Staatsrecht § 15 I 2, S. 117. Gegen dieses „Denken in räumlichen Kategorien" *Rupp*, Grundfragen S. 238 Fn. 425.
[84] *Bachof*, in Die Grundrechte III/1 S. 155 (208); *Menger*, VerwArch Bd. 55 (1964) S. 73.
[85] In diesem Sinne auch *Friedrich Müller*, Grundrechte S. 72, 82.
[86] So zutreffend die Analyse von *Knies* S. 101 f.
[87] *Bachof*, Die Grundrechte III/1 S. 208; ähnlich auch *Friedrich Müller*, Grundrechte S. 64, 72.
[88] Vgl. *Knies* S. 102.
[89] *Menger*, VerwArch Bd. 55 (1964) S. 73. Dazu kritisch *Rupp*, NJW 1965 S. 993 (995), Fn. 16; *E. Hesse* S. 80.
[90] *Schwabe*, Drittwirkung S. 103, Fn. 284 meint, daß im Hinblick auf die gesetzliche „Nachzeichnung" der in den Grundrechten „schon unmittelbar vorgezeichneten" Grenzen „bestenfalls der ‚klassische' Vorbehalt wirksam werden" könne.
[91] Vgl. die treffende Kritik von *Rupp*, AöR Bd. 92 (1967) S. 212 (216 f.) und *Knies* S. 98 f.
[92] Vgl. auch *Zeitler*, BayVbl. 1971 S. 417 (418 f.)

B. Zuständigkeit für Grundrechtsausführung und -verwirklichung 115

lagertsein der Grundrechte in die Totalität der gesamten Verfassungswertordnung bedingt ihre von Verfassungs wegen innewohnende Begrenzung. Durch das wechselseitige Aufeinanderbezogensein der Verfassungsrechtsgüter muß jedes Grundrecht „von vornherein" eine — verhältnismäßige — Grenze haben. Durch diese „wesensmäßigen" Grundrechtsgrenzen wird dem Grundrecht sein Platz im Verfassungsganzen zugewiesen[93]. Gerade der Begriff der grundrechtsimmanenten Grenzen ist denkbar gut geeignet, diese Verfassungssituation der Grundrechtsgüter zum Ausdruck zu bringen. Er macht gleichzeitig deutlich, daß die Konkretisierung von Grundrechtsgrenzen „kein die Grundrechte von außen treffender Vorgang"[94] ist. Da diese Grundrechtskonkretisierung — wie in anderem Zusammenhang bereits hervorgehoben[95] — letztlich nur durch verhältnismäßige Zuordnung von Verfassungsrechtsgütern, d. h. durch Güterabwägung *auf Verfassungsebene* erfolgen darf, kann es keine konstitutive Grundrechtseinschränkungen in dem Sinne geben, daß einem Grundrecht Schranken auferlegt werden, die nicht schon in der Verfassung selbst angelegt wären. Das gilt nicht nur dann, wenn die Grundrechtsbestimmungen bereits selbst immanente Grenzen normieren[96] — wie z. B. Art. 2 Abs. 1, 8 Abs. 1, 9 Abs. 2, 14 Abs. 2 GG — sondern erst recht auch dann, wenn ihr Wortlaut über ihre immanente Begrenzung schweigt. Art. 1 Abs. 3, 19 Abs. 2 und 20 Abs. 3 GG, die diesen Gedanken zum Ausdruck bringen, zwingen zu einem Verständnis, nach dem *jede* Grundrechtsbegrenzung auch einen Akt interpretativen Verfassungsvollzuges darstellt[97]. Sind demnach alle zulässigen Grundrechtsgrenzen den Grundrechten immanent[98], so erweist sich die von der überkommenen Auffassung vorgenommene qualitative Unterscheidung zwischen konstitutiver Grundrechtseinschränkung und deklaratorischer Sichtbarmachung immanenter Grundrechtsgrenzen als dogmatische Fehlvorstellung.

Ebenso irrig muß demnach auch die Unterscheidung zwischen verfassungsrechtlich „erforderlichen" Gesetzesvorbehalten zur konstitutiven Grundrechtseinschränkung und verfassungsrechtlich „an sich überflüssigen" Gesetzesvorbehalten zur deklaratorischen Grenzziehung sein, die im Ergebnis zu einer Kompetenzverlagerung im Sinne einer „Depossedierung des Gesetzgebers"[99] führt. Erst mit der Aufgabe einer im Hinblick auf den Immanenzgedanken unzulässigen Kategorisierung der

---
[93] *Häberle*, Wesensgehaltgarantie S. 51.
[94] *Häberle* ebd.
[95] Oben 4. Kap. B. IV.
[96] Die Begriffe „immanente" und „geschriebene" Grundrechtsgrenzen sind nicht identisch. Vgl. *E. Hesse* S. 153; *Häberle*, Wesensgehaltgarantie S. 8.
[97] Vgl. *E. Hesse* S. 92 f.
[98] *Häberle*, Wesensgehaltgarantie S. 53.
[99] *Knies* S. 98.

grundrechtlichen Gesetzesvorbehalte[100] kann ihre kompetenzrechtliche Bedeutung voll entfaltet werden. Da alle Beschränkungs-, Inhalts- und Regelungsvorbehalte auch als Ermächtigungen zur Konkretisierung immanenter Grundrechtsgrenzen verstanden werden müssen, legen sie fest, daß diese Grundrechtsausführung in die primäre Zuständigkeit des Gesetzgebers fällt. Die Gesetzesvorbehalte der Grundrechte tragen damit dem oben beschriebenen[101] Umstand Rechnung, daß jede Grundrechtskonkretisierung — wenn auch in quantitativ unterschiedlichem Ausmaß — dem konkretisierenden Staatsorgan einen Konkretisierungsspielraum überläßt und die Frage der Grundrechtsausführung immer im Zusammenhang mit der Frage der Konkretisierungskompetenz gesehen werden muß. Die grundrechtlichen Gesetzesvorbehalte reagieren auf die Tatsache, daß jede Bestimmung immanenter Grenzen nie völlig frei von einem dezisionistischen Element sein kann, in der Weise, daß sie mit der rechtsstaatlich gebotenen Eindeutigkeit diese Entscheidungen in erster Linie dem Gesetzgeber übertragen und der Exekutive den originären Zugriff verwehren. Diese Kompetenzverteilung „unter der Flagge bloßer Interpretation"[102] verschieben zu wollen, hieße, die in den Grundrechten deutlich gewordene kompetenzrechtliche Entscheidung des Grundgesetzes auf den Kopf stellen. Die Differenziertheit der grundrechtlichen Gesetzesvorbehalte wird demnach für die Interpretation der Grundrechtsinhalte wirksam und hat Bedeutung für die Frage der Art und Weise der Grundrechtsausführung, kann aber keineswegs zur Auslagerung legislatorischer Kompetenzen mißbraucht werden.

Diese verfassungsrechtliche Kompetenzabgrenzung gilt (erst recht[103]) auch dann, wenn sich die Ausführung eines Grundrechts auch dann als unumgänglich erweist, wenn eine einzelne Grundrechtsnorm keinen ausdrücklichen Gesetzesvorbehalt aufweist. Da ein Grundrecht auch dann nicht außerhalb der begrenzenden Einheit der verfassungsrechtlichen Werteordnung steht, wenn es selbst keine ausdrücklichen immanenten Grenzen oder keinen Gesetzesvorbehalt enthält, kann, wie auch vom Bundesverfassungsgericht anerkannt[104], die Erforderlichkeit einer begrenzenden Grundrechtskonkretisierung aktuell werden[105]. Aus dieser Erkenntnis lassen sich jedoch keine originären Begrenzungsbefugnisse zugunsten der Exekutive ableiten. Die „Schrankenlosigkeit" eines Grundrechts kann zwar wichtiges Indiz für seine Rechtsstruktur und

---

[100] Vgl. auch schon *Hamel*, Bedeutung der Grundrechte S. 47.
[101] 4. Kap. B. IV.
[102] *Rupp*, AöR Bd. 92 (1967) S. 212 (217).
[103] *Schwabe*, Drittwirkung S. 102.
[104] Etwa BVerfG E 28 S. 243 (261); 30 S. 173.
[105] Vgl. auch *Schaumann*, in Mélanges Marcel Bridel S. 491 (506). Gerade diese Erkenntnis hat wohl maßgeblich die Entwicklung immanenter Grundrechtsgrenzen gefördert. Vgl. oben S. 43, 47 und *Zeitler*, BayVbl. 1971 S. 417.

B. Zuständigkeit für Grundrechtsausführung und -verwirklichung

damit wesentliches Konkretisierungskriterium sein, rechtfertigt aber keine Ausnahme von der eben beschriebenen Kompetenzverteilung hinsichtlich grundrechtsausführender staatlicher Maßnahmen. Die sich als notwendig erweisende Konkretisierung schrankenloser oder solcher Grundrechte, die ohne Gesetzesvorbehalt positiviert sind, unterscheidet sich dogmatisch prinzipiell nicht von der Grundrechtsausführung anderer Grundrechte, wenn auch die konkrete Form der Gewährleistung von Grundrechten bei der Grundrechtskonkretisierung immer in Rechnung zu stellen ist. Der fehlende Gesetzesvorbehalt kann zwar möglicherweise im Einzelfall bedeuten, daß sich der Verfassungsgeber dieses Grundrecht als nicht, oder kaum ausführungsbedürftig vorgestellt hat, eröffnet aber keineswegs der Exekutive neue Kompetenzen. Eine andere Auffassung würde bedeuten, um es mit *Rupp* sehr deutlich zu formulieren, die Grundrechte ohne ausdrücklichen Gesetzesvorbehalt einem „um so ungebundeneren Dezisionismus"[106] auszuliefern. Jede Bestimmung immanenter Grenzen bleibt demnach dem Gesetzgeber vorbehalten.

Die Erörterung der Konkretisierungszuständigkeit für immanente Grundrechtsgrenzen zeigt, daß die Ausdeutung der Grundrechte in kompetenzrechtlicher Hinsicht nicht von der traditionellen Unterscheidung zwischen Eingriff und Schrankensetzung und anderer Grundrechtsgestaltung abhängig gemacht werden kann. Festlegung immanenter Grenzen ist nur eine — wenn auch die bedeutendste — Möglichkeit der Grundrechtsausführung. Sie kann sich zwar in der konkreten Gestaltung, nicht aber in dem Sinne von anderen grundrechtsregelnden Maßnahmen unterscheiden, daß diese eine wesensmäßig andere Art der Grundrechtskonkretisierung wäre. Jede Grundrechtsausführung, die in höchst unterschiedlicher Weise erfolgen kann[107], ist positiv auf das Grundrecht bezogen, bedeutet Grundrechtsvollzug. Eine Maßnahme, die nicht „auf der Seite"[108] des Grundrechts stünde, verstieße gegen Art. 1 Abs. 3 GG und wäre verfassungswidrig.

Nicht nur Schrankensetzung, sondern jede grundrechtsbezogene Maßnahme nimmt letztlich auf den Inhalt des Grundrechts Einfluß. Da Schrankensetzung insofern keine grundrechtsdogmatische Sonderstellung einnehmen kann, bieten die Formulierungen der grundrechtlichen Gesetzesvorbehalte, die sich in unterschiedlicher Weise auf die gesetzgeberische Grundrechtsausführung beziehen, keinen Anhaltspunkt, sie nach „notwendigen" oder „überflüssigen" Ermächtigungen zu kategori-

---

[106] AöR Bd. 92 (1967) S. 212 (224). Vgl. auch *Abendroth*, Das Grundgesetz S. 73.
[107] Vgl. oben 4. Kap. B. III.
[108] Vgl. auch *Häberle*, Wesensgehaltgarantie S. 227, Fn. 547: Der Gesetzesbegriff stehe daher nicht wie bei der Eingriffsklausel gegen die Freiheit, sondern auf der Seite der Freiheit.

sieren. Die Differenziertheit im Wortlaut ist vielmehr der verfassungsrechtliche Ausdruck dafür, daß Grundrechtsausführung eben nicht nur in der äußeren Form der Beschränkung erfolgen kann (und soll). Gleichzeitig treffen die Vorbehaltsbestimmungen die rechtsstaatlich erforderliche Entscheidung über die Frage der Ausführungszuständigkeit: *Grundrechtsausführung ist in erster Linie Sache des (parlamentarischen) Gesetzgebers.*

Das Bundesverfassungsgericht[109] hat im Zusammenhang mit der Funktionsanalyse des grundrechtlichen Gesetzesvorbehalts aus dem Rechtsstaatsprinzip die Forderung abgeleitet, „die öffentliche Gewalt in allen ihren Äußerungen auch durch klare Kompetenzordnung und Funktionentrennung rechtlich zu binden, so daß Machtmißbrauch verhütet und die Freiheit des Einzelnen gewahrt wird", und das Demokratieprinzip so interpretiert, daß es gebiete, „daß jede Ordnung eines Lebensbereichs durch Sätze objektiven Rechts auf eine Willensentschließung der vom Volke bestellten Gesetzgebungsorgane ... zurückgeführt werden können" müsse. Versteht man die Grundrechte — und damit auch die ihnen beigefügten Gesetzesvorbehalte — zutreffend als Konkretisierungen der grundlegenden Verfassungsentscheidungen, die ihrerseits „im Lichte" dieser Normen gedeutet werden müssen[110], so wird erkennbar, daß die von ihnen vorgenommene Kompetenzverteilung als *grundsätzliche* Entscheidung zugunsten der Legislative verstanden werden muß. Soweit die Gesetzesvorbehalte der Grundrechte ihrer äußeren Form nach Inhalts-, Maßgabe-, oder Regelungsvorbehalte sind, sieht sich diese Deutung in voller Übereinstimmung mit dem Verfassungswortlaut. Die den Grundrechten zu entnehmende prinzipielle Entscheidung für die gesetzgeberische Ausführungszuständigkeit kann aber auch nicht dadurch aufgehoben werden, daß im Einzelfall ein Grundrecht keinen ausdrücklichen Gesetzesvorbehalt aufweist. Eine solche Auffassung, die — wie gezeigt — ohnehin auf dogmatischen Fehlvorstellungen beruht, verkennt, daß die Art und Weise der Ausstattung des Grundrechts mit einem Gesetzesvorbehalt zwar Direktive für die konkrete Form der Grundrechtsausführung sein kann, nicht aber zwingende Schlüsse auf unterschiedliche Ausführungszuständigkeiten erlaubt. Angesichts der in den Grundrechten zum Ausdruck kommenden Grundsatzentscheidung für die Ausführungszuständigkeit des Gesetzgebers lassen sich weder aus einem fehlenden, noch aus einem restriktiv formulierten Gesetzesvorbehalt „ergänzende" Regelungskompetenzen zugunsten der Exekutive ableiten. Demnach muß auch in den

---
[109] E 33 S. 125 (158).
[110] Vgl. insoweit auch die Anm. zur Facharztentscheidung von *Starck*, NJW 1972 S. 1489 (1490 f.).

B. Zuständigkeit für Grundrechtsausführung und -verwirklichung

Fällen, wo sich die Begrenzungs- oder anderweitige Ausführungsbedürftigkeit eines Grundrechts erweist, das keinen oder nur einen Eingriffs- oder Schrankenvorbehalt enthält, von der prinzipiellen Legislativzuständigkeit ausgegangen werden. Nach Sinn und Funktion der Grundrechte und ihrer Gesetzesvorbehalte ist jede originäre grundrechtsausführende Exekutivmaßnahme unzulässig.

I. Insbesondere: Die Geltung der Gesetzesvorbehalte der Grundrechte für leistungsstaatliche Maßnahmen

Das überkommene liberal-rechtsstaatliche Freiheitsverständnis, das grundrechtliche Freiheit als „Ausgrenzung" verstand und diese Freiheit in der größtmöglichen staatlichen Abstinenz garantiert sah[111], die traditionelle Grundrechtsdogmatik, die den Grundrechten wesentlich nur die Funktion zuschrieb, subjektiv-öffentliche Abwehransprüche gegen gezielt freiheitsbeeinträchtigende Aktivitäten des Eingriffsstaates zu liefern[112], sowie die am klassischen Vorbehaltsprinzip[113] ausgerichtete Ausdeutung der grundrechtlichen Gesetzesvorbehalte als Eingriffs- und Schrankenvorbehalte haben bisher eine „*Sensibilisierung der Grundrechte*"[114] gegenüber dem Leistungsstaat weitgehend verhindert. Das Wort *Ossenbühls* vom „grundrechtsneutralen Leistungsbereich"[115] kennzeichnet repräsentativ die herrschende Meinung. Mit *Häberle* kann man von einem „dogmatischen Grundrechtsdefizit in bezug auf grundrechtsrelevante leistungsstaatliche Aktivitäten"[116] sprechen.

Dieses Grundrechtsdefizit läßt sich de constitutione lata sicherlich nur begrenzt abbauen. Andererseits ist aber die angebliche „Leistungsneutralität" der Grundrechte nur teilweise Ursache ihrer grundgesetzlichen Konzeption. Ebenso mitverantwortlich für diesen Befund ist eine vom geltenden Verfassungsrecht her nicht begründbare Unter-Interpretation dieser Verfassungsnormen.

Die leistungsneutrale Grundrechtsauslegung hat aus methodischer Sicht im wesentlichen zwei Ursachen: Die eine ist die der „isolierenden Interpretation" der Grundrechte; die andere — mit der ersten zusammenhängend — ist die der Fixierung der Grundrechtsdogmatik auf die Grundrechte als Individualansprüche, wodurch die Grundrechte als

---

[111] Vgl. *E. Hesse* S. 75.
[112] Vgl. auch *Friauf*, DVBl. 1966 S. 729 (737).
[113] Der Vorbehalt des Gesetzes ist schon von seinen Definitionsmerkmalen „Eingriff" und „Freiheit" (im liberal-rechtsstaatlichen Sinne) ein begrifflich ungeeignetes Instrument zur Regelung leistungsstaatlicher Aktivitäten. Vgl. auch *Schwan*, Diss. S. 35.
[114] *Häberle*, VVDStRL 30 (1972) S. 43 (70).
[115] Verwaltungsvorschriften S. 240. Denselben Terminus verwendet auch *Papier* S. 44 Fn. 80.
[116] VVDStRL 30 (1972) S. 43 (66).

objektive Rechtsnormen interpretatorisch vernachlässigt werden. Hat eine Ausdeutung der Grundrechte, die diese — ungeachtet ihres neuen verfassungsrechtlichen Kontextes — vorschnell ausschließlich in die Tradition liberal-rechtsstaatlicher Freiheitsverbürgungen stellt, zur Folge, daß die Abwehrfunktion der Freiheitsrechte als ihre einzige verfassungsrechtliche Funktion gesehen wird[117], so bricht die auf den materiellen Anspruchscharakter der Grundrechte bezogene Dogmatik die Diskussion der leistungsrechtlichen Problematik mit dem Hinweis auf die „Knappheit der Ressourcen"[118] zu früh ab[119].

Die isolierende Interpretation der Grundrechte ist jedoch ebenso methodisch fehlerhaft, wie die restriktive Auslegung der Grundrechte allein im Sinne subjektiv-öffentlicher Abwehransprüche unbegründet ist. Grundrechtsinhalte können nicht ungeachtet der Gesamtaussage des Grundgesetzes erschlossen werden. Wie hier nicht noch einmal ausführlich dargelegt werden braucht[120], läßt sich die volle normative Aussage jeder Verfassungsnorm nur in der Wechselbezogenheit der verschiedenen Verfassungswerte entwickeln. Für das hier zu untersuchende Problem ergeben sich daher aus der Aufeinanderbezogenheit von Grundrechten und dem Verfassungsprinzip des sozialen Rechtsstaates wesentliche Konsequenzen:

Die erste ist die, daß die Grundrechte nicht *in Entgegensetzung* zum Sozialstaatsgrundsatz interpretiert werden dürfen. Das bedeutet zunächst, daß die Freiheitsrechte ihren liberal-rechtsstaatlichen Charakter als Verbürgungen einer „natürlichen" Handlungsfreiheit zu individueller Willkür verlieren und jede grundrechtliche Freiheit einen „sozialen", d. h. einen gemeinschaftsbezogenen Akzent erhält[121]. Das bedeutet aber auch, daß die Grundrechte — gemessen an traditionellen Vorstellungen — erhebliche Einbußen hinsichtlich ihres anti-staatlichen Impetus erlitten haben. Sie sind nicht mehr begreifbar „als Ausgrenzungen" aus dem Staat, sondern verbürgen die Freiheit des Individuums innerhalb eines sozialen Gemeinwesens. Unter diesem Gesichtspunkt lassen sich die Grundrechte nicht gegen die sozialen Aktivitäten des Staats mobilisieren. Zwar stellt auch der sozial aktive Staat eine nicht zu unterschätzende Gefahr für die individuelle Freiheit dar — darauf ist in der Vergangenheit ausreichend hingewiesen worden[122]. Das recht-

---

[117] So auch etwa *Völcker*, Diss. S. 122.
[118] Vgl. *Martens*, VVDStRL 30 (1972) S. 7 (35); *v. Mutius*, VerwArch Bd. 64 (1973) S. 183 (191).
[119] Vgl. auch *Häberle*, VVDStRL 30 (1972) S. 43 (89).
[120] Vgl. oben 3. Kap. B. III. 1.
[121] Dazu ausführlich oben 3. Kap. B. III. 2.
[122] Vgl. nur *Martens*, VVDStRL 30 (1972) S. 7 (12 f., 18 f.); *Erichsen*, StaRuVfgbkt I S. 60; *H. H. Klein*, Grundrechte im demokratischen Staat S. 58 f.

B. Zuständigkeit für Grundrechtsausführung und -verwirklichung 121

fertigt aber nicht, diese unbestreitbare Spannungslage als vom Grundgesetz konzipierte Antinomie zu interpretieren. So zutreffend es ist, daß Grundrechte auch Abwehrcharakter — gegebenenfalls auch gegen den sozial aktiven Staat — besitzen und auch Freiheit „vom" Staat gewährleisten, so unzulässig ist eine diesbezüglich vereinseitigende Ausdeutung.

Das methodische Prinzip der materialen Einheit der Verfassung wird auch dann verkannt, wenn die Grundrechte zwar nicht in Entgegensetzung, aber doch *getrennt* vom Sozialstaatsgrundsatz interpretiert werden, etwa in der Weise, daß Freiheitsverbürgung durch die Grundrechte als das eine, und unabhängig davon die Verpflichtung zur sozialen Aktivität durch das Sozialstaatsgebot als ein „anderes" Problem betrachtet wird. Nach dieser Methode wird in dem Bemühen, die traditionelle Grundrechtsdogmatik zu verteidigen[123], das Problem leistungsstaatlicher Freiheitssicherung und -schaffung nicht bei den Grundrechten, sondern ausschließlich bei dem Sozialstaatsgrundsatz angesiedelt. Der durchaus als verfassungsrechtlich erkannte[124] „Auftrag zur Verwirklichung der Freiheitsrechte" sei nicht aus den Grundrechten selbst, sondern aus dem Sozialstaatsprinzip zu entwickeln. Das Problem der sozialstaatlichen Grundrechtsverwirklichung wird zum Interpretationsproblem der Ausdeutung des Sozialstaatsprinzips erklärt[125] und praktisch mit dem Hinweis auf die „primäre Zuständigkeit des Gesetzgebers" zur „Aufstellung und Verwirklichung des Programms"[126] erledigt. Da Grundrechte im Hinblick auf leistungsstaatliche Gewährungen ohnehin konkretisierungsbedürftige Programmsätze blieben, sei es konsequenter, diese Problematik dem „durch den Gleichheitssatz des Art. 3 Abs. 1 und andere Wertentscheidungen der Grundrechtsordnung ‚aufgeladenen' Sozialstaatsprinzips" zuzuordnen[127].

Mit dieser Auffassung wird nicht nur die verfassungsrechtliche Beziehung zwischen Grundrechten und Sozialstaatsgebot vernachlässigt, sondern auch das Grundrechtsproblem zu einem Anspruchsproblem verkümmert. Auf diese Weise muß die normative Aussage der Grundrechtsvorschriften in wesentlichen Zügen verborgen bleiben. Demgegenüber ist nicht nur der Sozialstaatsgedanke von den Grundrechten her zu entwickeln, sondern muß auch das Grundrechtsverständnis als vom Gedanken des sozialen Rechtsstaates determiniert[128] gesehen werden. Die

---
[123] Vgl. die Beurteilung der Auffassung von *Martens*, VVDStRL 30 (1972) S. 7 f. durch *K. Hesse*, ebd. S. 146: Verteidigung einer „‚Maginot-Linie' des bürgerlichen Rechtsstaates".
[124] *Martens*, VVDStRL 30 (1972) S. 7 (31).
[125] *Martens*, ebd. S. 150.
[126] *Martens*, ebd. S. 31.
[127] *v. Mutius*, VerwArch Bd. 64 (1973) S. 183 (193). Ähnlich *Erichsen*, StaRuVfgbkt I S. 60.
[128] Vgl. *Friauf*, DVBl. 1971 S. 674 (676).

methodische Erkenntnis, daß sich Inhalt und Bedeutung grundlegender Verfassungsentscheidungen erst aus den verfassungsrechtlichen Einzelkonkretisierungen ergeben, gilt uneingeschränkt auch für die in Art. 20, 28 GG getroffene Verfassungsentscheidung für den sozialen Rechtsstaat. Von daher erfüllt das Sozialstaatsprinzip nicht nur eine „Komplementärfunktion" im Hinblick auf die Grundrechte[129], sondern es wird durch die Grundrechtsbestimmungen bereits auf Verfassungsebene konkretisiert[130]. Die Grundrechte „definieren" den sozialen Leistungsstaat[131]. Das Sozialstaatsgebot, verstanden auch als Auftrag zu sozialer Gestaltung[132], gewinnt durch die Grundrechte seine verfassungsrechtlichen Konturen. Indem die Grundrechte im Hinblick auf die Sozialstaatsentscheidung aus ihrer klassischen subjektivrechtlichen Defensivstellung heraustreten, gewinnen sie als objektive Normen die Bedeutung von verfassungsrechtlichen Sozialaufträgen. Sie entfalten ein leistungsstaatlich zu erfüllendes Sozialprogramm[133]. Der Satz, daß die Grundrechte vom Staat „ihre volle Verwirklichung verlangen"[134], bleibt nicht sozialpolitisches Postulat, sondern ist verfassungsnormative Aussage.

Das Verständnis der Grundrechte als Verfassungskonkretisierungen des Sozialstaatsprinzips zwingt zunächst zu Folgerungen hinsichtlich der Qualifizierung leistungsstaatlich erzeugter tatsächlicher Freiheit. Da Grundrechte nicht nur rechtliches Handeln-Dürfen verbürgen, sondern als objektive Freiheits„prinzipien"[135] auch tatsächliches Handeln-Können[136] intendieren, beschränken sich ihre Schutzbereiche nicht auf die Absicherung „natürlicher" i. S. von staatlich unbeeinflußten Gesellschaftssphären. Wenn der Staat durch Leistungsmaßnahmen gerade die aus den Grundrechten erwachsenen Sozialaufträge erfüllt, können die von ihm eröffneten faktischen Handlungsmöglichkeiten nicht als außerhalb der Grundrechte existierende Freiheiten beurteilt werden. Staatlich geschaffene Freiheit ist vielmehr nur ein Teilaspekt der gesamten vom Grundrechtsschutz erfaßten Freiheit. Auch Freiheit „durch den Staat" ist daher grundrechtliche Freiheit[137].

---

[129] *Friauf* ebd.
[130] Dazu auch oben S. 73 f.
[131] Vgl. auch *Häberle*, DÖV 1972 S. 729 (731); ders., Öffentliches Interesse S. 356.
[132] Nachw. oben 4. Kap. Fn. 53.
[133] Vgl. auch *Badura*, in Festschrift für Berber S. 11 (12), der auch (ebd. S. 13) zutreffend darauf hinweist, daß durch diese Grundrechtsauslegung die Idee der Grundrechte, „einen bestimmten Spielraum privatautonomer Entscheidungs- und Handlungsfreiheit" zu gewährleisten, nicht gefährdet werden darf.
[134] *Friauf*, DVBl. 1971 S. 674 (676). Im Ergebnis ebenso, wenn auch etwas zurückhaltender, *Scheuner*, in Festschrift für Forsthoff S. 325 (328).
[135] Vgl. *Häberle*, in Festschrift für G. Küchenhoff S. 453 (470).
[136] *Häberle*, DÖV 1972 S. 729 (731).
[137] Vgl. schon oben S. 58, 74 und *K. Hesse*, VVDStRL 30 (1972) S. 145 (146); *Häberle*, VVDStRL 30 (1972) S. 43 (76). Vgl. auch *Grabitz*, DVBl. 1973 S. 675

B. Zuständigkeit für Grundrechtsausführung und -verwirklichung 123

Infolge der Einschlägigkeit der Grundrechte für leistungsstaatliche Maßnahmen gewinnt die von Art. 1 Abs. 3 GG vorgesehene Bindung aller staatlichen Gewalt an die Grundrechtsnormen eine erhöhte Aktualität. Art. 1 Abs. 3 GG muß auf leistungsstaatliche Maßnahmen, die nicht nur einen freiheitsfördernden Effekt (i. S. von „Reflex"positionen) enthalten, sondern die Erzeugung grundrechtlicher Freiheit zum Gegenstand haben, in dem Sinne angewendet werden, daß diese an die normativen Aussagen der Grundrechte gebunden sind. In dem oben[138] dargelegten Sinne sind demnach die zuständigen Organe auch bei Leistungshandlungen sowohl an einzelne grundrechtliche Direktiven gebunden, als auch in jedem Fall auf den Wesensgehalt des jeweils angesprochenen Grundrechts verpflichtet.

Das Bundesverfassungsgericht hat in letzter Zeit diesen Gedanken erfreulich klar herausgestellt. So hat es z. B. im numerus-clausus-Urteil deutlich gemacht, daß Art und Weise der Schaffung von Studienplätzen nicht dem Belieben der staatlichen Organe überlassen sei, sondern daß die verfassungsrechtlichen Wertentscheidungen Beachtung verlangten[139]. Im einzelnen folgert das Gericht aus Art. 12 Abs. 1, 3 Abs. 1 GG und dem Sozialstaatsgrundsatz das Verbot sozial ungerechter Privilegierungen bei der Schaffung von Ausbildungschancen und aus dem — auch in Art. 12 Abs. 1 GG — konkretisierten Gedanken der freien Selbstbestimmung die Unzulässigkeit einer Berufslenkung[140]. Recht konkrete Bindungen legt das Bundesverfassungsgericht dem Gesetzgeber auf, der durch Organisationsnormen[141] die Wissenschaftsfreiheit des Art. 5 Abs. 3 GG im Hochschulbereich „leistungsrechtlich" gestaltet: Aus dem Grundgedanken, daß „den Trägern des Individualrechts aus Art. 5 Abs. 3 GG durch geeignete freiheitliche Strukturen der Universität soviel Freiheit in ihrer wissenschaftlichen Betätigung zu gewähren (ist), wie dies unter Berücksichtigung der Aufgaben der Universität und der Belange der verschiedenen in der Universität tätigen Grundrechtsträger möglich ist"[142], entwickelt das Gericht bestimmte Mindestanforderungen für die gesetzgeberische Gestaltung der Organisationsstruktur an Hochschulen[143]. Das Bundesverfassungsgericht beläßt es also nicht bei einem undifferenzierten Bekenntnis zur Grundrechtsbindung des Leistungsstaates, sondern exemplifiziert gleichzeitig am Einzelproblem, daß die

---
(682, 684). Im Ergebnis ebenso BVerfG E 33 S. 303 (330 f.) für die Ausbildungsfreiheit des Art. 12 Abs. 1 GG; BVerfG E 35 S. 79 (115) für die Wissenschaftsfreiheit des Art. 5 Abs. 3 GG.
[138] S. 97 f.
[139] BVerfG E 33 S. 303 (331 f.).
[140] Ebd. S. 334.
[141] Zum Verständnis von Organisationsrecht als „Leistungsrecht" vgl. *Häberle*, in Festschrift für G. Küchenhoff S. 453 (456, 465 f.).
[142] BVerfG E 35 S. 79 (123/124).
[143] Vgl. im einzelnen ebd. S. 124 f.

Grundrechte tatsächlich verbindliche Kriterien auch für ihre leistungsstaatliche Verwirklichung enthalten.

Die Stringenz der Bindungswirkung der Grundrechte steht allerdings — wie ausgeführt[144] — in unmittelbarer Abhängigkeit von der Intensität ihrer verfassungsrechtlichen Aussagen. Da Grundrechte als „Leistungsrechte" in besonderem Maße Programmcharakter besitzen, muß demnach der leistungsstaatlichen Konkretisierung der Grundrechte ein entsprechend weiter Konkretisierungsspielraum zur Verfügung stehen. Da den Grundrechten in aller Regel keine Verpflichtung zu bestimmten freiheitsfördernden staatlichen (Einzel-) Maßnahmen entnommen werden kann, bleibt die sozial-staatliche Verwirklichung dieser Verfassungsnormen in weitem Umfang der „Gestaltungsfreiheit" der zuständigen Organe überlassen. Die bei jeder Grundrechtsausführung notwendige Abwägung zwischen verfassungsrechtlich anerkannten Gütern[145] ist zudem in dieser Hinsicht mit einem besonders ausgeprägten dezisionistischen Moment behaftet[146]. Gerade in diesem Bereich staatlicher Tätigkeit ist daher die Frage der Bindungswirkung der Grundrechte besonders eng mit der Frage der „Grundrechtsverwirklichungskompetenz" verbunden[147].

Die Frage der Zuständigkeit für grundrechtsrelevante (Leistungs-) Maßnahmen kann von dem hier entwickelten Standpunkt nur von den Grundrechten selbst her beantwortet werden. Da die Grundrechtsvorschriften selbst — und nicht etwa nur das Sozialstaatsprinzip — für freiheitsfördernde staatliche Handlungen einschlägig sind, ist in erster Linie der in ihnen enthaltene leistungsrechtliche Kompetenzgehalt interpretatorisch auszuschöpfen[148]. Im Gegensatz zur traditionellen Meinung vom „grundrechtsneutralen Leistungsbereich" ist demnach die Vorbehaltsproblematik hinsichtlich leistungsgewährender staatlicher Maßnahmen von den Grundrechtsnormen her zu lösen.

Von diesem methodischen Ansatz her reduziert sich die aufgeworfene Fragestellung darauf, ob die hier bereits gewonnenen Ergebnisse nicht schon eine hinreichende Lösung implizieren. Wenn Grundrechte im dargelegten Sinne auch „Leistungs"-normen sind[149], bestünde nur dann Anlaß von der prinzipiellen grundrechtlichen Kompetenzordnung abzuweichen, wenn die Unterschiedlichkeit „klassischer" oder leistungsstaatlicher Grundrechtsausführung und -verwirklichung dazu zwingen würde.

---
[144] 4. Kap. B. IV.
[145] Vgl. oben S. 100.
[146] Vgl. exemplarisch BVerfG E 33 S. 303 (333 f.).
[147] So im Ergebnis auch *Friauf*, DVBl. 1971 S. 674 (677).
[148] Zum Gebot interpretatorischer Erschöpfung expressis verbis geregelter verfassungsrechtlicher Kompetenzzuweisungen oben S. 111.
[149] Zum „Teilhabecharakter" der Grundrechte oben S. 90 f.

B. Zuständigkeit für Grundrechtsausführung und -verwirklichung 125

Sinn und Zweck der grundgesetzlichen Zuständigkeitsverteilung im Grundrechtsbereich gebieten jedoch, den ausdrücklichen oder implizierten[150] grundrechtlichen Gesetzesvorbehalt umfassend anzuwenden. Die Gesetzesvorbehalte der Grundrechte sind verfassungsrechtlicher Ausdruck dafür, daß im demokratischen Rechtsstaat alle „grundrechtsrelevanten" staatlichen Maßnahmen wegen der Bedeutung dieser Normen für die „res publica" in den prinzipiellen Zuständigkeitsbereich des parlamentarischen Gesetzgebers fallen. Unter Zugrundelegung des traditionellen Freiheitsbegriffs ist diese Feststellung für die allgemein als grundrechts-einschlägig anerkannten „Eingriffe" des Staates in gesellschaftsautonome Sphären rechtsstaatliches Selbstverständnis. Da aber die Grundrechte auf den weitgehenden Verlust der (staatsfreien) Autonomie der Einzelpersönlichkeit in der Weise reagieren, daß sie diese Autonomie des Bürgers auch durch den Staat intendieren[151], wird die Teleologie des grundrechtlichen Gesetzesvorbehalts auch für leistungsrechtliche Grundrechtsverwirklichung relevant. Da der leistende Staat existentiell für individuelle Freiheit geworden ist und die Grundrechte daher auch Freiheit durch den Staat in ihren Schutzbereich aufnehmen, hinge der von den Gesetzesvorbehalten bezweckte verfahrensrechtliche Schutz[152] in unerträglichem Maße davon ab, ob der moderne Sozialstaat mit den Mitteln des klassischen Eingriffsstaates oder anderer Instrumente seines inzwischen umfangreichen Arsenals auf die Grundrechte einwirkt. Die Frage der Zuständigkeit für die Grundrechtsausführung kann daher nicht von ihrer Modalität abhängen.

Die rechtliche Ungleichbehandlung „klassischer" und leistungsstaatlicher Grundrechtsausführung ist wesentlich beeinflußt von der traditionell „negativen" Beurteilung staatlicher Aktion im Grundrechtsbereich. Insofern wird die Auffassung erklärlich, daß nur Eingriffe und Schranken als „Grundrechtsverkürzungen" dem Gesetzgeber vorbehalten sein sollen. Diese historisch nicht ungerechtfertigte Skepsis gegenüber dem freiheitsregelnden Staat darf jedoch nicht unreflektiert in den Rang einer grundgesetzlichen Wertentscheidung erhoben werden. So richtig es ist, daß das Grundgesetz die Gefahr freiheitswidriger Staatsaktionen erkannt und in Rechnung gestellt hat, so unbegründet wäre es auch, unter zulässigen staatlichen Handlungen zwischen „positiv" und „negativ" auf die Grundrechte bezogene Akte zu unterscheiden und daraus eine rechtlich unterschiedliche Beurteilung abzuleiten. Grundrechtlich gewollt, d. h. normativ intendiert, ist immer der positiv auf die Grundrechte bezogene Staat. Die Grundrechte sind Aufgaben des

---
[150] Dazu oben S. 118 f.
[151] Vgl. unter diesem Aspekt auch BVerfG E 33 S. 303 (330/331).
[152] Vgl. dazu *Häberle*, DVBl. 1972 S. 909 (913).

Sozialstaates[153], die er in den Formen des Rechtsstaates zu erfüllen hat. Völlig zu Recht weist *Martens* darauf hin, daß das „Postulat der Grundrechtseffektivität ... nicht mit der Auflösung der verfassungsrechtlichen Kompetenzordnung erkauft werden"[154] darf. Auch leistungsstaatliche Grundrechtseffektivierung untersteht damit der grundrechtlichen Zuständigkeitsentscheidung für den Gesetzgeber.

Dies muß umso mehr berücksichtigt werden, als die Grundrechte einerseits in Gestalt von objektiven Leistungsnormen in besonderem Maße Programmcharakter tragen und damit Ausführungsspielräume offenlassen, und andererseits gerade die nicht mit den Mitteln des Eingriffsstaates erfolgende Staatstätigkeit zunehmend an Bedeutung für die Grundrechte gewinnt. Wenn man davon ausgeht, daß die Gesetzesvorbehalte rechtsstaatlich kompensieren, daß auch die Grundrechtsvorschriften „offen" formulierte Verfassungsnormen sind, muß die von ihnen getroffene Entscheidung für die primäre gesetzgeberische Grundrechtskonkretisierung gerade auch dann gelten, wenn sie als Programmnormen ins einzelne gehende Konkretisierungskriterien vermissen lassen[155]. Da Grundrechte auch als Normen des tatsächlichen Handelnkönnens[156] von leistungsgewährender Staatstätigkeit „berührt" werden, darf bei quantitativ und qualitativ steigender Bedeutung dieser Staatstätigkeit die grundrechtliche Zuständigkeitsverteilung nicht stillschweigend unterlaufen werden[157]. Dies gilt insbesondere dann, wenn der Teilhabecharakter der Grundrechte in den Vordergrund tritt. Wie schon oben dargelegt[158], verdichten sich die Grundrechte auf Verfassungsebene grundsätzlich nicht zu Leistungsansprüchen. Vielmehr ist es wesentliche Funktion der Grundrechtsgesetzgebung, darüber zu entscheiden, wie der einzelne Bürger an grundrechtsrelevanten staatlichen Leistungen durch konkrete Ansprüche beteiligt werden soll. Zutreffend hat das Bundesverfassungsgericht daher Art. 12 Abs. 1 Satz 2 GG auch auf das Grundrecht als Teilhaberecht angewendet und dies weiter begründet, indem es darauf hinwies, daß „hier eine gesetzliche Grundlage deshalb erforderlich" sei, „weil die Beteiligung an staatlichen Leistungen die notwendige Voraussetzung für die Verwirklichung von Grundrechten darstellt"[159].

---

[153] Vgl. dazu auch *Scheuner*, in Festschrift für Forsthoff S. 325 (342/343).
[154] VVDStRL 30 (1972) S. 7 (36).
[155] Vgl. auch *Friauf*, DVBl. 1971 S. 674 (677).
[156] *Häberle*, DÖV 1972 S. 729 (731).
[157] Zu unkritisch daher die Darstellung der „(grundrechtsfördernden) Tätigkeit der sog. gesetzesfreien Leistungsverwaltung" von *Häberle*, in Festschrift für G. Küchenhoff S. 453 (468). Den grundrechtlichen Gesetzesvorbehalt als „verfahrensrechtlicher Leistungsvorbehalt" (ebd. S. 456) versteht er wohl nicht als prinzipielles Verbot gesetzesfreier Leistungsverwaltung (vgl. ebd. S. 469/470, Fn. 79).
[158] S. 92.

B. Zuständigkeit für Grundrechtsausführung und -verwirklichung 127

Der Gedanke des Bundesverfassungsgerichts[160] muß in der Weise aufgenommen werden, daß in Konsequenz des Anerkenntnisses der Einschlägigkeit der Grundrechtsnormen für leistungsgewährende Staatstätigkeit auch der grundrechtliche Gesetzesvorbehalt Geltung beansprucht. Die in den Grundrechten zum Ausdruck kommende Kompetenzordnung gilt demnach auch für die leistungsstaatliche Grundrechtsverwirklichung. Daraus folgt negativ das Verbot für die Exekutive, grundrechtsrelevante leistungsstaatliche Aktivitäten aus eigener Initiative (originär) zu entfalten.

II. Die Geltung der Gesetzesvorbehalte der Grundrechte in den sog. besonderen Gewaltverhältnissen

Die Diskussion um die Frage, ob auch die Maßnahmen in den sog. besonderen Gewaltverhältnissen dem Vorbehalt des Gesetzes unterfallen, wurde bis zur Strafgefangenen-Entscheidung des Bundesverfassungsgerichts vom 14. März 1972[161] stark kontrovers geführt, und die Stimmen, die eine gesetzliche Ermächtigung für Grundrechtseinschränkungen in solchen „Sonderstatusverhältnissen"[162] für verfassungsrechtlich zwingend geboten hielten, waren zahlenmäßig in der Minderheit gegenüber der Ansicht, die allenfalls eine gesetzliche Normierung für rechtsstaatlich — rechtspolitisch wünschenswert hielt[163]. Insofern könnte man überrascht sein, daß die zahlreichen, dem Ergebnis des Bundesverfassungsgerichts zustimmenden Stellungnahmen[164] nahezu übereinstimmend[165] „Grabgesängen" zum Tode der Rechtsfigur des besonderen Gewaltverhältnisses gleichen[166]. Der Satz „Roma (Karlsruhe) locuta, causa

---

[159] BVerfG E 33 S. 303 (337). Vgl. dazu auch *Erichsen*, VerwArch Bd. 64 (1973) S. 299 (302).
[160] Das Gericht — ebd. — läßt im Grundsätzlichen noch offen, „ob die rechtsstaatlichen Grundsätze vom Vorbehalt des Gesetzes und von der Gesetzmäßigkeit staatlichen Handelns regelmäßig nur für die Eingriffs- und nicht gleichermaßen für die Leistungsverwaltung gelten". Dazu auch *Thieme*, JZ 1973 S. 692 f.
[161] BVerfGE 33 S. 1.
[162] *Hans J. Wolff/Bachof*, Verwaltungsrecht I § 32 IV c 3.
[163] Vgl. die umfassende Darstellung des Meinungsstandes (vor BVerfG E 33 S. 1) zum besonderen Gewaltverhältnis und seine Entwicklung bei *Paetzold*, Diss. S. 26 f.
[164] Vgl. etwa *Erichsen*, VerwArch Bd. 63 (1972) S. 441 f.; dens., in Festschrift für Hans J. Wolff S. 219 f.; *Fuß*, DÖV 1972 S. 765 f.; *Müller-Dietz*, NJW 1972 S. 1161 f.; *Kempf*, JuS 1972 S. 701 f.; *Starck*, JZ 1972 S. 360 f.
[165] Ablehnend aber *Forsthoff*, Verwaltungsrecht § 7 A 1 (S. 128, Fn. 1); *Papier* S. 43 f., 45 für Eingriffe in solche Grundrechte, die nur unter einem materiellen Rechtssatzvorbehalt stünden. Vgl. dazu oben S. 112 f.
[166] Vgl. etwa *Fuß*, DÖV 1972 S. 765: „Zum Abschied vom besonderen Gewaltverhältnis". Vom besonderen Gewaltverhältnis „Abschied" zu nehmen, fordert auch *Maetzel*, DÖV 1972 S. 563. Ähnlich *Müller-Dietz*, NJW 1972 S. 1161.

finita" hat sich wiederum bestätigt. Angesichts dieses Erkenntnisstandes ist das Institut des besonderen Gewaltverhältnisses nahezu nur noch im dogmengeschichtlichen Rückblick erfaßbar.

Die Rechtsfigur des besonderen Gewaltverhältnisses ist ein Musterbeispiel für solche verfassungsrechtlichen Konstruktionen, die durch die unkritische Übernahme traditioneller Verfassungsprinzipien in das geltende Verfassungsrecht entstehen. Die verfassungsrechtliche Relevanz der besonderen Gewaltverhältnisse bestand in der Exemtion dieser Rechtsverhältnisse von der Geltung des Vorbehalts des Gesetzes[167]. Mit der (angenommenen) Rezeption des traditionellen Vorbehaltsprinzips wurden die überkommenen Einschränkungen dieses Prinzips übernommen[168]. Da die speziellen Gesetzesvorbehalte der Grundrechte ganz im Sinne der traditionellen Lehre als „spezifizierte Einzelausgestaltungen" des allgemeinen Vorbehalts des Gesetzes verstanden wurden, mußten sie eine Einschränkung ihres Geltungsbereichs hinnehmen. Die Kontinuität der Verfassungsauslegung im Hinblick auf die Gesetzesvorbehalte der Grundrechte verhinderte bislang weitgehend eine Interpretation dieser Bestimmungen unter Berücksichtigung ihres differenzierten Wortlautes, ihres Sinns und Zwecks und ihrer Funktion im Gesamtgefüge der (neuen) Verfassung.

Der hier verfolgte Ansatz, nach dem die Rezeption des Vorbehalts des Gesetzes durch die Grundrechtsbestimmungen des Grundgesetzes nicht vorausgesetzt, sondern in Frage gestellt wird, verhindert die traditionelle Unterschätzung der Gesetzesvorbehalte der Grundrechte. Diese Normen, die entgegen der h. M. nicht als leges speciales des Vorbehalts des Gesetzes angesehen werden können, sind unabhängig von der überkommenen Einschränkung dieses Eingriffsvorbehalts auszulegen.

Grundrechtliche Freiheit ist von der Verfassung, die insofern keine Ausnahme statuiert, grundsätzlich unabhängig davon gewährleistet, ob sich ein Grundrechtsträger in einem allgemeinen oder einem besonderen Verhältnis zur öffentlichen Gewalt befindet. Vielmehr wird gerade von Art. 1 Abs. 3 GG die durchgängige Bindung aller Staatsgewalt an die Grundrechte besonders betont[169]. Diese Bindung bedeutet angesichts der oben festgestellten Untrennbarkeit von grundrechtlicher Freiheitsverbürgung und Gesetzesvorbehalt auch die Bindung aller Staatsgewalt an die grundrechtliche Aussage, daß die Ausführung des Grundrechts der originären Regelungsbefugnis der Exekutive entzogen und dem Gesetz-

---

[167] Vgl. *Kahn*, Diss. S. 7 f. Dazu auch *Martens*, ZBR 1970 S. 197 f.; *Jesch* S. 206 f.; *Starck*, ZRP 1969 S. 147 f.; *Paetzold*, Diss. S. 39 m. w. Nachw.
[168] Vgl. *Kleiser*, Diss. S. 138; *Köhl*, Diss. S. 43 und auch noch ausdrücklich E.-W. *Böckenförde/Grawert*, AöR Bd. 95 (1970) S. 1 (25 f., 27 f.).
[169] Das hebt auch das BVerfG E 33 S. 1 (11) hervor.

B. Zuständigkeit für Grundrechtsausführung und -verwirklichung

geber überantwortet ist. Eine Exemtion besonderer Gewaltverhältnisse von der Geltung der Grundrechte und damit auch der Gesetzesvorbehalte ist mit Art. 1 Abs. 3 GG unvereinbar[170]. Grundrechtliche Gesetzesvorbehalte und traditionelles Vorbehaltsprinzip unterscheiden sich also auch insoweit in ihrem Geltungsbereich.

Die uneingeschränkte Geltung der Gesetzesvorbehalte der Grundrechte gilt auch — und damit ist ein weiterer verfassungsdogmatischer Rettungsversuch für die besonderen Gewaltverhältnisse angesprochen — hinsichtlich der sog. „institutionalisierten" Sonderstatusverhältnisse, also für jene besonderen Gewaltverhältnisse, wie etwa dem Schulverhältnis (Art. 7 GG), Soldatenverhältnis (Art. 17 a GG), Beamtenverhältnis (Art. 33 Abs. 4 u. 5 GG) oder Strafvollzugsverhältnis (Art. 74 Nr. 1 u. Art. 104 GG), die verfassungsgesetzliche Anerkennung oder zumindest Erwähnung gefunden haben[171]. Im Hinblick auf jene Verhältnisse wurde gefolgert, daß „die Institutionalisierung im Grundgesetz gleichzeitig die verfassungsrechtliche Anerkennung der sich außerhalb des Grundsatzes der Gesetzmäßigkeit der Verwaltung bewegenden Eingriffsbefugnis der besonderen Gewalt"[172] bedeute.

Die Ansicht, die in der verfassungsrechtlichen Anerkennung bestimmter Sonderstatusverhältnisse nicht nur Grundrechtsgrenzen, sondern auch deren Freistellung von den grundrechtlichen Gesetzesvorbehalten sieht[173], vermengt die *materiell-rechtliche* Frage der (möglichen) Grundrechtsbegrenzung mit der *kompetenzrechtlichen* nach dem zur Grundrechtsbegrenzung zuständigen Organ. Die Feststellung, daß Verfassungsnormen, die Sonderstatusverhältnisse erwähnen, möglicherweise Rechtswerte statuieren, die mit den grundrechtlich geschützten Rechtsgütern kollidieren, besagt nichts darüber, welches Organ den — notwendigen — Ausgleich zwischen den Rechtsgütern herbeizuführen hat. Eine Antwort auf diese kompetenzrechtliche Frage enthalten die Gesetzesvorbehalte der Grundrechte, die dem Gesetzgeber diese Aufgabe

---

[170] Diesen Gesichtspunkt lassen *E.-W. Böckenförde/Grawert*, AöR Bd. 95 (1970) S. 1 (23 f.) unberücksichtigt und kommen bei Annahme eines im traditionellen Sinne weitergeltenden Vorbehalts des Gesetzes zu einem originären Rechtsetzungsrecht der Exekutive für „Sonderverordnungen". In diesem Ergebnis ebenso *Gross*, NJW 1969 S. 2186 (2187). Dagegen — wie hier — im Ergebnis auch *Erichsen*, in Festschrift für Hans J. Wolff S. 219 (241) u. VerwArch, Bd. 63 (1972) S. 441 (444).
[171] Vgl. zur Institutionalisierungstheorie *Hild. Krüger*, ZBR 1956 S. 309 (310 f.); *Dame*, Diss. S. 15 f., 20; *Kleiser*, Diss. S. 139; *Helmers*, Diss. S. 190.
[172] *Dame*, Diss S. 21. D. beschränkt diesen Grundsatz auf solche besonderen Gewaltverhältnisse, die „ohne eine vom Grundsatz der Gesetzmäßigkeit der Verwaltung ausgenommene Freiheitssphäre nicht bestehen können" (ebd. S. 22), und begründet diese Auffassung zusätzlich mit der Unmöglichkeit gesetzlicher Detailregelung. Damit wird die Frage der Notwendigkeit der gesetzlichen Ermächtigung mit der ihrer verfassungsrechtlich erforderlichen Bestimmtheit verwechselt.
[173] Dagegen im Ergebnis auch *Kempf*, JuS 1972 S. 701 (703).

zuweisen. Insofern ist im Ergebnis *Erichsen* zuzustimmen, wenn er feststellt, daß die verfassungsgesetzliche Anerkennung bestimmter besonderer Gewaltverhältnisse „nicht notwendig auch eine Anerkennung der historisch gewordenen Eigengesetzlichkeiten dieser Institutionen enthält"[174]. Die Begrenzung von Grundrechten, die sich etwa aus der verfassungsrechtlichen Anerkennung der „hergebrachten Grundsätze des Berufsbeamtentums" (Art. 33 Abs. 5 GG) rechtfertigen kann, ist durch die Gesetzesvorbehalte der Grundrechte dem Gesetzgeber aufgegeben. Eine eigenständige Grundrechtsbegrenzung durch die Exekutive ist demgegenüber unzulässig.

---

[174] In Festschrift für Hans J. Wolff S. 219 (239/240).

Schlußbetrachtung

Die vorstehende Untersuchung ging zunächst von der Frage aus, ob die Grundrechtsbestimmungen den Eingriffsvorbehalt rezipiert haben. Sie hat die Frage verneint.

Die gegenteilige Auffassung ist schon aus der Sicht der — hier nicht geteilten — herrschenden Grundrechtsauslegung fragwürdig. Gerade wenn man das von der h. M. vertretene lex generalis — lex specialis Verhältnis zwischen dem „Grundrecht der allgemeinen Handlungsfreiheit" — Art. 2 Abs. 1 GG — und den nachfolgenden Einzelfreiheitsgrundrechten ernst nimmt, und Art. 2 Abs. 1 GG demzufolge als Grundrecht für echte „Innominat"-Freiheiten versteht, bleibt der grundrechtliche Freiheitsschutz *quantitativ* hinter dem des traditionellen Vorbehaltsprinzips zurück, dessen Freiheitsschutz umfassend war. *Vogels* These von der *vollständigen* Rezeption des Eingriffsvorbehalts durch die Grundrechte[1] kann daher unter diesem Gesichtspunkt nicht aufrechterhalten werden.

Fragwürdig ist aber auch die von der wohl noch h. M. vertretene Auffassung, daß die Grundrechte, zumindest für ihren Geltungsbereich, den klassischen Vorbehalt des Gesetzes „mit"-enthalten. Diese Meinung, die in dieser Hinsicht die grundrechtlichen Gesetzesvorbehalte ganz im Sinne traditioneller Grundrechtsdogmatik als Teil-Konkretisierungen des allgemeinen Vorbehaltsprinzips versteht, übersieht, daß sich der „Regelungsgegenstand" des Eingriffsvorbehalts von dem der Gesetzesvorbehalte der Grundrechte *qualitativ* unterscheidet. Der liberal-rechtsstaatliche Begriff von „Freiheit und Eigentum", auf den der Vorbehalt des Gesetzes fixiert war, ist nicht mit dem grundrechtlichen Freiheitsbegriff identisch, der von den Verfassungsentscheidungen für den sozialen Rechtsstaat und für die Demokratie inhaltlich geprägt ist.

Die Unvereinbarkeit der überkommenen Vorbehaltslehre mit den Grundrechtsbestimmungen des Grundgesetzes wird weiter deutlich, wenn man das klassische Verständnis der „Vorbehaltsgesetzgebung" dem grundgesetzlichen Verständnis von „Grundrechtsgesetzgebung" gegenüberstellt. Grundrechtsgesetzgebung versteht sich nicht als bedauerlicher Eingriff in staatsfreie, gesellschaftsautonome Sphären, sondern als notwendige Verwirklichung und Ausführung von Grundrech-

---

[1] VVDStRL 24 (1966) S. 125 (149 f., 151). Vgl. auch oben 2. Kap.

ten, die in ihrer *subjektiv- und objektivrechtlichen Ausprägung* auf die Sicherung, Ausgestaltung und Schaffung freiheitlicher Lebensbereiche in einem demokratischen und sozial-rechtsstaatlichen Gemeinwesen um der individuellen Freiheit willen gerichtet sind.

Von diesem Ansatz aus können der bisher noch nicht abgeschlossenen Diskussion über den Vorbehaltsbereich der Gesetzgebung neue Impulse gegeben werden. Sie ist unter dem Gesichtspunkt zu führen, daß Grundrechte nicht nur Individualfreiheiten subjektivrechtlich absichern, sondern auch objektive Verpflichtungen des Staates zur Freiheitsverwirklichung enthalten. Da die grundrechtlichen Gesetzesvorbehalte als Konkretisierungen des Rechtsstaats- und Demokratieprinzips den Willen des Grundgesetzes zum Ausdruck bringen, daß jede Grundrechtsausführung und -verwirklichung in die primäre Zuständigkeit des (der) parlamentarischen Gesetzgeber(s) fällt, erhalten sie eine neue kompetenzrechtliche Dimension: nach Sinn und Zweck des grundrechtlichen Gesetzesvorbehalts sind insbesondere auch *leistungs*staatliche grundrechtsrelevante Maßnahmen der originären Regelungsbefugnis der Exekutive entzogen.

Der grundrechtliche Gesetzesvorbehalt hat gegenüber dem traditionellen Vorbehaltsprinzip *eine neue, eigenständige, grundgesetzliche Regelung* getroffen. Falsch akzentuiert ist daher auch die Formulierung, daß der „klassische Gesetzesvorbehalt als Eingriffsvorbehalt ... nur eine spezielle Form des Gesetzesvorbehalts als Verfahrensvorbehalt"² sei — zumindest dann, wenn sie mehr sein soll, als eine Betrachtung vom praktischen Ergebnis her. Zwar kann auch nach der hier vertretenen Auffassung Grundrechtsgesetzgebung auch Eingriff und Schrankensetzung sein. Das bedeutet aber keineswegs eine partielle Fortsetzung der „klassischen" Vorbehaltslehre. Eingriffsgesetzgebung kann zwar nach ihrer äußeren Erscheinungsform als eine eigene Modalität der Grundrechtsgesetzgebung registriert, nicht aber als außerhalb des Katalogs sonstiger Grundrechtsausführungen betrachtet werden, die sich insgesamt ihrem Wesen nach von der traditionellen Vorbehaltsgesetzgebung unterscheiden.

Letztlich unbeantwortet läßt die hier durchgeführte Untersuchung die Frage, ob nicht der Vorbehalt des Gesetzes als „ein grundrechtsungebundenes objektives Prinzip des Rechtsstaates"³ fortexistiere. Eine solche Fragestellung erforderte — wie eingangs erwähnt⁴ — eine besondere, die Struktur des grundgesetzlichen Rechtsstaatsprinzips analysierende Untersuchung. Zu überlegen wäre insbesondere, welchen Platz

---
² *Häberle*, in Festschrift für G. Küchenhoff S. 453 (470 Fn. 79).
³ So *Rupp*, in Festschrift für G. Küchenhoff S. 653 (655).
⁴ Einleitung.

die das Rechtsstaatsprinzip des Grundgesetzes konkretisierenden Grundrechte noch einem außerhalb von ihnen stehenden, „Freiheit und Eigentum" schützenden, Vorbehaltsprinzip ließen. Allerdings kann diesem Problem bei einem so umfassend verstandenen grundrechtlichen Gesetzesvorbehalt, wie er hier vorgetragen wurde, keine überragende praktische Bedeutung mehr zukommen[5].

---

[5] Das gilt auch gegenüber *Rupps* Hinweis auf den Freiheitsschutz der Ausländer und der von einer Grundrechtsverwirkung Betroffenen (ebd. S. 655 f., 658 f., 662). Die Frage lautet auch hier zunächst, ob nicht die Grundrechtsordnung eine abschließende Regelung trifft.

Literaturverzeichnis

Abel, Gunther: Die Bedeutung der Lehre von den Einrichtungsgarantien für die Auslegung des Bonner Grundgesetzes, Schriften zum Öffentlichen Recht, Bd. 15, Berlin 1964.

Abelein, Manfred: Die Abgrenzung Verwaltungsakt-Verordnung, in Recht und Staat, Festschrift für Günther Küchenhoff, hrsgg. von Hans Hablitzel und Michael Wollenschläger, 2. Halbband, Berlin 1972 S. 419—432.

Abendroth, Wolfgang: Zum Begriff des demokratischen und sozialen Rechtsstaates im Grundgesetz der Bundesrepublik Deutschland, in Festschrift zum 70. Geburtstag von Ludwig Bergstraesser, Düsseldorf 1954 S. 279—300. (Hier zitiert aus: Forsthoff, Rechtsstaatlichkeit und Sozialstaatlichkeit — vgl. ebd. — S. 114—144).

— Das Grundgesetz. Eine Einführung in seine politischen Probleme, 3. Aufl., Stuttgart 1972.

Achterberg, Norbert: Antinomien verfassungsgestaltender Grundentscheidungen, Der Staat Bd. 8 (1969) S. 159—180.

— Kriterien des Gesetzesbegriffs unter dem Grundgesetz, DÖV 1973 S. 289—298.

Anschütz, Gerhard: Die gegenwärtigen Theorien über den Begriff der gesetzgebenden Gewalt und den Umfang des königlichen Verordnungsrechts nach preussischem Staatsrecht, 2. Aufl., Tübingen und Leipzig 1901. (zit.: Gegenwärtige Theorien)

— Die Verfassungs-Urkunde für den Preußischen Staat vom 31. Januar 1850. Ein Kommentar für Wissenschaft und Praxis. Erster Band, Berlin 1912. (zit.: Die Verfassungs-Urkunde)

— Georg Meyer/Gerhard Anschütz, Lehrbuch des Deutschen Staatsrechts, 7. Aufl., München und Leipzig 1919. (zit.: Meyer/Anschütz, Staatsrecht)

— Die Verfassung des Deutschen Reichs vom 11. August 1919, Kommentar, 14. Aufl., Berlin 1933, Nachdruck Bad Homburg v. d. H. 1965.

Apelt, Willibalt: Geschichte der Weimarer Verfassung, München 1946.

Aretin, Johann Christoph v. und Karl v. *Rotteck*: Staatsrecht der konstitutionellen Monarchie, Bd. 2, Abtheilung 1, Altenburg 1827.

Arndt, Adolf: Die Verfassungs-Urkunde für den Preußischen Staat, 6. Aufl., Berlin 1907.

Bachof, Otto: Freiheit des Berufs, in Die Grundrechte, Handbuch der Theorie und Praxis der Grundrechte, hrsgg. von Karl August Bettermann, Hans Carl Nipperdey, Ulrich Scheuner, 3. Band, 1. Halbband, Berlin 1958 S. 155—265.
(zit.: Die Grundrechte III/1)

— Diskussionsbeitrag, VVDStRL 24 (1966) S. 224—228.

Badura, Peter: Stichwort „Verfassung", in Evangelisches Staatslexikon, hrsgg. von Hermann Kunst und Siegfried Grundmann in Verbindung mit Wilhelm Schneemelcher und Roman Herzog, Stuttgart, Berlin 1966 Sp. 2343—2354.
— Diskussionsbeitrag, VVDStRL 24 (1966) S. 210—216.
— Diskussionsbeitrag, VVDStRL 30 (1972) S. 327 f.
— Grundfreiheiten der Arbeit. Zur Frage einer Kodifikation „sozialer Grundrechte", in Festschrift für Friedrich Berber zum 75. Geburtstag, hrsgg. von Dieter Blumenwitz und Albrecht Randelzhofer, München 1973 S. 11—45.

Baedeker, Hans Jürgen: Die Organisationsgewalt im Bund und der Vorbehalt des Gesetzes. Eine Untersuchung zur Stellung der Organisationsgewalt im System der Staatsgewalten, Diss. jur., Köln 1969.

Bericht über den Verfassungskonvent auf Herrenchiemsee vom 10.—23. August 1948 (Verfassungsausschuß der Ministerpräsidentenkonferenz der Westlichen Besatzungszone), München 1948.
(zit.: Bericht)

Bettermann, Karl-August: Grenzen der Grundrechte, Vortrag gehalten vor der Berliner Juristischen Gesellschaft am 4. November 1964, Schriftenreihe der Juristischen Gesellschaft e. V. Berlin, Heft 33, Berlin 1968.

Böckenförde, Ernst-Wolfgang: Gesetz und gesetzgebende Gewalt. Von den Anfängen der deutschen Staatsrechtslehre bis zur Höhe des staatsrechtlichen Positivismus. Schriften zum Öffentlichen Recht, Bd. 1, Berlin 1958.
(zit.: Gesetz)
— Die Organisationsgewalt im Bereich der Regierung. Eine Untersuchung zum Staatsrecht der Bundesrepublik Deutschland, Schriften zum Öffentlichen Recht, Bd. 18, Berlin 1964.
(zit.: Organisationsgewalt)
— Die Bedeutung der Unterscheidung von Staat und Gesellschaft im demokratischen Sozialstaat der Gegenwart, in Rechtsfragen der Gegenwart, Festschrift für Wolfgang Hefermehl zum 65. Geburtstag, Stuttgart, Berlin, Köln, Mainz 1972 S. 11—36.
— Grundrechtstheorie und Grundrechtsinterpretation, NJW 1974 S. 1529— 1538.

Böckenförde, Ernst-Wolfgang und Rolf *Grawert*: Sonderverordnungen zur Regelung besonderer Gewaltverhältnisse, AöR Bd. 95 (1970) S. 1—37.

Bühler, Ottmar: Die subjektiven öffentlichen Rechte und ihr Schutz in der deutschen Verwaltungsrechtsprechung, Berlin/Stuttgart/Leipzig 1914.

Bullinger, Martin: Diskussionsbeitrag, VVDStRL 24 (1966) S. 239—240.

Dame, Rolf: Das Verhältnis der Grundrechte zu den besonderen Gewaltverhältnissen nach dem deutschen und französischen Staats- und Verwaltungsrecht, Diss. jur., Köln 1965.

Dürig, Günter: Die Menschenauffassung des Grundgesetzes, JR 1952 S. 252— 263.
— Verfassung und Verwaltung im Wohlfahrtsstaat, JZ 1953 S. 193—199.
— Das Eigentum als Menschenrecht, ZgesStW Bd. 109 (1953) S. 326—350.
— Art. 2 des Grundgesetzes und die Generalermächtigung zu allgemeinpolizeilichen Maßnahmen, AöR Bd. 79 (1953/1954) S. 57—86.

Dürig, Günter: Anmerkung zum Urteil des BVerfG vom 16. 1. 1957 — 1 BvR 253/56 (Elfes-Urteil) — JZ 1957 S. 169—173.

— Grundgesetz, Maunz/Dürig/Herzog (Loseblatt-Kommentar), München, Kommentierung zu Art. 1 (1958); Kommentierung zu Art. 2 (1958).

Ehmke, Horst: Grenzen der Verfassungsänderung, Berlin 1953.

— Wirtschaft und Verfassung. Die Verfassungsrechtsprechung des Supreme Court zur Wirtschaftsregulierung, Karlsruhe 1961.

— „Staat" und „Gesellschaft" als verfassungstheoretisches Problem, in Staatsverfassung und Kirchenordnung, Festgabe für Rudolf Smend zum 80. Geburtstag am 15. Januar 1962, hrsgg. von Konrad Hesse, Siegfried Reicke, Ulrich Scheuner, Tübingen 1962 S. 23—49.

— Prinzipien der Verfassungsinterpretation, VVDStRL 20 (1963) S. 53—102.

— Diskussionsbeitrag, VVDStRL 24 (1966) S. 230—232.

Ehrlich, Wolfgang: Der Vorbehalt des Gesetzes in der deutschen Verfassungsentwicklung, Diss. jur., Königsberg 1934.

Erbe, Walter: Die Freiheit im sozialen Rechtsstaat, Staatsanzeiger für Baden-Württemberg, Nr. 93, 1956, S. 1 f.
(Hier zitiert aus: Forsthoff, Rechtsstaatlichkeit und Sozialstaatlichkeit — vgl. ebd. — S. 309—319)

Erichsen, Hans-Uwe: Verfassungs- und verwaltungsrechtsgeschichtliche Grundlagen der Lehre vom fehlerhaften belastenden Verwaltungsakt und seiner Aufhebung im Prozeß — ein dogmengeschichtlicher Beitrag zur Rechtsbindung, Rechtswidrigkeit und Rechtsschutz im Bereich staatlicher Eingriffsverwaltung, Frankfurt a. M. 1971.
(zit.: Geschichtliche Grundlagen)

— Höchstrichterliche Rechtsprechung zum Verwaltungsrecht: Zu den Grenzen der Verfassungsänderungen nach dem Grundgesetz, VerwArch Bd. 62 (1971) S. 291—300.

— Staatsrecht und Verfassungsgerichtsbarkeit, Juristischer Studienkurs, Bd. I, Frankfurt 1972; Bd. II, Frankfurt 1973.
(zit.: StaRuVfgbkt I; II)

— Höchstrichterliche Rechtsprechung zum Verwaltungsrecht: Grundrechtseingriffe im besonderen Gewaltverhältnis, VerwArch Bd. 63 (1972) S. 441—446.

— Höchstrichterliche Rechtsprechung zum Verwaltungsrecht: Zu den Grenzen der Demonstrationsfreiheit, VerwArch Bd. 64 (1973) S. 197—201.

— Höchstrichterliche Rechtsprechung zum Verwaltungsrecht: Grundrechte und Anstaltsnutzung, VerwArch Bd. 64 (1973) S. 299—304.

— Besonderes Gewaltverhältnis und Sonderverordnung. Rückschau und Ausblick, in Fortschritte des Verwaltungsrechts, Festschrift für Hans J. Wolff, hrsgg. von Christian-Friedrich Menger, München 1973 S. 219—246.

Evers, Hans-Ulrich: Zur Auslegung von Art. 2 Abs. I des Grundgesetzes, insbesondere zur Persönlichkeitskerntheorie, AöR Bd. 90 (1965) S. 88—98.

Fechner, Erich: Freiheit und Zwang im sozialen Rechtsstaat, Tübingen 1953
(Hier zitiert aus: Forsthoff, Rechtsstaatlichkeit und Sozialstaatlichkeit — vgl. ebd. — S. 73—94)

Forsthoff, Ernst: Begriff und Wesen des sozialen Rechtsstaates, VVDStRL 12 (1954) S. 8—36.
(Hier zitiert aus: Forsthoff, Rechtsstaatlichkeit und Sozialstaatlichkeit — vgl. ebd. — S. 165—200)

— Zur Problematik der Verfassungsauslegung, res publica Bd. 7, Stuttgart 1961.
(zit.: Verfassungsauslegung)

— (Hrsg.) Rechtsstaatlichkeit und Sozialstaatlichkeit. Aufsätze und Essays, Darmstadt 1968.

— Lehrbuch des Verwaltungsrechts, 1. Bd. Allgemeiner Teil, 10. Aufl., München 1973.
(zit.: Verwaltungsrecht)

Fremuth, Fritz: Der Vorbehalt des Gesetzes in der Bayerischen Verfassungsurkunde vom 26. 5. 1818 und seine Auswirkungen auf die Rechtsentwicklung im bayerischen Frühkonstitutionalismus, Diss. jur. Marburg 1970.

Friauf, Karl Heinrich: Bemerkungen zur verfassungsrechtlichen Problematik des Subventionswesens, DVBl. 1966 S. 729—738.

— Zur Rolle der Grundrechte im Interventions- und Leistungsstaat, DVBl. 1971 S. 674—682.

Friesenhahn, Ernst: Der Wandel des Grundrechtsverständnisses, 50. DJT (1974) Bd. II G 1—G 37.

Fuß, Ernst-Werner: Personale Kontaktverhältnisse zwischen Verwaltung und Bürger. Zum Abschied vom besonderen Gewaltverhältnis, DÖV 1972 S. 765—774.

Geiger, Willi: Das Demokratieverständnis des Grundgesetzes, in Demokratie und Verwaltung, 25 Jahre Hochschule für Verwaltungswissenschaften Speyer, Schriftenreihe der Hochschule Speyer, Bd. 50, Berlin 1972 S. 229—245.

Giese, Friedrich: Die Grundrechte. Abhandlungen aus dem Staats-Verwaltungs-Völkerrecht, hrsgg. von Philipp Zorn und Fritz Stier-Somlo, Bd. I, Heft 2, Tübingen 1905.

Göldner, Detlef Christoph: Verfassungsprinzip und Privatrechtsnorm in der verfassungskonformen Auslegung und Rechtsfortbildung. Verfassungskonkretisierung als Methoden- und Kompetenzproblem, Schriften zur Rechtstheorie, Heft 18, Berlin 1969.

Grabitz, Eberhard: Vertrauensschutz als Freiheitsschutz, DVBl. 1973 S. 675—684.

— Der Grundsatz der Verhältnismäßigkeit in der Rechtsprechung des Bundesverfassungsgerichts, AöR Bd. 98 (1973) S. 568—616.

Gräßlin, Gustav Adolf: Der Grundsatz der Gesetzmäßigkeit der Verwaltung, Diss. jur., Freiburg i. Br. 1939.

Graf, Hans Lothar: Die Grenzen der Freiheitsrechte ohne besondere Vorbehaltsschranke, Diss. jur., München 1970.

Grawert, Rolf u. Ernst-Wolfgang *Böckenförde*: Sonderverordnungen zur Regelung besonderer Gewaltverhältnisse, AöR Bd. 95 (1970) S. 1—37.

Gross, Rolf: Die Rechtsqualität der Sonderverordnungen für besondere Gewaltverhältnisse und der Organisationsbestimmungen, NJW 1969, S. 2186 bis 2187.

Häberle, Peter: Berufsgerichte als „staatliche" Gerichte. Gedanken zum Beschluß des BVerfG vom 24. 11. 1964 (DÖV 1967 S. 130 f. = NJW 1965 S. 343 f.), DÖV 1965 S. 369—374.

— Exzessive Glaubenswerbung in Sonderstatusverhältnissen — BVerwG E 30, 29, JuS 1969 S. 265—272.

— Öffentliches Interesse als juristisches Problem. Eine Analyse von Gesetzgebung und Rechtsprechung, Bad Homburg 1970.
(zit.: Öffentliches Interesse)

— „Gemeinwohljudikatur" und Bundesverfassungsgericht. Öffentliche Interessen, Wohl der Allgemeinheit in der Rechtsprechung des BVerfG, AöR Bd. 95 (1970) S. 86—125, 260—298.

— Das Bundesverfassungsgericht im Leistungsstaat. Die Numerus-clausus-Entscheidung vom 18. 7. 1972, DÖV 1972 S. 729—740.

— Grundrechte im Leistungsstaat, VVDStRL 30 (1972) S. 43—141.

— Die Wesensgehaltgarantie des Art. 19 Abs. 2 Grundgesetz. Zugleich ein Beitrag zum institutionellen Verständnis der Grundrechte und zur Lehre vom Gesetzesvorbehalt, 2. Aufl., Karlsruhe 1972.
(zit.: Wesensgehaltgarantie)

— „Leistungsrecht" im sozialen Rechtsstaat, in Recht und Staat, Festschrift für Günther Küchenhoff, hrsgg. von Hans Hablitzel und Michael Wollenschläger, 2. Halbband, Berlin 1972 S. 453—474.

— Berufs„ständische" Satzungsautonomie und staatliche Gesetzgebung. Zur Facharztentscheidung des BVerfG vom 9. 5. 1972, DVBl. 1972 S. 909—913.

Haenel, Albert: Das Gesetz im formellen und materiellen Sinne, Studien zum deutschen Staatsrechte, Bd. 2, Heft 2, Leipzig 1888 (Nachdruck, 2. Aufl., Frankfurt a. M. 1968).

Hamel, Walter: Die Bedeutung der Grundrechte im sozialen Rechtsstaat. Eine Kritik an Gesetzgebung und Rechtsprechung, Berlin 1957.
(zit.: Bedeutung der Grundrechte)

— Deutsches Staatsrecht, Bd. I, Grundbegriffe, Berlin 1971.
(zit.: Staatsrecht I)

Hatschek, Julius: Deutsches und Preußisches Staatsrecht, 2. Bd., 1. Aufl., Berlin 1923.
(zit.: Staatsrecht)

Hatschek, Julius und Paul *Kurtzig*: Deutsches und preußisches Staatsrecht, 2. Aufl., Berlin 1930, neubearbeitet und hrsgg. vom Paul Kurtzig.
(zit.: Staatsrecht)

Heller, Hermann: Der Begriff des Gesetzes in der Reichsverfassung, VVDStRL 4 (1928) S. 98—135.

Helmers, Dieter: Die Beschränkung von Grundrechten im Dienstverhältnis der Staatsangestellten und die Einflüsse des Arbeitsrechts auf das öffentliche Dienstrecht, Diss. jur., Münster 1971.

Herzog, Roman: Allgemeine Staatslehre, Frankfurt a. M. 1971.

Hesse, Ernst: Die Bindung des Gesetzgebers an das Grundrecht des Art. 2 Abs. 1 GG bei der Verwirklichung einer „verfassungsmäßigen Ordnung". Eine Untersuchung über die Rechtsprechung des Bundesverfassungsgerichts zu Art. 2 I GG, Schriften zum Öffentlichen Recht, Bd. 75, Berlin 1968.

Hesse, Konrad: Die normative Kraft der Verfassung, Tübingen 1959.

— Die verfassungsrechtliche Stellung der politischen Parteien im modernen Staat, VVDStRL 17 (1959) S. 11—52.

— Der Rechtsstaat im Verfassungssystem des Grundgesetzes, in Staatsverfassung und Kirchenordnung, Festgabe für Rudolf Smend zum 80. Geburtstag am 15. Januar 1962, hrsgg. von Konrad Hesse, Siegfried Reicke, Ulrich Scheuner, Tübingen 1962 S. 71—95.

— Diskussionsbeitrag, VVDStRL 30 (1972) S. 145—146.

— Grundzüge des Verfassungsrechts der Bundesrepublik Deutschland, 7. Aufl., Karlsruhe 1974.
(zit.: Verfassungsrecht)

Hoffmann, Michael: Der Abwehranspruch gegen rechtswidrige hoheitliche Realakte, Schriften zum Öffentlichen Recht, Bd. 107, Berlin 1969.

Horn, Helga: Der Folgenbeseitigungsanspruch im System der öffentlich-rechtlichen Ersatzansprüche, Diss. jur., Köln 1967.

Huber, Ernst Rudolf: Der Streit um das Wirtschaftsverfassungsrecht, DÖV 1956 S. 97—102, 135—143, 172—175, 200—207.

Hubrich, Eduard: Wie verhält sich nach dem preussischen Staatsrecht der Gegenwart der Freiheits- und Eigentumsbegriff zum Gesetzesbegriff? Archiv für Rechts- und Wirtschaftsphilosophie, Bd. II (1908/1909) S. 10—30.

— Die Entwicklung der Gesetzespublikation in Preußen, Greifswald 1918.
(zit.: Gesetzespublikation)

Hutzelmann, Helmut: Die prozessuale Bedeutung des Elfes-Urteils des Bundesverfassungsgerichts (BVerfG E 6, 32), Diss. jur., Regensburg 1970.

Ipsen, Hans Peter: Verfassungsfragen zur Handwerksordnung, DVBl. 1956 S. 358—363.

Jäckel, Hartmut: Grundrechtsgeltung und Grundrechtssicherung. Eine rechtsdogmatische Studie zu Artikel 19 Abs. 2 GG, Schriften zum Öffentlichen Recht, Bd. 42, Berlin 1967.

Jellinek, Georg: Gesetz und Verordnung, Freiburg 1887, Nachdruck Aalen 1964.

— System der subjektiven öffentlichen Rechte, 2. Aufl., Tübingen 1919, Nachdruck Aalen 1964.
(zit.: System)

Jellinek, Walter: Verwaltungsrecht, 3. Aufl., Berlin 1931, Neudruck Bad Homburg v. d. Höhe, Berlin, Zürich 1966.

— Grundrechte und Gesetzesvorbehalt, Deutsche Rechts-Zeitschrift 1946 S. 4—6.

Jesch, Dietrich: Gesetz und Verwaltung. Eine Problemstudie zum Wandel des Gesetzmäßigkeitsprinzips, Tübingen 1961, 2. unveränderte Aufl. 1968.

Kahn, Paul: Das besondere Gewaltverhältnis im öffentlichen Recht, Diss. jur., Heidelberg 1912.

Karl, Hermann: Freiheit und Sozialstaat. Kongruenz oder Antinomie zwischen Art. 2 Abs. 1 und Art. 20 Abs. 1, 28 Abs. 1 des Grundgesetzes?, Diss. jur., Bochum 1970.

Kempf, Eberhard: Grundrechte im besonderen Gewaltverhältnis, JuS 1972 S. 701—706.

Klein, Franz: Handlungsfreiheit als Grundrecht, BayVbl. 1971 S. 125—128.

Klein, Friedrich: Bonner Grundgesetz und Rechtsstaat, ZgesStW Bd. 106 (1950) S. 390—411.

— v. Mangoldt/Klein, Das Bonner Grundgesetz, Kommentar, Bd. I, Berlin und Frankfurt a. M. 1966.
(zit.: Grundgesetz)

Klein, Hans H.: Öffentliche und private Freiheit. Zur Auslegung des Grundrechts der Meinungsfreiheit, Der Staat Bd. 10 (1971) S. 144—172.

— Die Grundrechte im demokratischen Staat. Kritische Bemerkungen zur Auslegung der Grundrechte in der deutschen Staatsrechtslehre der Gegenwart, res publica Bd. 26, Stuttgart, Berlin, Köln, Mainz 1972.
(zit.: Grundrechte im demokratischen Staat).

Kleiser, Peter: Der Vorbehalt des Gesetzes nach dem Bonner Grundgesetz, Diss. jur. Heidelberg 1963.

Kloepfer, Michael: Grundrechte als Entstehenssicherung und Bestandsschutz, München 1970.

Klüber, Johann Ludwig: Öffentliches Recht des Teutschen Bundes und der Bundesstaaten, Erste Abtheilung, 3. Aufl., Frankfurt a. M. 1831.
(zit.: Öffentliches Recht)

Knies, Wolfgang: Schranken der Kunstfreiheit als verfassungsrechtliches Problem, Münchener Universitätsschriften, Reihe der Juristischen Fakultät, Bd. 4, München 1967.

Köhl, Guido: Die besonderen Gewaltverhältnisse im öffentlichen Recht, Diss. jur., Bern 1955.

Korinek, Karl: Gedanken zur Lehre vom Gesetzesvorbehalt bei Grundrechten, in Festschrift für Adolf J. Merkl zum 80. Geburtstag, hrsgg. von Max Imboden, Friedrich Koja, René Marcic, Kurt Ringhofer, Robert Walter, München, Salzburg 1970 S. 171—186.

Kriele, Martin: Das demokratische Prinzip im Grundgesetz, VVDStRL 29 (1971) S. 46—84.

Krüger, Herbert: Die Einschränkungen von Grundrechten nach dem Grundgesetz, DVBl. 1950 S. 625—629.

— Die Verfassung als Programm der nationalen Integration, in Festschrift für Friedrich Berber zum 75. Geburtstag, hrsgg. von Dieter Blumenwitz und Albrecht Randelzhofer, München 1973 S. 247—272.

Krüger, Hildegard: Die Grundrechte im besonderen Gewaltverhältnis, ZBR 1956 S. 309—312.

Kübler, Friedrich: Empfiehlt es sich, zum Schutze der Pressefreiheit gesetzliche Vorschriften über die innere Ordnung von Presseunternehmen zu erlassen?, 49. DJT (1972) Bd. 1, Teil D.

Kurtzig, Paul und Julius *Hatschek:* Deutsches und preußisches Staatsrecht, 2. Aufl., Berlin 1930, neubearbeitet und hrsgg. von Paul Kurtzig.
(zit.: Staatsrecht)

Laband, Paul: Das Budgetrecht nach den Bestimmungen der Preussischen Verfassungs-Urkunde unter Berücksichtigung der Verfassung des Norddeutschen Bundes, Berlin 1871.
(zit.: Budgetrecht)

— Das Staatsrecht des Deutschen Reiches, Bd. 2, 5. Aufl., Tübingen 1911.
(zit.: Staatsrecht)

Larenz, Karl: Methodenlehre der Rechtswissenschaft, 2. Aufl., Berlin, Heidelberg, New York 1969.

Leisner, Walter: Die Gesetzmäßigkeit der Verfassung, JZ 1964 S. 201—206.

— Von der Verfassungsmäßigkeit der Gesetze zur Gesetzmäßigkeit der Verfassung. Betrachtungen zur möglichen selbständigen Begrifflichkeit im Verfassungsrecht, Tübingen 1964.
(zit.: Verfassungsmäßigkeit)

— Der Eigentümer als Organ der Wirtschaftsverfassung, DÖV 1975 S. 73—79.

Lerche, Peter: Grundrechtsbegrenzungen „durch Gesetz" im Wandel des Verfassungsbildes, DVBl. 1958 S. 524—534.

— Übermaß und Verfassungsrecht. Zur Bindung des Gesetzgebers an die Grundsätze der Verhältnismäßigkeit und der Erforderlichkeit, Köln, Berlin, München, Bonn, 1961.
(zit.: Übermaß)

— Rezension zu Peter Häberle, Die Wesensgehaltgarantie des Art. 19 Abs. 2 Grundgesetz, DÖV 1965 S. 212—214.

— Stiller Verfassungswandel als aktuelles Politikum, in Festgabe für Theodor Maunz zum 70. Geburtstag am 1. September 1971, hrsgg. von Hans Spanner u. a., München 1971 S. 285—300.

Locke, John: Two treatises of Government. A New Edition Corrected, London 1821.
(zit.: Two treatises)

Maetzel, Wolf Bogumil: Anm. zum Beschluß des BVerfG vom 14. März 1972 2 BvR 41/71, DÖV 1972 S. 561 (= BVerfG E 33 S. 1), DÖV 1972 S. 563.

Majewski, Otto: Auslegung der Grundrechte durch einfaches Gesetzrecht? Zur Problematik der sogenannten Gesetzmäßigkeit der Verfassung, Schriften zum Öffentlichen Recht, Bd. 162, Berlin 1971.

Mallmann, Walter: Schranken nichthoheitlicher Verwaltung, VVDStRL 19 (1961) S. 165—207.

— Empfiehlt es sich, zum Schutze der Pressefreiheit gesetzliche Vorschriften über die innere Ordnung von Presseunternehmen zu erlassen?, 49. DJT (1972) Bd. 2 N 11—44.

Martens, Wolfgang: Grundgesetz und Wehrverfassung, Hamburg 1961.
(zit.: Wehrverfassung)

— Das besondere Gewaltverhältnis im demokratischen Rechtsstaat, ZBR 1970 S. 197—200.

— Grundrechte im Leistungsstaat, VVDStRL 30 (1972) S. 7—42.

— Diskussionsbeitrag, VVDStRL 30 (1972) S. 150—151.

Matz, Werner: Entstehungsgeschichte der Artikel des Grundgesetzes, JÖR Bd. 1 (1951) S. 1 f.

Maunz, Theodor: Grundgesetz, Maunz/Dürig/Herzog (Loseblatt-Kommentar), München, Kommentierung zu Art. 20 (1960).

— Deutsches Staatsrecht, Studienbuch, 19. Aufl., München 1973.
(zit.: Staatsrecht)

Mayer, Otto: Deutsches Verwaltungsrecht, Bd. I, Leipzig 1895.
(zit.: Verwaltungsrecht)

Meisner, Heinrich O.: Buchbesprechung, AöR Bd. 36 (1917) S. 251—254.

Menger, Christian-Friedrich: Der Begriff des sozialen Rechtsstaates im Bonner Grundgesetz, in Recht und Staat in Geschichte und Gegenwart 173, Tübingen 1953 S. 3—31.
(Hier zitiert aus: Forsthoff, Rechtsstaatlichkeit und Sozialstaatlichkeit — vgl. ebd. — S. 42—72).

— Gesetz und Verwaltung. Bemerkungen zum gleichnamigen Buch von Dietrich Jesch, Der Staat Bd. 1 (1962) S. 360—366.

— Höchstrichterliche Rechtsprechung zum Verwaltungsrecht, VerwArch Bd. 55 (1964) S. 73—84.

— Verwaltungsrichtlinien — autonome Rechtsetzung durch die Exekutive? in Demokratie und Verwaltung, 25 Jahre Hochschule für Verwaltungswissenschaften Speyer, Schriftenreihe der Hochschule Speyer, Bd. 50, Berlin 1972 S. 299—315.

— Höchstrichterliche Rechtsprechung zum Verwaltungsrecht: Zur Einschränkung von Grundrechten aufgrund vorkonstitutionellen Gewohnheitsrechts, VerwArch Bd. 64 (1973) S. 423—427.

Menzel, Eberhard: Die Sozialstaatlichkeit als Verfassungsprinzip der Bundesrepublik, DÖV 1972 S. 537—546.

Müller, Friedrich: Normstruktur und Normativität. Zum Verhältnis von Recht und Wirklichkeit in der juristischen Hermeneutik, entwickelt an Fragen der Verfassungsinterpretation, Schriften zur Rechtstheorie, Heft 8, Berlin 1966.
(zit.: Normstruktur)

— Die Positivität der Grundrechte. Fragen einer praktischen Grundrechtsdogmatik, Schriften zum Öffentlichen Recht, Bd. 100, Berlin 1969.
(zit.: Grundrechte)

Müller-Dietz, Heinz: Verfassung und Strafvollzugsgesetz, NJW 1972 S. 1161—1167.

Mutius, Albert v.: Höchstrichterliche Rechtsprechung zum Verwaltungsrecht: Grundrechte als „Teilhaberechte" — zu den verfassungsrechtlichen Aspekten des „numerus-clausus", VerwArch Bd. 64 (1973) S. 183—195.

Neumann, Franz L.: Zum Begriff der politischen Freiheit, ZgesStW Bd. 109 (1953) S. 25—53.

Ossenbühl, Fritz: Probleme und Wege der Verfassungsauslegung, DÖV 1965 S. 649—661.

— Verwaltungsvorschriften und Grundgesetz, Bad Homburg v. d. H., Berlin, Zürich 1968.
(zit.: Verwaltungsvorschriften)

Paetzold, Hartmut Oskar Wilhelm: Die Abgrenzung von allgemeinen und besonderem Gewaltverhältnis, Diss. jur., Hamburg 1972.

Papier, Hans-Jürgen: Die finanzrechtlichen Gesetzesvorbehalte und das grundgesetzliche Demokratieprinzip. Zugleich ein Beitrag zur Lehre von den Rechtsformen der Grundrechtseingriffe, Berlin 1973.

— Über Pressefreiheit. Ein Literaturbericht, Der Staat Bd. 13 (1974) S. 399—414.

Pestalozza, Christian *Graf v.*: Kritische Bemerkungen zu Methoden und Prinzipien der Grundrechtsauslegung in der Bundesrepublik Deutschland, Der Staat Bd. 2 (1963) S. 425—449.

Peters, Hans: Die freie Entfaltung der Persönlichkeit als Verfassungsziel, in Gegenwartsprobleme des Internationalen Rechtes und der Rechtsphilosophie, Festschrift für Rudolf Laun zu seinem siebzigsten Geburtstag, hrsgg. von D. S. Constantopoulos und Hans Wehberg, Hamburg 1953 S. 669—678.

— Die freie Entfaltung der Persönlichkeit in der höchstrichterlichen Rechtsprechung, BayVbl. 1965 S. 37—40.

Pietzner, Rainer: Der Vorbehalt des Gesetzes, JA 1973 ÖR S. 89—94, 117—120.

Ramm, Thilo: Der Wandel der Grundrechte und der freiheitliche soziale Rechtsstaat, JZ 1972 S. 137—146.

Reuss, Wilhelm: Öffentliche Wirtschaftsverwaltung mit privatrechtlichen Gestaltungsmitteln, in Staatsbürger und Staatsgewalt, Jubiläumsschrift zum hundertjährigen Bestehen der deutschen Verwaltungsgerichtsbarkeit und zum zehnjährigen Bestehen des Bundesverwaltungsgerichts, hrsgg. von Helmut R. Külz und Richard Naumann, Bd. II, Karlsruhe 1963 S. 255—292.

Roos, Gottfried: Der Grundsatz der gesetzmäßigen Verwaltung und seine Bedeutung für die Anwendung des Verwaltungsrechts, in Rechtsquellenprobleme im schweizerischen Recht, Festgabe für den schweizerischen Juristenverein, Bd. 91 bis der Zeitschrift des Bernischen Juristenvereins, Bern 1955 S. 117—136.

Rosin, Franz: Gesetz und Verordnung nach badischem Staatsrecht. Zugleich ein Beitrag zur Geschichte der Freiheits- und Eigentumsformel, Diss. jur. Freiburg i. Br. 1911.

Rupp, Hans Heinrich: Grundfragen der heutigen Verwaltungsrechtslehre. Verwaltungsnorm und Verwaltungsrechtsverhältnis, Tübingen 1965.
(zit.: Grundfragen)

— Das Grundrecht der Berufsfreiheit. Kritik an der Rechtsprechung des Bundesverfassungsgerichts, NJW 1965 S. 993—996.

— Das Grundrecht der Berufsfreiheit in der Rechtsprechung des Bundesverfassungsgerichts, AöR Bd. 92 (1967) S. 212—242.

— Die verfassungsrechtliche Seite des Umweltschutzes, JZ 1971 S. 400—404.

— Diskussionsbeitrag, VVDStRL 30 (1972) S. 339 f.

— Freiheit und Partizipation, NJW 1972 S. 1537—1543.

— Bemerkungen zur Verwirkung von Grundrechten (Art. 18 GG), in Recht und Staat, Festschrift für Günther Küchenhoff, hrsgg. von Hans Hablitzel und Michael Wollenschläger, Berlin 1972, 2. Halbband S. 653—662.

Schaumann, Wilfried: Freiheitsrechte und Vorbehalt des Gesetzes im Bonner Grundgesetz, in Mélanges Marcel Bridel, Recueil de travaux publiés par la Faculté de droits (de l'Université de Lausanne) Lausanne 1968 S. 491—513.
— Der Auftrag des Gesetzgebers zur Verwirklichung der Freiheitsrechte, JZ 1970 S. 48—54.

Scheuner, Ulrich: Diskussionsbeitrag, VVDStRL 20 (1963) S. 125/126.
— Pressefreiheit, VVDStRL 22 (1965) S. 1—100.
— Das Grundgesetz in der Entwicklung zweier Jahrzehnte, AöR Bd. 95 (1970) S. 353—408.
— Die Funktion der Grundrechte im Sozialstaat. Die Grundrechte als Richtlinie und Rahmen der Staatstätigkeit, DÖV 1971 S. 505—513.
— Staatszielbestimmungen, in Festschrift für Ernst Forsthoff zum 70. Geburtstag, hrsgg. von Roman Schnur, München 1972 S. 325—346.

Schmidt, Walter: Die Freiheit vor dem Gesetz. Zur Auslegung des Art. 2 Abs. 1 des Grundgesetzes, AöR Bd. 91 (1966) S. 42—85.

Schmidt-Aßmann, Eberhard: Grundfragen des Städtebaurechts, Göttinger Rechtswissenschaftliche Studien Bd. 87, Göttingen 1972.

Schmitt, Carl: Verfassungslehre, 4. unveränderte Aufl., unveränderter Nachdruck der 1. Aufl. 1928, Berlin 1965.
— Inhalt und Bedeutung des zweiten Hauptteils der Reichsverfassung, HdbchStR II S. 572—606.

Schmitt Glaeser, Walter: Mißbrauch und Verwirkung von Grundrechten im politischen Meinungskampf. Eine Untersuchung über die Verfassungsschutzbestimmung des Art. 18 GG und ihr Verhältnis zum einfachen Recht, insbesondere zum politischen Strafrecht, Bad Homburg v. d. H., Berlin, Zürich 1968.

Schneider, Peter: In dubio pro libertate, Hundert Jahre Deutsches Rechtsleben, Festschrift zum hundertjährigen Bestehen des Deutschen Juristentages, 1860—1960, Bd. II, Karlsruhe 1960 S. 263—290.

Schnur, Roman: Pressefreiheit, VVDStRL 22 (1965) S. 101—159.

Scholtissek, Herbert: Innere Grenzen der Freiheitsrechte, NJW 1952 S. 561—563.

Schulz-Schaeffer, Helmut: Der Freiheitssatz des Art. 2 Abs. 1 Grundgesetz. Libertätsrechte und Vermutung für den Kernbereich der Freiheitsrechte, Schriften zum Öffentlichen Recht, Bd. 156, Berlin 1971.

Schwabe, Jürgen: Die sogenannte Drittwirkung der Grundrechte. Zur Einwirkung der Grundrechte auf den Privatrechtsverkehr, München 1971. (zit.: Drittwirkung)
— Mißdeutungen um das „Elfes-Urteil" des BVerfG und ihre Folgen. Zugleich eine Anmerkung zum subjektiven öffentlichen Recht, DÖV 1973 S. 623—630.
— Urteilsanmerkung zum Beschluß des BVerfG vom 18. 7. 1973, 1 BvR 23 u. 155/73 (NJW 1974 S. 227 u. 1043) NJW 1974 S. 1044—1045.

Schwan, Eggert: Zuständigkeitsregelungen und Vorbehalt des Gesetzes. Ein Beitrag zur Standortbestimmung der Organisationsgewalt im System der Gewalten, Diss. jur., Berlin 1971.

Selmer, Peter: Der Vorbehalt des Gesetzes, JuS 1968 S. 489—499.

Smend, Rudolf: Das Recht der freien Meinungsäußerung, VVDStRL 4 (1928) S. 44—74.
— Verfassung und Verfassungsrecht, München und Leipzig 1928.
— Bürger und Bourgeois im deutschen Staatsrecht, in Rudolf Smend, Staatsrechtliche Abhandlungen und andere Aufsätze, 2. Aufl., Berlin 1968.

Starck, Christian: Plädoyer für ein Strafvollzugsgesetz, ZRP 1969 S. 147—149.
— Der Gesetzesbegriff des Grundgesetzes. Ein Beitrag zum juristischen Gesetzesbegriff, Baden-Baden 1970.
(zit.: Gesetzesbegriff)
— Anm. zum Urteil des BVerfG, JZ 1972 S. 357 (= BVerfG E 33 S. 1), JZ 1972 S. 360—362.
— Regelungskompetenzen im Bereich des Art. 12 Abs. 1 GG und ärztliches Berufsrecht. Bemerkungen zum Facharztbeschluß des BVerfG, NJW 1972 S. 1489—1493.

Stein, Ekkehart: Lehrbuch des Staatsrechts, 3. Aufl., Tübingen 1973.

Thieme, Christian: Der Vorbehalt des Gesetzes und die vollziehende Gewalt in der schweizerischen Eidgenossenschaft. Ein Beitrag zur Funktion der Verwaltung im demokratischen Rechtsstaat, Diss. jur., Freiburg 1967.

Thieme, Werner: Der Gesetzesvorbehalt im besonderen Gewaltverhältnis, JZ 1964 S. 81—85.
— Zum Gesetzesvorbehalt in der Leistungsverwaltung, JZ 1973 S. 692—693.

Thoma, Richard: Der Polizeibefehl im Badischen Recht, Erster Teil, Tübingen 1906.
(zit.: Polizeibefehl)
— Der Vorbehalt des Gesetzes im preußischen Verfassungsrecht, in Festgabe für Otto Mayer zum siebzigsten Geburtstag, dargebracht von Freunden, Verehrern und Schülern, Tübingen 1916 S. 165—221.
(zit.: Vorbehalt des Gesetzes)
— Grundrechte und Polizeigewalt, Festgabe für das preußische OVG, Berlin 1925 S. 183—223.
— Die juristische Bedeutung der grundrechtlichen Sätze der deutschen Reichsverfassung im allgemeinen, in Nipperdey (Hrsg.), Die Grundrechte und Grundpflichten der Reichsverfassung, Kommentar zum zweiten Teil der Reichsverfassung, 1. Bd., Berlin, Mannheim 1929 S. 1—53.
(zit.: Nipperdey, Grundrechte I)
— Grundbegriffe und Grundsätze, HdbchStR II S. 108—159.
— Der Vorbehalt der Legislative und das Prinzip der Gesetzmäßigkeit von Verwaltung und Rechtsprechung, HdbchStR II S. 221—236.
— Das System der subjektiven öffentlichen Rechte und Pflichten, HdbchStR II S. 607—623.
— Über die Grundrechte im Grundgesetz für die Bundesrepublik Deutschland, in Recht, Staat, Wirtschaft, hrsgg. von Hermann Wandersleb, bearb. von Erich Trautmann, Bd. 3, Düsseldorf 1951 S. 9—30.

Tomuschat, Christian: Verfassungsgewohnheitsrecht? Eine Untersuchung zum Staatsrecht der Bundesrepublik Deutschland, Heidelberg 1972.

Vogel, Klaus: Gesetzgeber und Verwaltung, VVDStRL 24 (1966) S. 125—182.

— Diskussionsbeitrag, VVDStRL 24 (1966) S. 247—253.

Völcker, Max: Der Grundsatz der Gesetzmäßigkeit und die Leistungsverwaltung, Diss. jur., München 1960.

Volkmar, Dieter: Allgemeiner Rechtssatz und Einzelakt. Versuch einer begrifflichen Abgrenzung, Schriften zum Öffentlichen Recht, Bd. 8, Berlin 1962.

Weber, Hansjörg: Mitbestimmung durch Redaktionsstatut?, NJW 1973 S. 1953—1958.

Weber, Werner: Innere Pressefreiheit als Verfassungsproblem, Berliner Abhandlungen zum Presserecht, Heft 16, Berlin 1973.

Wiegand, Dietrich: Sozialstaatsklausel und soziale Teilhaberechte, DVBl. 1974 S. 657—663.

Wilke, Dieter: Die Verwirkung der Pressefreiheit und das strafrechtliche Berufsverbot. Zugleich ein Beitrag zur Rechtsnatur und zu den Grenzen der Grundrechte, Berliner Abhandlungen zum Presserecht, Heft 3, Berlin 1964.

Wintrich, Josef M.: Über Eigenart und Methode verfassungsgerichtlicher Rechtsprechung, in Verfassung und Verwaltung in Theorie und Wirklichkeit, Festschrift für Wilhelm Laforet, München 1952 S. 227—249.

— Zur Problematik der Grundrechte, Arbeitsgemeinschaft für Forschung des Landes Nordrhein-Westfalen, Heft 71, Köln und Opladen 1957.
(zit.: Problematik der Grundrechte)

Wipfelder, Hans-Jürgen: Die grundrechtliche Eigentumsgarantie im sozialen Wandel, in Recht und Staat, Festschrift für Günther Küchenhoff, hrsgg. von Hans Hablitzel und Michael Wollenschläger, Berlin 1972, 2. Halbbd. S. 747—762.

Wolff, Hans J.: Verwaltungsrecht I, Studienbuch, 8. Aufl., München 1971.

Wolff, Hans J. und Otto *Bachof*: Verwaltungsrecht I, Studienbuch, 9. Aufl., München 1974.

Zacher, Hans F.: Diskussionsbeitrag, VVDStRL 24 (1966) S. 234—238.

Zeidler, Karl: Der Gesetzesbegriff im Grundrechtsteil des Bonner Grundgesetzes, Diss. jur., Heidelberg 1952 (maschinenschriftlich).

Zeitler, Franz-Christoph: Immanente Grundrechtsschranken oder Normenkonkordanz?, BayVBl. 1971 S. 417—419.

Sachwortverzeichnis

Die Zahlen bezeichnen die Seiten

allgemeine Handlungsfreiheit des Art. 2 Abs. 1 GG, 35 f., 46 f.
— als Grundrecht, 95 Fn. 207
— Art. 2 Abs. 1 GG als Auffangtatbestand, 38 f.
— Art. 2 Abs. 1 GG als Freiheitsrechtsleitsatz, 57, 95 Fn. 207
— Auffangkapazität des Art. 2 Abs. 1 GG, 35 f.
— Auslegung des Art. 2 Abs. 1 GG, 36 f.
— Spezialität der Einzelfreiheitsgrundrechte, 38 f., 46
Allgemeinheit des Gesetzes, 30 f., 107 f.
Allgemeinvorbehalt, 31
Antinomien im Verfassungsrecht, 52, 53 f.
Außenrechtssatzvorbehalt, 107

Berufsfreiheit, 98 f.
besonderes Gewaltverhältnis, 40 f., 127 f.
— als personale Grundrechtsbegrenzung, 40 f.
— Geltung der Gesetzesvorbehalte der Grundrechte, 127 f.
— institutionalisiertes, 129
— und Vorbehalt des Gesetzes, 102, 127 f.

Delegationsbefugnis des Gesetzgebers, 102, 109 f.
Demokratie, 59 f.
— als Grundlage individueller Freiheit, 60
— Begrenzung durch Grundrechte, 61 f.
— und Freiheit, 59 f.
— und Gesetzesvorbehalte der Grundrechte, 118, 125
— und Vorbehalt des Gesetzes, 106

Eigentumsfreiheit, 86
Eingriff in Grundrechte
— Begriff, 70, 82, 86, 103, 113
— durch Grundrechtsgesetzgebung, 85 f.

Eingriffsvorbehalt, vgl. auch unter Vorbehalt des Gesetzes
— Definition, 11
— Verhältnis des Begriffs zu dem des Vorbehalts des Gesetzes, 11 Fn. 1, 103, 103 Fn. 8
Einheit der Verfassung, 49 f., 59, 73, 100, 121
— und klassische Gesetzesauslegung, 51 Fn. 112
Exekutive
— Allzuständigkeit, 29
— demokratische Legitimation, 106, 110, 112
— Kompetenzvermutung zugunsten der —, 110 f.
— Stellung im demokratischen Rechtsstaat, 110 f.
— Zuständigkeit für Grundrechtsausführung, 102, 109 f., 119, 127

Freiheit
— aktivbürgerliches Moment, 63 f.
— als Begrenzung des Demokratieprinzips, 61 f.
— als Teilhabe an staatlichen Leistungen, 58, 91, 122 f.
— i. S. der Grundrechte des GG, 53 f., 66
— i. S. des status negativus, 22 f., 87
— i. S. des Vorbehalts des Gesetzes, 17 f., 20 f., 44 f., 66
— im traditionellen Sinne, 45 f.
— Mehrdimensionalität, 57 f., 58 Fn. 173, 62 f., 88
— „natürliche", 56, 76 f., 78, 122
— „reale", 58, 78 f., 91, 92
— soziale Bindung, 56 f.
— und Demokratie, 59 f.
— und Recht, 78 f.
— und sozialer Rechtsstaat, 53 f., 73 f., 91 f., 120
— Verhältnis zum Gesetz, 24 f., 66 f., 72 f.
Freiheitsschutz durch Grundrechte, 35 f., 39 f.
Freiheit- und Eigentumsformel
— Dogmengeschichte, 17 f.

— Umdeutung, 104
— Umfang, 22
— und Vorbehalt des Gesetzes, 17 Fn. 3, 45, 66

Gesetz, vgl. auch unter Grundrechtsgesetzgebung
— Allgemeinheitskriterium, 30, 107 f.
— als Grundrechtsbegrenzung, 86 f., 92
— Eingriffs- und Schrankenfunktion 26, 28 f., 66 f., 68 f., 76 f., 85 f.
— im materiellen Sinne, 108 f.
Gesetzesbegriff
— demokratischer, 25 f.
— des Vorbehalts des Gesetzes, 24 f., 28
— formeller und materieller, 27
— materieller, 28, 108 f.
— politischer, 109
Gesetzesvorbehalt, Terminologie, 11 Fn. 1
Gesetzesvorbehalte der Grundrechte, 69 f.
— als Eingriffsvorbehalte, 70, 85 f., 87 f., 111 f.
— als exklusive Zuständigkeitsregelungen, 111, 113
— als Vorbehalte des formellen Gesetzes, 112 f.
— als Zuständigkeitsregelungen, 102, 110 f.
— Auslegung, 70 f., 85 f.
— Differenziertheit, 70 f., 80
— erforderliche und überflüssige, 115 f.
— fehlende, 116 f.
— Geltungsumfang, 110 f.
— Indizwirkung, 89, 116 f.
— Kategorisierung, 81 f.
— und besonderes Gewaltverhältnis, 127 f.
— und demokratischer Rechtsstaat, 118, 125
— Verhältnis zum Vorbehalt des Gesetzes, 14 f., 29 f., 32 f., 132
Gesetzgebung, vgl. unter Grundrechtsgesetzgebung
Gesetzmäßigkeit der Verfassung, 94
Grundrechte
— als Abwehrrechte, 45 f., 48 f., 64, 75, 77, 119, 121
— als Duldungsansprüche, 48 Fn. 42
— als institutionelle Garantien, 94 Fn. 192
— als Leistungs- und Teilhaberechte, 90 f., 124 f.
— als Normierungen des Vorbehalts des Gesetzes, 32 f.
— als objektive Normen, 93 f., 120
— als Programmsätze, 79, 92, 93, 95, 97, 121, 126
— als Sozialaufträge, 73 f., 91 f., 122
— Ausführung, 79 f., 92 f.
— „echte", 71
— Eingriff in, 85 f., 113 f.
— immanente Schranken, vgl. dort
— Mehrfunktionalität, 81, 84, 93
— Schrankenlosigkeit, 47, 116 f.
— und Einheit der Verfassung, 49 f., 91, 100, 120
— und Gesetz, 68 f., 72 f.
— unmittelbare Geltung, 77 f., 79
— Wesensgehalt, 99 f.
— Wortlaut, 55 f., 70 f.
— Zuständigkeit für Grundrechtsausführung, 110 f., 118, 119, 125 f.
Grundrechtsbindung der öff. Gewalt durch Art. 1 Abs. 3 GG, 41, 75, 77 f., 94 f., 123, 128 f.
Grundrechtsgesetzgebung
— als Ausführung der Grundrechte, 80, 89
— als Eingriffs- und Schrankengesetzgebung, 85 f.
— als Grundrechtsausgestaltung- und -konkretisierung, 80, 89, 92, 93 f.
— als Leistungsgesetzgebung, 92 f.
— Bindung an die Grundrechte, 75, 94 f.
— Funktion, 69 f., 72 f., 81 f.
— Funktionsbreite, 81 f., 89
— Konkretisierungsspielraum, 95, 97, 98, 99
— Mehrfunktionalität, 84, 87
— und grundrechtliche Freiheit, 74 f.
Grundrechtssystem, 46, 50 Fn. 99
Grundrechtsverzicht, 41
Güterabwägung, 100 f., 115, 124

immanente Schranken der Grundrechte, 43 f., 47, 71, 113 f.
— Konkretisierungszuständigkeit, 113 f.
Impermeabilitätstheorie, 41
Impfgesetz als Eingriffsgesetz, 87
Individualsphäre
— Schutz durch den Vorbehalt des Gesetzes, 19 f., 34
— Schutz durch die Grundrechte, 35 f.
institutionelle Garantien, 94 Fn. 192
Interpretation der Verfassung
— als eine Einheit, 49 f.
— unter Berücksichtigung der „neuen" Verfassung, 14 f.

Kompetenzvermutung zugunsten der Exekutive oder Legislative, 110 f.

Parlamentsvorbehalt, 108 f., 111
Persönlichkeitskerntheorie, 36, 38, 42
Pressefreiheit, 84

Rechtssatzbegriff, 28, 40 f., 107 f., 113
Rechtssatzvorbehalt
— in Art. 80 GG, 107 f.
— schlichter — in Art. 2 Abs. 1 und 14 Abs. 1 GG, 112 f.
Rechtsstaat
— liberaler, 53 f.
— sozialer, 53 f., 73 f., 91
— sozialer — und Freiheit, 56 f., 73 f., 91 f., 121 f.
— und Gesetzesvorbehalte der Grundrechte, 118, 125
Rechtsstaatsprinzip und Vorbehalt des Gesetzes, 12, 132 f.

Schrankentrias des Art. 2 Abs. 1 GG, 36 f.
sozialer Rechtsstaat und Freiheit, 56 f., 73 f., 91 f., 121 f.
Sozialstaat
— als Staatszielbestimmung, 73 f., 91, 122
— und Rechtsstaat, 53 f.
Staatsvertragslehre, 19, 25 f.
Staat und Gesellschaft, 57 Fn. 169, 61
Strafgesetze als Eingriffsgesetze und Grundrechtsbegrenzungen, 86 f.
Stufenlehre des Bundesverfassungsgerichts, 98 f.

Totalvorbehaltslehre, 105 f.

Vereinigungsfreiheit, 42
Verfassung
— als Einheit, vgl. unter Einheit der Verfassung
— Gesetzmäßigkeit, 94
— Rigidität, 94 f.

Verfassungsinterpretation, vgl. unter Interpretation der Verfassung
Verhältnismäßigkeit, vgl. unter Güterabwägung
Versammlungsfreiheit, 42 f.
Verwirkung der Grundrechte, 40
— Art. 18 GG und traditionelles Grundrechtsverständnis, 48 f.
Vorbehalt des Gesetzes
— als Parlamentsvorbehalt, 108 f.
— als Rechtssatzvorbehalt, 107 f.
— als Totalvorbehalt, 105 f.
— als Vorbehalt des formellen Gesetzes, 11, 27, 34, 112 f.
— als Vorbehalt des materiellen Gesetzes, 108 f.
— Definition, 11
— Dogmengeschichte, 16 f.
— enthalten in Art. 2 Abs. 1 GG, 36
— enthalten in den Grundrechten, 14 f., 32 f., 104 f.
— Erweiterung, 103 f.
— Funktion, 29 f., 34, 66 f.
— Geltung im besonderen Gewaltverhältnis, 127 f.
— Geltungsumfang, 102, 103 f.
— gewohnheitsrechtliche Begründung, 13 f., 105
— im heutigen Verfassungsrecht, 32 f., 103 f., 132 f.
— in den Landesverfassungen, 11 Fn. 4
— in der NS-Zeit, 13
— Modifikation, 105
— Terminologie, 11 Fn. 1
— und Demokratieprinzip, 106
— und Naturrecht, 17 f., 24 f.
— und Rechtsstaatsprinzip, 12, 132 f.
— Verhältnis zu den Grundrechten, 21 f., 28 f.
Vorbehaltsgesetzgebung, 66 f., 68 f.
Vorrang des Gesetzes, 11, 12 Fn. 8

Wesensgehalt der Grundrechte, 99 f.

Printed by Libri Plureos GmbH
in Hamburg, Germany